Beltz Taschenbuch 182

Über dieses Buch:

Bilderbücher lassen sich auch als Wege zum Philosophieren lesen, für Kinder, die schon von sich aus elementare Fragen stellen und auch für Erwachsene, um sich mit grund-legenden philosophischen Fragen vertraut zu machen: Hier ist ein Schatz zu heben, der in vielen Bildern kaum sichtbar verborgen liegt. Der Autor zeigt, wie Bilderbücher Urfragen großer und kleiner Menschen berühren, z. B. nach „Wirklichkeit", „Moral", „Freiheit", „Liebe" oder „Sterben und Tod". Und er stellt Ansätze einer Didaktik des Philosophierens mit Kindern vor. Mit diesem Buch, das zugleich eine Einführung in die Philosophie, eine Anregung zum philosophischen Denken und zum philosophi-schen Dialog ist, kann man Philosophieren lernen.

„Durch sinnliche Lese-, besser: Seh-Übungen gewinnen wir ein philosophisches, ein stau-nendes, fragendes, hinterfragendes, Unterscheidungen treffendes und bewusst sich zu den Herausforderungen des Lebens stellendes Verhältnis zu uns und zur Welt, nicht allein durch Begriffe. Darum sind Bilderbücher durchaus Wege des Philosophierens."

Der Autor:

Hans-Bernhard Petermann, Dr. paed., Magister der Philosophie und Diplomtheologe, lehrt an der Pädagogischen Hochschule Heidelberg Philosophie mit den Schwerpunkten Didaktik der Philosophie und Ethik, Philosophieren mit Kindern und Religionsphi-losophie.

Hans-Bernhard Petermann

Kann ein Hering ertrinken?

Philosophieren mit Bilderbüchern

BELTZ
Taschenbuch

Für Gabriele
und ihre begeisternden, liebevollen wie kritischen
Ermutigungen zur Arbeit mit Kinderbüchern

Beltz Taschenbuch
1. Auflage 2007

© 2004 Beltz Verlag · Weinheim und Basel
www.beltz.de
Satz: thielenVERLAGSBÜRO, Hannover
Druck und Bindung: Druck Partner Rübelmann, Hemsbach
Umschlaggestaltung: Federico Luci, Odenthal
Umschlagabbildung: Rotraut Susanne Berner, München

Printed in Germany

ISBN 978-3-407-22182-7

Inhaltsübersicht

0 Zur Einführung

– sehen lernen und philosophieren

„Papa, please get the moon for me", bittet die kleine Monica, damit ihr Wunsch erfüllt werde, mit dem Mond zu spielen.[1] Und tatsächlich, der Papa lässt sich überreden, eine ganz, ganz lange Leiter zu holen, auf einen ganz, ganz großen Berg zu steigen und von dort hoch, höher, ganz weit hoch bis zum Mond zu klettern, zu warten, bis der Mond immer schmaler und kleiner wird, um ihn, ganz klein wie ein Stück Pappe geworden, der kleinen Monica zu schenken, die damit so lange spielt und hüpft, bis der Mond ganz verschwunden ist, um dann heimlich wieder zu wachsen, größer zu werden, bis er wieder in voller Größe am Himmel erscheint (*Abb. 0.1*).

Aber so hoch sie sich reckte, so sehr sie sich streckte, sie konnte ihn nicht erreichen.

»Papa, bitte hol für mich den Mond vom Himmel«, sagte sie.

Abb. 0.1

Eric Carle, der Autor der weltberühmten kleinen Raupe Nimmersatt, bringt hier in märchenhaft-mythische Bilder, was von Alters her als Metapher der Philosophie gilt, der Blick zu den Sternen und ihre Erkundung: „Sterne zu sehen, ist ein Inbegriff des Mehr,

---

1 *Carle, Eric*: Papa, Please Get the Moon For Me. USA 1986; dt.: Papa, bitte hol für mich den Mond vom Himmel. Hildesheim: Gerstenberg 1997.

das der Mensch als Nebenprodukt seines aufrechten Ganges zu seiner bedrängenden Alltäglichkeit hinzuzufügen vermochte", so Hans Blumenberg. Warum? Blumenberg: „Es ist eine erstaunliche Unwahrscheinlichkeit, dass wir auf der Erde leben und Sterne sehen können, dass die Bedingungen des Lebens nicht die des Sehens ausschließen oder umgekehrt." [2] Das muss erläutert werden:

- Erstens gehört zu den Bedingungen des Lebens in der Tat die uns vor den Strahlungen des Alls schützende Erd-Atmosphäre; sie ist aber nicht so dicht, dass sie nicht doch einen gewissen Durch-Blick ins All ermöglichte. Dieser Blick ins All als das uns Umgebende aber gewährt Orientierung: Wo wir sind und wann wir sind und auch dass wir überhaupt sind, das kann leichter beantwortet werden in der Relation auf ein uns umgebendes System, in das wir eingebettet sind. Das wussten nicht erst die alten Seefahrer, die ihre Navigation an den Gestirnen ausrichteten, das galt schon immer, seit es Leben auf der Welt gibt, weil alles Lebendige seine Bewegung, seine Tätigkeit und Ruhe, sein Entstehen und Vergehen an der Bewegung des Himmels orientierte.

- Zweitens setzt die Erfahrung eines solchen Bezugs auf ein uns umgebendes kosmisches System umgekehrt erst jene elementaren Fragen nach dem Sosein unseres Daseins frei. Im Vollzug und im Akt der Orientierung wird zugleich das Warum von Orientierung überhaupt zur Frage, und diese Perspektive bietet den Nährboden für die Reflexion, den Rückblick auf unser alltägliches Leben und unsere Lebenswelt, auf etwas, was auch ganz anders sein könnte, woraufhin wiederum das Sosein als gut oder eben bedrängend erfahren werden kann, auf seinen Sinn also. Insofern kann der Blick zu den Sternen als ein „Mehr" gegenüber dem bloßen Vollzug des Alltags gelten, den wir nun durch diesen gebrochenen Blick auf den Alltag auch eigentlich erst als bedrängend erfahren.

- Drittens aber ist dieses Sehen der Sterne nicht nur öffnend, sondern zugleich verstörend, weil wir die Sterne zwar sehen, aber nicht fassen können. Auch diese Ein-Sicht steht nicht für sich selbst, sondern gilt ganz unmittelbar als Bild für etwas begrifflich sonst schwer Fassbares: Die Sehnsucht, die Sterne und die Bewegung des Himmels „in den Griff zu bekommen", dem Spiel des eigenen Willens zu unterwerfen, aber auch das Bestreben, gerade in der Unmöglichkeit der Umsetzung eine Erklärung und Beruhigung dafür zu finden, dass alles so ist, wie es ist, dies erfahren wir im Sehen der Sterne. Und wir erfahren es ganz unmittelbar sinnlich, es ist nicht Produkt nachträglicher Reflexion; denn in diesem Sehen selbst sehen wir zwar stets das, was wir Sterne nennen, sehen aber zugleich das Nicht-Erfassen-Können dessen, was wir zu sehen glauben. Das Sehen der Sterne dürfen wir mithin als das unmittelbarste Bild dafür verstehen, zum eigenen Leben und seinen Grundlagen ein bewusstes Verhältnis aufzubauen, es ist ein „Inbegriff" des Mehr.

In diesem Bild des Sterne-Sehens liegen der unmittelbare Anlass wie auch die tiefste Begründung allen Philosophierens. Auch Thales, gemeinhin als Begründer abendländischer Philosophie angesehen, war Sternseher: In der Schau der Sterne brachte er, so

---

2 *Blumenberg, Hans*: Die Genesis der kopernikanischen Welt. Frankfurt/M.: Suhrkamp 1975. S. 15, 11.

Platon, die Frage ins Bild, die den Anfangspunkt allen Philosophierens markiert: Was überhaupt ist der Mensch, nicht irgendwie in einer konkreten Befindlichkeit, sondern grundsätzlich in seinem Menschsein? Das Sterne-Sehen kann man als Bild auch für das Vorhaben dieses Buchs nehmen: dazu herauszufordern, nicht irgendwelche Gedanken oder Bücher, sondern gerade *Bilderbücher als Wege zum Philosophieren* zu lesen.

An wen richtet sich dieses Buch? – Der propädeutische Anspruch

Mit einer solchen *Verbindung von Philosophie und Bilderbuch* wendet sich mein Buch einerseits an Eltern, Erzieherinnen oder Lehrerinnen, welche Bilderbücher zur Hand nehmen, um sie mit Kindern anzusehen und sich vielleicht auch mit ihnen darüber auseinander zu setzen. Auch wenn sie nicht unmittelbar mit der Philosophie zu tun haben, lohnt es, mit den philosophischen Gehalten von Bilderbüchern vertraut zu werden, als Entdeckung und Kultivierung eines Schatzes, und sei es „bloß" im pädagogischen Interesse eines intensiven Zugangs zu Kindern (wohinter sich erkennbar die Hypothese verbirgt, ein pädagogisch wirklich intensiver Umgang mit Kindern schließe philosophische Perspektiven mit ein, ja hinter ihm verberge sich in Wirklichkeit gar ein letztlich philosophisches Interesse). – Zum anderen ist das Buch geschrieben für Menschen, die in Erfahrung bringen wollen, was es mit der Philosophie auf sich hat, die also an einer Einführung in die Philosophie oder in das Philosophieren interessiert sind, die sich aber vor komplizierten schriftlichen Reflexionen scheuen und sich fragen, ob es nicht auch unmittelbarer fassbare Zugänge geben mag; ihnen bietet das Buch den umgekehrten Zugang, nämlich die für die akademische Philosophie vielleicht ungewohnte These, dass wir nicht allein über komplizierte Gedankenführungen in geschriebener Form, sondern in der Tat auch über vorderhand einfache Bilder in die Philosophie hineingelangen können.

Ich habe das Buch nicht unter (im engeren Sinne) *wissenschaftlichen* Kriterien verfasst[3], weder in erziehungs-, noch philosophie-, noch literatur- und auch nicht kunstwissenschaftlicher Hinsicht. Vielmehr rechnet es sich bewusst zur Ratgeberliteratur,

---

3 Eine im engeren Sinne wissenschaftliche Auseinandersetzung mit diesem besonderen Thema „Philosophieren mit Bilderbüchern" liegt meines Wissens nicht vor. Für den Bereich des Bilderbuchs allgemein ist unter eher literaturwissenschaftlichem Blickwinkel zu verweisen auf den Titel von Jens Thiele: Das Bilderbuch. Ästhetik – Theorie – Analyse – Didaktik – Rezeption. Mit Beiträgen v. *Jane Doonan, Elisabeth Hohmeister, Doris Reske* und *Reinbert Tabbert*. Oldenburg: Isensee 2000 [mit einer ausführlichen Bibliografie im Anhang]. - Eine philosophische Auseinandersetzung mit Bilderbüchern (mit deutlich pädagogischen Interesse) hat bereits vor einigen Jahren Karin Murris vorgelegt: Teaching Philosophy with Picture Books. London: Infonet Publ. 1989; das Buch ist leider bislang nicht ins Deutsche übersetzt, nicht zuletzt, weil viele der hier verwendeten Bilderbücher entweder nicht auf Deutsch vorliegen oder inzwischen auch vergriffen sind. Einige Vorschläge zur philosophischen Arbeit mit Kinderbüchern (eher allerdings Texte) haben in Aufsätzen der „Zeitschrift für Didaktik der Philosophie und Ethik" Jutta Kähler und Susanne Nordhofen unterbreitet, vgl. besonders die Beiträge in ZDPE, 2/1998, S. 95ff. und das gesamte Themenheft ZDPE 3/1998, auch das Heft: Geschichten zum Philosophieren. Für die Sekundarstufe I hrsg. v. *Jutta Kähler* u. *Susanne Nordhofen*. Stuttgart: Reclam 1994. - Der Beitrag von Christian Gefert: Wie viele Bilder braucht das Kind? (ZDPE, 1/1999. S. 78ff.) berichtet von der 2. Fachtagung der Kom-

freilich nicht im Sinne eines unverbindlichen Plauderns über irgendwie interessante Aspekte von Bilderbüchern, sondern als Leitfaden zur kompetenten Erschließung von Bilderbüchern unter dem doppelten Anspruch, Bilderbücher philosophisch zu deuten und über Bilderbücher ins Philosophieren zu gelangen. Darum hat es durchaus ein philosophisches, wenn auch nicht philosophiewissenschaftliches, sondern eher propädeutisches, zur Philosophie hinführendes Anliegen.

Damit weiß ich mich verbunden mit der Bewegung des *Philosophierens mit Kindern*. Das Philosophieren mit Kindern ist spätestens mit dem Erfolg des Philosophieromans „Sofies Welt" von Jostein Gaarder ein öffentlich und auch wissenschaftlich anerkanntes Thema und nicht mehr nur eine (leider auch von Fachphilosophen) mehr oder weniger müde belächelte Spielwiese für laienhaft philosophierende Pädagogen und Psychologen. Freilich ist gerade Gaarders Erfolgsbuch mit einem Problem belastet: Seine Geschichte der Philosophie bleibt eher der traditionellen Darstellung philosophischer Positionen verhaftet, wenn auch im Bemühen allgemeinerer Verständlichkeit; doch zum eigenen Philosophieren führt die Lektüre nur bedingt, zu wenig vermögen Sofie und später Hilde in der Rolle selbstständig denkender und fragender junger Menschen zu überzeugen. Aber auch die Anstöße, die beide zur Philosophie gebracht haben, die entscheidende Frage also, *wie* wir ins Philosophieren geraten, werden nicht befriedigend ausformuliert.[4]

mission „Philosophieren mit Kindern" im November 1998 in Lübeck, auf der ich selbst mit zwei einschlägigen Referaten Beiträge zum Thema vorgelegt habe. Sie sind eingegangen in das vorliegende Buch, allerdings unter Ausklammerung der theoretisch fundierenden Teile.

Mein Buch ist freilich nicht voraussetzungslos entstanden. Neben vielen Veranstaltungen zur Einführung ins Philosophieren liegen ihm intensive Beschäftigungen besonders mit dem Philosophieren mit Kindern seit dem Ende der 80er Jahre zugrunde, speziell auch unter Verwendung von Bilderbüchern. Sie wären nicht zustande gekommen ohne ausführliche Kommunikation mit meiner Frau Gabriele Hoffmann, Inhaberin der Kinder- und Jugendbuchhandlung „Leanders Leseladen" in Heidelberg, und der dadurch möglichen Kontakte zum Kinderbuchmarkt. (Vgl. dazu: *Hoffmann, Gabriele/Pousset, Raimund*: Die besten Bücher für Ihr Kind. 333 Vorschläge für Eltern. Reinbek: Rowohlt 1990 u. ö., und der ständig verbesserte Empfehlungskatalog unter „www.leandersleseliste.de" oder als „Harry und Pooh. Leanders Lieblinge bei Libri" (Hamburg 2000 u. ö., auch unter „www.libri.de"). – Seit meiner Tätigkeit an der Pädagogischen Hochschule Heidelberg habe ich die Frage nach dem „Philosophieren mit Bilderbüchern" wiederholt zum Thema eines Seminars gemacht. Aus dieser Arbeit vor allem ist das vorliegende Buch entstanden.

Was grundsätzlich die Bewegung des „Philosophierens mit Kindern" angeht, kann ich an dieser Stelle nicht auf die unterschiedlichen Ansätze eingehen. Als Wegweiser sind zu nennen vor allem die Namen Matthew Lipman, Gareth B. Matthews, Daniela Camhy, Hans-Ludwig Freese, Ekkehard Martens. Freese hat auch die nach meiner Meinung nach wie vor beste Einführung in das Philosophieren mit Kindern vorgelegt unter dem programmatischen Titel: Kinder sind Philosophen. Weinheim: Beltz 1989/2002. Eine Zusammenstellung der wichtigsten Ansätze und eine Auseinandersetzung zu Anspruch, Begründung und Grenzen biete ich selbst innerhalb des umfangreichen Beitrags: *Petermann, H. B.*: Wie können Kinder Theologen sein? Bemerkungen aus philosophischer Perspektive. In: *Büttner, G./Rupp, H.* (Hrsg.): Theologisieren mit Kindern. Stuttgart: Kohlhammer 2002. Vgl. dazu auch meine Ausführungen im Kapitel 1 unter den Thesen 3 und 4.

4 Diese Kritik gilt nicht für das durch Rezeption von „Sofies Welt" entstandene Buch von Nora K./Vittorio Hösle: Das Café der toten Philosophen. München: Beck 1996. Der „philosophische Briefwechsel für Kinder und Erwachsene" führt ganz hervorragend in das selbstständige philosophische Den-

Gaarder versucht eher, Philosophiegeschichte für die Ebene junger Menschen zum Thema, also Philosophie direkt zum Gegenstand eines Kinder- oder Jugendbuchs zu machen. Hingegen zählt sein Roman nicht zu den philosophisch wie literarisch ungleich interessanteren Versuchen, über konkrete Fragen und Probleme eines besonderen Themas ins je eigene Philosophieren hineinzuführen, (eine Alternative, die freilich keineswegs den ersten Weg ausschließen muss).

Der Buchmarkt kennt auf der anderen Seite eine inzwischen große Zahl von Veröffentlichungen, die mit dem Anliegen pädagogischer Aufmerksamkeit gegenüber kindlichen Äußerungen und Verhaltensweisen mehr oder weniger direkt philosophische Qualität beanspruchen. Nur wenige Titel können diesem Anspruch auch standhalten. Das Problem vieler Veröffentlichungen ist ein ungenügend reflektierter Philosophiebegriff. Die Trennlinie zwischen der (unterstützenswerten, aber aufgrund dieser Wertschätzung noch nicht als philosophisch zu qualifizierenden) Aufforderung zu intensiver und persönlicher Kommunikation mit den Kindern einerseits und Ansätzen andererseits zu einem Gedankenaustausch, der unsere Lebenswelt auch zu reflektieren und damit zu transzendieren in der Lage ist (auf welchem Wege, das wird noch im Einzelnen zu zeigen sein), verschwimmt so. Dadurch läuft der Leser Gefahr, nicht mehr zu wissen, warum elementare pädagogische Verhaltensweisen im Umgang mit Kindern nun eigentlich philosophisch zu nennen seien.[5]

Nun gibt es glücklicherweise auch einige Kinderbücher, die zwar nicht oder zumindest nicht vorrangig aus philosophischem Interesse geschrieben und gestaltet sind, die aber vielleicht gerade deswegen und konkreter aufgrund ihrer inhaltlichen, sprachlichen und bildnerischen Gestaltung aus philosophischer Perspektive besonders interessant und anregend sind. Sie in aller Breite zu sichten, würde Kapazität und Anliegen des vorliegenden Buchs sprengen. Ich verzichte zunächst völlig auf die Erläuterung der sog. Kinder-Literatur. Viele ihrer Autoren haben einen größeren Bekanntheitsgrad lange erreicht, vor allem die alten Engländer wie Lewis Caroll und A. A. Milne. Aufgrund des literarischen Gehalts und der Sprache lassen sich hier zudem philosophische Bezüge recht offenkundig herstellen, wie etwa bei Jürg Schubiger oder Jutta Richter. Eine Verhandlung dieser literarischen Titel muss anderen Veröffentlichungen vorbehalten werden.[6] Ich konzentriere mich vielmehr ausschließlich auf *Bilderbücher*, vor allem weil sie neben Inhalten und Sprache zusätzlich Bilder als Ebenen philosophischer Rezeption bieten. Im Einbeziehen des Ästhetischen aber liegt nicht nur ein aus philosophischer Sicht besonderer Reiz, sondern auch die Herausforderung, sich stärker als über die Sprache auf die Möglichkeiten kindlicher Rezeption einzulassen.

ken ein, wenngleich auf einem sehr hohen Reflexionsniveau – weshalb es eigentlich nicht mehr als Kinderbuch gelten kann.

5 Nicht frei von dieser Gefahr einer unkritischen Verwendung des Prädikats „philosophisch" sind etwa Bücher wie: *Pousset, Raimund*: Sicher antworten auf Kinderfragen. Wuppertal: Hammer 1993, oder: *Wenzel, Margarete*: Philosophische Spiele für groß und klein. München 1995.

6 Vorarbeiten dazu gibt es natürlich schon, wiederum auch durch eigene Lehrveranstaltungen, z. T. auch in Kooperation mit Kollegen aus der Germanistik; vgl. dazu den wegweisenden Artikel von Bernhard Rank: Philosophie als Thema von Kinder- und Jugendliteratur. In: Taschenbuch der Kinder- und Jugendliteratur, Bd. 2. Hrsg. v. *Günter Lange*. Hohengehren: Schneider 2000. S. 799f.

Auch die jüngeren Kinder werden so als zu eigenständigem philosophischen Denken fähige Menschen ernst genommen; das Philosophieren bleibt nicht besonders intelligenten Menschen und einigen hoch begabten (älteren) Kindern vorbehalten.

Zum Vorgehen

Meine Ausführungen konzentrieren sich im Einzelnen vor allem darauf, das gebotene Bilderbuch-Material möglichst vieldimensional wahrzunehmen, also für die konkrete Erfahrung differenziert Wege zu öffnen, wie auch sie in wichtige Fragestellungen der philosophischen Tradition einzuordnen und somit zu begründeter Auseinandersetzung mit Konzeption und Begrifflichkeit der Philosophie Hilfen zu liefern.

Von daher ergibt sich auch die Unterteilung in zwölf Kapitel: Die beiden ersten sind eher daran orientiert, was überhaupt Philosophie ist und wie eigentlich Philosophieren sich vollzieht, die nachfolgenden entnehmen ihre Fragestellungen den gängigen traditionellen philosophischen Disziplinen. Und das soll nicht abstrakt zur Erläuterung kommen, sondern durch das und aus dem konkreten Material von Bilderbüchern gewonnen werden. Darum dechiffriere ich für jedes Kapitel zunächst ganz in der Perspektive der konkreten Erfahrung des Materials einige wenige Bilderbücher exemplarisch auf ihre Inhalte, ihre Bildgestaltung und die den Bildern korrespondierenden Texte oder sprachlichen Ausgestaltungen hin. Aus dem genauen Blick auf das ins Bild Gebrachte, auch natürlich auf den Inhalt und vor allem auf einzelne Töne zwischen den Zeilen und den Strichen und Farben der Bilder werden dann einige elementare Fragestellungen gegenüber uns selbst, dem Leben, das wir führen, und dem Weltzusammenhang, in dem wir uns bewegen, entwickelt, die leicht als elementare philosophische Fragestellungen zu markieren sind.

Als Buch über Bücher können die unterschiedlichen Bücher natürlich nur in Ausschnitten und exemplarischen Abbildungen Gegenstand sein. Meine Hinweise zu ihrer Erschließung sind deswegen stets als Ermutigung zu lesen, die einzelnen Bücher auch selbst zu erwerben und im je persönlichen Blick in die Hand zu nehmen. Über diese Ziele der Sensibilisierung einerseits gegenüber philosophischen Fragen durch das Erschließen von Bilderbüchern und der Öffnung andererseits für die Sinn erschließende Tiefendimension in Bilderbüchern durch Offenlegung einiger philosophischer Gehalte möchte ich nicht hinausgehen.

Dabei unterstelle ich gewiss auch bestimmte Regeln des Vorgehens. Sie werden in der These 4 des ersten Kapitels und im zweiten Kapitel erläutert. Doch nehmen die einzelnen Ausführungen darauf nicht ausdrücklich Bezug und sind auch methodisch nicht gänzlich daraus abgeleitet, sodass nur hier und da zu der einen oder anderen Regel Hinweise gegeben werden. Vor allem das Selber-Denken, aber auch der konkrete Dialog zwischen Kind und Erwachsenem gewinnen ihre besondere Form ohnehin nur im jeweiligen Gespräch über ein Bilderbuch und können nicht vorgezeichnet werden, auch wenn ich je nach Gelegenheit einige Anregungen zu liefern versuche.

Ausdrücklich aber blende ich eine eher aus wissenschaftlichem Interesse zu gewinnende ausführlichere Darstellung philosophischer Positionen aus, auf die die Bücher direkt und indirekt Bezug nehmen oder zu deren Erschließung sie betrachtet werden sollen. Namen und wichtige Positionen großer Philosophen sowie philosophische Spezialbegriffe werden zwar immer wieder genannt, doch verzichte ich (nicht allein wegen der Lesbarkeit) völlig auf die wissenschaftlich üblichen Fußnoten und Nachweise und überlasse es lieber den kundigen Lesern, die mehr oder weniger deutlichen Anleihen und Verweise auf bestimmte Texte und Begriffe der philosophischen Tradition zu dechiffrieren. Wenn die durch die Bücher aufgeworfenen Fragen ins Zentrum wichtiger philosophischer Gedanken hineinführen und so Wege zu einer weiteren Auseinandersetzung mit der Philosophie öffnen, ist dies dann leicht selbst zu bewerkstelligen, nicht zuletzt mithilfe von philosophischen Lexika oder Handbüchern.

Der Nachvollzug der Kommentare und Erschließungen mutet den Lesern gleichwohl z. T. nicht unerhebliche *geistige Anstrengungen* zu. Auf die in vielen Rezensionen üblichen Prädikationen wie „nett", „wundervoll" oder einfach nur „gut gelungen" verzichte ich nicht allein aus stilistischen Gründen, sondern in der Überzeugung, dass zumindest für gute Bücher weder das Machen noch ihre Betrachtung und Erschließung ein banaler und bloß netter Akt sind, gerade wenn man weiß, welch prägenden Einfluss Bilderbücher für kleinere Kinder haben, die sie immer wieder zur Hand nehmen wollen, um sich über sie mit uns auszutauschen. Dafür aber lohnt eine intensiv unseren Blick auf die Bilder und unser Mitdenken der Kommentare in Anspruch nehmende Auseinandersetzung. Sie sollte sich nicht mit belanglosen Plaudereien begnügen, freilich darum wissen, dass der philosophische Blick auf Bilderbücher zwar ein sinnvoller ist, keineswegs aber der einzige. Führt der philosophische Blick jedoch zu mehr Lust auf gute Bücher, hat er sein Ziel erreicht und tritt gern zurück hinter den lebendigen und auch lustvollen Austausch mit den Kindern.

Hans-Bernhard Petermann

1 „Ich werde doch nicht etwa zu wachsen beginnen?"

Warum Philosophieren mit Bilderbüchern?

Es gibt eine Vielzahl von Kinder- und Bilderbüchern, die vielleicht besser als die mehr oder weniger wissenschaftliche Literatur zum Philosophieren mit Kindern hinführen. Dafür liefern nicht zuletzt die Bilder-Geschichten von Erwin Moser[1] gute Beispiele und ein geeignetes Argument, einleitend mit einigen Moser-Geschichten Anliegen, Zielsetzung und Vorgehen eines Buchs zum Philosophieren mit Bilderbüchern zu illustrieren. Die Ausführungen zu den Geschichten liefern, vielleicht auch, weil sie nicht im engeren Sinne wissenschaftlich, sondern ganz an den Geschichten orientiert vorgehen, zugleich Ansätze einer Begründung dieses Vorhabens und greifen dabei implizit auch einige philosophische Positionen auf.

Mit vier Geschichten sind vier Thesen zu veranschaulichen, Thesen, die auf wiederum vier für dieses Buch zentrale Fragen antworten und so das Buch positionieren und seine Zielsetzungen erläutern:

1. Warum eigentlich sind *Bilder* von besonderem Interesse für die Philosophie? Liegt darin ein tieferer Grund, gerade über kindliche, scheinbar naive Zugänge zu den komplexen Problemstellungen der Philosophie zu gelangen?

2. Wenn Philosophie von einfachen Fragen ausgeht, warum ist gleichwohl an ihrem *wissenschaftlichen* Anspruch festzuhalten? Anders: Können einfache, unmittelbar zugängliche Erfahrungen auch in das differenzierte *System* der Philosophie hineinführen?

3. Wenn dies möglich ist, was ist dann grundsätzlich davon zu halten, mit *Kindern* zu philosophieren? Worin hat ein solches Bemühen seine Begründung? Sind denn Kinder überhaupt Philosophen und inwiefern sind sie es?

4. Wenn ein Philosophieren mit Kindern Sinn hat, fordert das zu einer *Didaktik* heraus: *Wie* können/sollten wir es konkret anfangen, mit Kindern zu philosophieren? Und wie versucht das vorliegende Buch, einer solchen Didaktik gerecht zu werden?

---

1 Z. B.: *Moser, Erwin*: Das Haus auf dem fliegenden Felsen. Überarb. Taschenbuchausg. Weinheim: Beltz 1981, und: *Ders.*: Der einsame Frosch. Weinheim: Beltz 1984 (TB 1990).

Erste These

> Es hat Sinn, sich über *Bilderbücher* der Philosophie zu nähern.
> Denn *Philosophie* hat etwas mit *Leben* zu tun; ihre Grundlage hat sie in ganz konkreten Lebensfragen, und die artikulieren sich am unmittelbarsten in Bildern.

Auch Schriftzeichen können leben

Eine erste Geschichte von Erwin Moser[2] ergibt sich eigentlich vollständig aus dem Bild. Der Text bringt nur Assoziationen zur Sprache, die das Bild selbst in uns auslöst (*Abb. 1.1*):

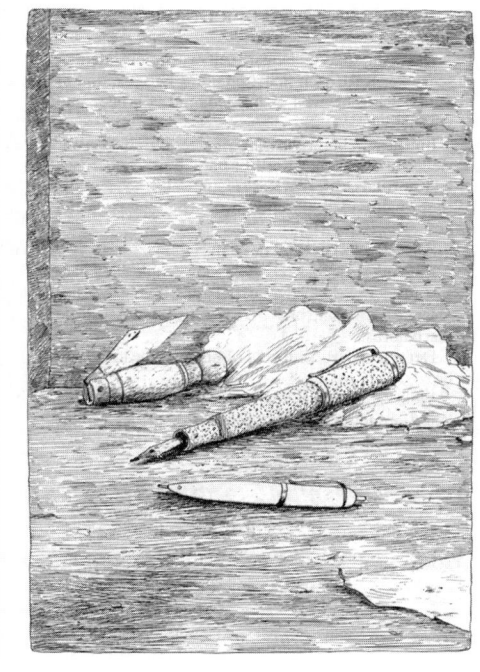

GESPRÄCH IN EINER SCHUBLADE

In einer Schreibtischschublade lag eine dicke alte Füllfeder. Sie hatte eine goldene Federspitze und sah sehr wertvoll aus. Neben ihr lag ein schöner weißer Kugelschreiber. Und weiter hinten, in der Ecke, lag ein rostiges Taschenmesser.

»Es ist ein Jammer«, sagte die Feder, »daß ich hier, in solch unwürdiger Gesellschaft liegen muß. Was für herrliche Gedanken sind durch meine Spitze geflossen! Ich gehörte nämlich einem Schriftsteller. Fünf Romane hat er mit mir geschrieben! Das waren noch Zeiten!«

»Unwürdig?« sagte der Kugelschreiber. »Was heißt hier unwürdig? Ich bin zwar nur ein Kugelschreiber und nicht aus Gold wie du, aber die Sachen, die mit mir geschrieben wurden, sind hundertmal bedeutender als deine nutzlosen Romane! Ich gehörte einem hohen Politiker! Mit mir wurden Gesetze unterzeichnet, meine Liebe!«

Aber das war alles gelogen. Die Füllfeder war niemals benutzt worden, und der Kugelschreiber hatte einem Briefträger gehört. Während sich die beiden stritten, wer von ihnen bedeutender und wichtiger sei, meldete sich das alte Taschenmesser zu Wort!

»Mit mir wurde auch einmal etwas geschrieben!« sagte es. »Ein junger Mann hat einmal ICH LIEBE IRENE mit mir in einen Baumstamm geschnitten!« Und das war nicht gelogen. Die Füllfeder und der Kugelschreiber schwiegen daraufhin.

Abb. 1.1

Was hat diese Bildgeschichte mit der Philosophie zu tun? Gegenüber der Philosophie empfinden viele Menschen oft so etwas wie gegenüber dem Gehabe der alten Füllfeder oder auch des bedeutsamen Kugelschreibers. Die dicke Füllfeder mag ein Bild abgeben für die altehrwürdige Tradition der Philosophie mit ihren berühmten Namen wie Aristoteles, Descartes oder Kant. Sie zu verstehen, gar ihre Texte, dazu muss man, meinen viele, besonders gescheit sein; denn was so bedeutende Geister gedacht haben, das sind eben nicht die Gedanken von jedermann. Nur wenige versuchen es tatsächlich einmal, ein Buch von ihnen in die Hand zu nehmen; aus lauter Scheu und Ehrfurcht vor

---

2 Gespräch in einer Schublade. In: *Moser, E.*: Das Haus auf dem fliegenden Felsen. Ebd. S. 28f.

den großen Gedanken bleibt es, auch wenn möglicherweise wirklich erworben, sakral im Bücherschrank stehen.

Oder es geht uns mit der Philosophie so wie mit dem Kugelschreiber: Äußerlich eher unansehnlich, hat er so viel Bedeutendes in ausgeklügelten Worten geschrieben, dass die Lektüre eines solchen Textes oft schwerer als eine technische Fachsprache anmutet. Besonders die moderne Philosophie hat es sich zur Aufgabe gemacht, sprachlich zu sezieren, zu zerteilen, zu differenzieren, zu untergliedern, zu rekonstruieren, neu aufzubauen, dass dem Normalsterblichen schwarz vor Augen wird bei der Lektüre (was nicht als prinzipieller Einwand gegen ein solches Verfahren missverstanden werden soll).

Pointe am Rande: Beide, Füllfeder und Kugelschreiber, haben ja gelogen; und auch manche „Philosophen" kommen zuweilen mit ungeheuren Ansprüchen daher; auf ihren Gehalt abgeklopft, bleibt dann nicht immer viel.

Andrerseits dann das rostige Taschenmesser – primitiv natürlich, auch nur die Idee zu haben, hiermit könne man schreiben, gar Tiefsinniges. Und doch, das wenige, was mit ihm eher als Bildchen geritzt, denn in Buchstaben geschrieben wurde, hat es in sich: Kein toter Buchstabe, sondern ein durch und durch lebendiger Satz, eine Leben ausstrahlende Botschaft entfloss seiner Klinge: „Ich liebe Irene!" – Die anderen Werkzeuge schweigen betroffen ob der Entlarvung ihrer eigenen Lebensferne.

Eine Bildgeschichte mit philosophischem Hintersinn, wirft sie doch eine erste in unserem Zusammenhang zu diskutierende Frage auf: Ist Philosophie eine lebensferne Wissenschaft, möglicherweise bloß ein Hirngespinst einiger Wichtigtuer? Die Namen „Spekulation" und „Metaphysik" scheinen darauf hinzudeuten: Spekulativ, das bedeutet doch auf dem ersten Blick „unwirklich", „bloß ausgedacht"; und „metaphysisch" meint seit Nietzsche bös' übersetzt tatsächlich so etwas wie „hinterweltlerisch".

Lebendiges Philosophieren statt abstrakter Spekulation

Und tatsächlich berichtet bereits Platon vom „Erfinder" der abendländischen Philosophie, dem bereits erwähnten, auch in der Mathematik berühmten Thales von Milet, die Anekdote, jener sei, auf einem Brunnenrand sitzend und ganz in die Betrachtung des Himmels über ihm versunken, in den Brunnen gefallen, woraufhin die thrakischen Marktfrauen schallend zu lachen anfingen: Weise meint dieser Philosoph zu sein, und was passiert ihm: Er hebt ab, verliert den Boden unter den Füßen, sodass ihm nicht einmal das leichteste Alltagsgeschäft gelingt; er verliert das Gleichgewicht und stürzt in die Tiefe. Ich selbst habe aus meinen Anfangssemestern das Bild eines hoch verehrten Philosophieprofessors in Erinnerung, der in Schwindel erregender Weise auf dem Fahrrad die City einer alten Universitätsstadt unsicher machte, offensichtlich mehr mit Gedanken in seinem Kopf beschäftigt, als an dem Verlauf der Straße orientiert: ein typisch „zerstreuter" Professor. Philosophie also eine von Alltagsfragen abgehobene Wissenschaft im universitären Elfenbeinturm?

Es gibt auch andere Philosophen, smarte, redegewandte Zeitgenossen. Der neumodische Weg, der Philosophie durch öffentlichkeitswirksames Showbusiness (etwa in Talk-Runden, durch die Etikettierung von Management-Training oder auch schlicht nur einer Firmenstrategie als Philosophie) zu größerer Popularität zu verhelfen, ist jedoch ebenso ein Irrweg. Philosophie erübrigt sich nicht darin, gescheite Sätze zu formulieren oder durch Brillieren mit analytischem Sachverstand und Entwickeln systemischer Organisationen besonders klug dazustehen. Solche Künstler der Weisheit gab's schon einmal: Mit ihnen, den sog. Sophisten, die den Leuten ihrer Zeit Klugheiten gegen gutes Honorar weitergaben, stritt sich Zeit seines Lebens der berühmte Sokrates herum. Warum? Seine (hier verkürzt skizzierte und nicht immer berechtigte) Kritik an den Sophisten bringt uns dem gesuchten Zusammenhang von Philosophie und Leben ein Stück näher: Sokrates hat an den Sophisten keineswegs den Kontakt mit den Menschen von der Straße kritisiert, erst recht nicht die philosophische Einlassung auf Alltagsfragen. Im Gegenteil: Er bezichtigte die Sophisten des Missbrauchs der Philosophie als einer bloßen Klugheitstechnik für das angenehme Leben; er selbst meinte demgegenüber, die Philosophie hätte eher unangenehme, den Alltag irritierende Fragen zu stellen. Ob dieser Provokation und ihrer politischen Konsequenzen für die Jugend, die doch, bitteschön, sich Wissen, sprich Kenntnisse aneignen solle, statt ständig von der Arbeit abhaltende Fragen zu diskutieren, wurde Sokrates später zum Tode verurteilt. Was war so gefährlich an diesem Sokrates? Nun, er ging einfach auf die Plätze Athens, „quatschte" die Leute an und verwickelte sie in Diskussionen über dies und jenes, indem er Vorurteile aufbrach, bisher nie überdachte Zusammenhänge in Frage stellte, die Menschen also nicht nur zum Denken, sondern zunächst einmal zum Nach-Denken anhielt. Darum betrachtete er sich selbst gar nicht als einen großen Weisen oder gar Weisheitslehrer. Lediglich ein Freund der Weisheit, ihr ständig hinterherjagend, wollte er sein, das aber mit Fleisch und Blut. Und so hat Sokrates die Philosophie eigentlich erfunden, da er ein philos tes sophias sein wollte, ein Freund der Weisheit, besser ein anêr philo-sophos, ein Mensch, der anderen Menschen die Freude und die Leidenschaft in der Suche nach Weisheit nahe zu bringen versucht.

Ein wesentlicher Zug der Philosophie wird mit dieser kleinen Charakteristik deutlich: Auch wenn spätere Philosophen die Philosophie als ein grandioses Gedankengebäude, als ein System des Denkens aufgebaut haben, hat Philosophie ihre erste Orientierung und ihre Basis, ohne die sie leer wird, im tätigen Philosophieren, d. h. im lebendigen philosophischen Gespräch, im Dialog zur gemeinsam lernenden, stets neu lernoffenen, nie einfach belehrenden Klärung lebenswichtiger Fragen. Und das Entscheidende für unseren Zusammenhang: Sokrates war der Ansicht, dass diese Fragehaltung in jedem Menschen schlummere und nur geweckt werden müsse. Wir können ergänzen: Das Fragen und In-Frage-Stellen ist uns Erwachsenen als für eine strikt geordnete Lebensführung hinderlich abhanden gekommen. Kindern dagegen ist es ein natürliches Anliegen. Auch für Aristoteles, den ersten großen Systemphilosophen, war das Ideal daher nicht einfach die graue Theorie, sondern der bios theoretikos, der Lebensvollzug aus theoretischer, das heißt das Leben betrachtender Leidenschaft heraus; und der letzte große Systemphilosoph des Abendlandes, Hegel, meinte gar, die bloße Spekulation sei in der Tat etwas wie die Nacht, in der alle Kühe schwarz seien, und setzte dagegen: „Denn das wahre Bedürfnis der Philosophie geht doch wohl auf nichts anderes als darauf, von ihr und durch sie leben zu lernen."

Philosophieren mit Bildern

Ihren Ausgang also nahm Philosophie (zumindest die abendländische, aber auch die chinesische) bei ganz konkreten Lebensfragen, die freilich eine Irritation gegenüber dem ansonsten einfach unreflektierten Daherleben enthalten. Kein Zufall nun ist es weiterhin, dass die ersten philosophischen Systeme diese Fragen nicht in Form begrifflich-logischer Abhandlungen artikulierten, sondern in Bildern und Erzählungen. Nur auf den ersten Blick sind das naivere und unverbindlichere Formen der Auseinandersetzung mit Wirklichkeit. Der Philosoph Ernst Cassirer hat überzeugend deutlich gemacht, dass Bilder zunächst keinen gegenüber der Logik oder der Naturwissenschaft geringeren Status der Wirklichkeitsbeschreibung haben, denn auch jene sind wie diese symbolische Formen der Auseinandersetzung mit Wirklichkeit, also nie ein direktes, gleichsam unvermitteltes Abbild von dem, was ist, sondern ein in bestimmten Zeichen und Chiffren sich artikulierender Versuch, das, was ist, in eine uns fassbare, nämlich verdichtete (d. i. die Übersetzung des griechischen Worts „symbolische") Form zu bringen. Gegenüber anderen symbolischen Formen nun besteht der eigentümliche Wert von Bildern (und auch mythischen Erzählungen) darin, Wirklichkeit auf einmal und als Ganze, integral und nicht differenziert, öffnend und nicht definierend, präsentativ in unmittelbar gestalthaften Eindrücken und nicht diskursiv in zerlegender Form zum Ausdruck zu bringen.

Was bedeutet das? Geschriebenes setzt stets eine Abstraktion von unmittelbarer Wirklichkeit voraus. Doch das gilt auch für das, was zunächst „lediglich" ins Bild gesetzt wird, wie bei Mosers Taschenmesser. Diese Abstraktionsleistung des Bildes bietet aber, da sie unmittelbar das Ganze ihres Sinns und nicht nur Teile ihrer Bedeutung präsentiert und insofern ihren lebendigen Ursprung unmittelbar vergegenwärtigt, eine Folie, in der Betrachtung Erinnerungen zu verlebendigen, Phantasien für neue Lebensperspektiven aufzubieten und damit Gegenwärtiges einer aufbrechenden Dynamik zu unterwerfen. Ein Bild behält deswegen auch stets einen Überschuss gegen seine Deutung zurück. Auch Sprache vermag das, sofern sie in der Lyrik offen, in der Poesie mehr oder weniger einleuchtend, mit Sprachbildern arbeitet. Nicht ist dies das Anliegen der Wissenschaftssprache und auch der Philosophie, wenn diese auf logisch-begriffliche Genauigkeit, Klarheit, Differenziertheit Wert legen.

Dies ist der Hintergrund meines Interesses an Bilderbüchern. Sie sind unmittelbarste Medien zur Artikulation elementarer philosophischer Fragen. Und an ihrem Bild-Anspruch hat sich auch jeder ausdrücklich formulierte oder wie in Mosers Geschichte nur indirekt vorausgesetzte philosophische Umgang mit Kindern zu orientieren, leben und denken doch Kinder noch sehr viel stärker in Bildern als in logisch abgrenzbaren Begriffen. Dieser Anspruch ist deswegen zugleich ein Kriterium für gelungene, nämlich Fragen öffnende und Orientierung bietende Bilder in Bilderbüchern.

Zweite These

> Die philosophischen Hintergründe von Bilderbüchern zu entwickeln, fordert dazu heraus, elementare Fragen nicht nur zu artikulieren, sondern sie auch unterschiedlichen philosophischen Positionen zuzuordnen.
>
> Denn Philosophie ist mehr als bloße *Weltanschauung*, sie ist vielmehr *Wissen* des Wissens, also *bewusster* Vollzug unmittelbar „naiven" Fragens, und darum *Theorie*.

Fünf Holzwürmer auf philosophischen Wegen

Ganz in die Richtung, Leben sei wichtiger als Theoretisieren, scheint auch eine zweite Geschichte von Erwin Moser zu votieren[3]. Und doch stellt sie, zunächst ganz entgegen unserem Anliegen, bei genauerem Hinsehen gerade die Theorie als unverzichtbares Element allen Philosophierens heraus:

Die fünf Holzwürmer

In einem Dachstuhlbalken lebten einmal fünf Holzwürmer. Ihr Leben bestand aus Nagen, Nagen und nochmals Nagen. In der Zeit, in der sie nicht nagten, schliefen sie, und das war auch schon alles.

Schon die Eltern der fünf Holzwürmer hatten in diesem Balken ihr Nagewerk verrichtet und ebenso ihre Großeltern und Urgroßeltern. Auch die Eltern der Urgroßeltern und deren Großeltern hatten schon an diesem Balken genagt. Kurzum, die ganzen Vorfahren der fünf Holzwürmer hatten nichts anderes gemacht, als Löcher in diesen Balken zu nagen, und sie hatten sich recht gut davon ernähren können.

Man kann sich aber vorstellen, dass das Leben dieser Holzwürmer nicht besonders aufregend war. Auch in geschmacklicher Hinsicht war nicht viel los – es war ja schließlich immer derselbe Balken, in dem sie nagten. Na gut, hier und da stieß einer der Holzwürmer auf eine vertrocknete Harzader, und dann gab es für kurze Zeit eine Abwechslung auf dem Speisezettel. Aber so etwas kam sehr selten vor.

Eines Tages, als die fünf Holzwürmer in einer Nagepause beisammensaßen, unterhielten sie sich darüber, wie die Welt wohl außerhalb des Balkens aussehe.

„Ich weiß sogar den Weg, der aus diesem Balken herausführt!", sagte der älteste der fünf Holzwürmer. „Eine Ameise, die ich einmal in einem meiner Gänge getroffen habe, hat ihn mir genau beschrieben."

„Ach was", sagte ein anderer Holzwurm, „meiner Ansicht nach gibt es überhaupt keine andere Welt außer dieser. Das sind doch alles Phantastereien. Die Welt besteht nun mal aus Holz, das ist die Realität des Lebens, mein Lieber, ob es dir nun passt oder nicht!"

Ein anderer Holzwurm sagte: „Nun, möglicherweise gibt es doch noch etwas anderes als Holz, das würde ich gar nicht bestreiten. Aber ich sage euch: Denkt ja nicht viel darüber nach! Das kann

---

3 *Moser, Erwin*: Die fünf Holzwürmer. In: *Ders.*: Der einsame Frosch. A. a. O. (s. Anm. 1) S. 67ff.

sehr gefährlich werden. Wer weiß schon wirklich, was außerhalb des Holzes ist? Kein Wurm kann das wissen!"

Der vierte Holzwurm sagte: „Mich interessiert das überhaupt nicht. Solange ich mich jeden Tag voll fressen kann, ist doch ohnehin alles in bester Ordnung, oder?"

Der fünfte Holzwurm hatte mit großem Interesse zugehört. Er hatte schon oft darüber nachgedacht, wie es wohl außerhalb des Balkens aussieht. „Wer weiß?", sagte er jetzt. „Vielleicht gibt es doch andere Arten von Holz. Das könnte doch möglich sein? Vielleicht fressen wir das minderwertigste Holz, das es gibt, und wissen es nicht. Möglicherweise gibt es ganz in der Nähe süßes Holz oder weiß ich, was!"

Aber die anderen Holzwürmer lachten ihn nur aus.

„So ein Spinner!", sagten sie, und der älteste Holzwurm sagte spöttisch: „Wenn du so neugierig bist, schau dir doch die andere Welt an! Der Weg hinaus ist ganz einfach: Du brauchst immer nur in Richtung Süden zu nagen. Das hat mir die Ameise gesagt. Also, niemand hält dich auf!" Und die anderen Holzwürmer lachten wieder.

Der fünfte Holzwurm aber sagte: „Ihr braucht gar nicht zu lachen! Ich riskier's! Von mir aus könnt ihr hier verschimmeln!"

Und von dieser Stunde an nagte er nur noch in Richtung Süden.

Er war mit großem Eifer bei der Arbeit, und in seiner Phantasie stellte er sich die neue Welt wunderbar vor. Er war überzeugt, dass am Ende seines Weges ein wahres Holzwurmparadies auf ihn warten würde.

Was der Holzwurm aber nicht wusste, war, dass ihn der älteste Holzwurm aus lauter Boshaftigkeit in die falsche Richtung geschickt hatte. Die Ameise hatte nämlich „Westen" statt „Süden" gesagt, und so nagte er in die falsche Richtung, immer dem Balken entlang.

Er kam niemals aus dem Balken heraus.

Nach sechs Jahren ununterbrochener Arbeit fühlte der Holzwurm, dass er sehr schwach geworden war und bald sterben würde.

Nun muss ich sterben und habe es nicht geschafft, dachte er. Bevor er die Augen für immer schloss, sagte er noch: „Aber versucht hab ich's doch!", und er sah dabei sehr zufrieden aus.

Um eine lediglich zum Schmunzeln anregende Geschichte handelt es sich hier nicht. Zur Seichtheit bloß vorgeblich philosophischer Sinnsprüche für Poesiealben würde die Geschichte nur dann verkommen, wenn man am Ende lediglich lapidar verstehen würde: „Na, wenigstens hab ich's versucht." Die Betonung liegt jedoch auf der Sinnhaftigkeit und der Begründetheit des Versuchs als der besseren Handlungsalternative gegenüber dem nur vordergründig besseren Ende eines Ergebnisses, es tatsächlich zu schaffen, aus dem Balken herauszukommen. Dieses Insistieren auf dem Versuch mag die philosophische Haltung symbolisieren, es nie beim „Es ist halt so" bewenden zu lassen, sondern durch Neugierde und stets neues In-Frage-Stellen ständig auf dem Weg zu neuen Lösungsperspektiven zu sein. Darum hebt sich Philosophie nicht nur ab von erbaulichen Lebensweisheiten, sondern auch von vorschneller Instrumentalisierung als ideologischer Legitimation einer bestimmten Meinung oder Idee – so strahlt uns „Philosophie" ja immer häufiger entgegen als Sinntiefe bloß suggerierendes Prädikat eines Artikels oder einer Firma zu Zwecken ihrer ökonomischen Verwertbarkeit.

Dass Philosophie demgegenüber grundsätzlich von einer Anstrengung des Denkens gekennzeichnet ist, vermag ein tieferer Blick auf Mosers Holzwürmer zu verdeutlichen. Diese Geschichte lebt zwar ganz durch den Text, die Zeichnung gibt hier wenig her, doch ist der Text seinerseits ganz durch Bilder gekennzeichnet, in die wir uns einzufinden versuchen können:

- Am *Anfang* steht eine Frage, einfach, aber doch unendlich schwer zu beantworten: Wie mag die Welt wohl außerhalb des Balkens aussehen? In der Tat entzündet sich Philosophie ja stets an solch einfachen und zugleich schwierigen Fragen. Aber sie *entzündet* sich hier eben lediglich, Philosophie im *eigentlichen* Sinne findet erst statt im Versuch einer differenzierten Beantwortung solcher Fragen. Und so ist auch unser philosophischer, der fünfte Holzwurm, ganz im Kontext seiner Mitnager zu sehen, die unterschiedliche Positionen repräsentieren, wie auf jene Fragen zu antworten sei:

- Der *erste Holzwurm* ist der Philosoph im Sinne eines Weisheitslehrers: Von alters her weiß er, mit großer Bildung und Erfahrung ausgestattet, von geheimen Wegen aus der Welt des Holzbalkens heraus. Doch selbst ganz in der Geheimnishaftigkeit dieser Weisheit gefangen, vermag er nicht mehr, als den anderen diesen Weg zuzuraunen, sie einzustimmen ins Gefühl für jene andere Welt, die freilich durchs Gefühl allein fremd und unerkannt bleibt. Und so geht er selbst diesen Weg nicht. Vielleicht ist er der Wissenschaftler der Philosophie, der vielbelesen und hoch gebildet ist, dem aber das lebendige Denken zur bloßen Repetition historischer Positionen oder verschulter Begriffsunterscheidungen geronnen ist. Oder er ist der Mythologe, der positiv gesehen immerhin als Bild die Ahnung von einer jenseits der unmittelbaren Erfahrung liegenden Wirklichkeit wach hält und anderen zum Impuls verhelfen kann weiterzufragen, der aber negativ zum Esoteriker, letztlich sinnleeren Geheimniskrämer werden kann und der in unserer Geschichte ob der Unsagbarkeit seines Geheimnisses tatsächlich in platten Zynismus verfällt.

- Der *zweite Holzwurm* repräsentiert das genaue Gegenteil: Er ist nicht, wie er selbst meint, Realist, sondern schränkt Realität ein auf das der Erfahrung unmittelbar zugängliche sinnlich Gegebene, d. h. er ist der Empirist unserer Runde. Ja, er versteigt sich sogar dazu, das sinnlich Gegebene nicht nur als Ausgangspunkt, sondern auch als alleinigen Grund und Sinn von Welt und von allem Philosophieren zu behaupten, in der These, es gebe gar keine Welt außer der des Holzbalkens. Als Positivist ist er darum zugleich der personifizierte Antimetaphysiker und Atheist.

- Der *dritte Wurm* ist vorsichtiger, und seine Meinung ist darum schwerer zu verstehen, weil er eine wichtige Differenzierung anbringt: Zwar lehnt auch er einen Weg nach außen ab, aber nicht aufgrund der Behauptung, es gebe keine andere Welt, sondern mit der Begründung, man könne als armer Holzwurm, selbst wenn es eine andere Welt gäbe, eine solche nicht begreifen. Die Position des sog. Agnostikers kann besser kaum auf den Begriff gebracht werden. In der neueren Philosophie hat sie am vielleicht bekanntesten der frühe Wittgenstein vertreten mit dem berühmten Satz, wovon man nicht reden könne, darüber müsse man schweigen (was ja bekanntlich nicht meint, dieses gebe es nicht). Die Gefahr dieser Position bedenkt Moser gleich mit, wenn er den agnostischen Wurm den Versuch des Auswegs aus dem Balken als gefährlich zurückweisen lässt. Der Philosoph erinnert sich dabei an Parmenides, der seinen Schülern angeblich verboten hatte, eben wegen der Gefahr für die geistige (und dann auch körperliche) Gesundheit, über das Nichts nachzudenken, worüber sich Platon dann so aufregte, dass in der bewussten Inkaufnahme dieser Gefahr gewissermaßen der Anfang des Philosophierens zu sehen ist. Keine Frage kann seitdem der Philosophie zu gefährlich sein.

● Doch weiter in der Reihe unserer philosophischen Holzwürmer: Der *vierte* ist natürlich nur eine Karikatur des Epikureismus, jener Lehre vom Lebens-Genuss des antiken Philosophen Epikur, der bei aller hochethischer Einstellung durchaus dem guten Essen und weiteren sinnlichen Freuden des Lebens zusprach. Weil er aber tatsächlich die Lebensfreude bei allem Tun und Denken ins Zentrum seines Philosophierens rückte, bringt man gemeinhin die Einstellung rein materialistischer Sinnenfreude, den Hedonismus, mit ihm in Verbindung. Wie dem auch sei, von Auswegen aus dem Balken kann solch ein Zeitgenosse natürlich wenig halten. Als Philosoph kann er allenfalls als Vertreter der ironisch-kritischen Vernunftkritik Nietzsches ernst genommen werden, dem das alle Ordnung und Einheit verlachende Temperament des Dionysos sympathischer war als die Reinheit des Apoll.

● Und der *fünfte Holzwurm*? Einige Leser werden das berühmte Höhlengleichnis von Platon kennen, nach dem wir alle uns gleichsam in einer Höhle voller Schein und bloßer Meinung befinden, aber, wenn wir nur recht uns bemühen, durchaus diesen Schein durchbrechen, hinter dem Schattenhaften das Wahre zu finden uns bemühen und darum aus der Höhle herausfinden sollten. Hinter diesem Gleichnis steht Platons Ideenlehre, ein Grundstein der sog. Metaphysik, dass es nämlich tatsächlich hinter (griech. „meta") der uns als Natur (griech: „physika") erscheinenden Wirklichkeit eine andere, die wahre Welt (d. i. die Welt der Ideen) gebe, die wir auch zu erkennen vermöchten, wenn wir nur den Widerschein des Wahren im Schattenhaften entdecken würden. Diese Lehre wird nicht von allen geteilt, gewiss aber von unserm fünften Holzwurm. Erwin Moser, sein Schöpfer, gibt am Ende seiner Geschichte zu, dass dies nicht der Weg alleiniger Wahrheit sein muss, denn erreicht hat der arme Wurm diese andere Welt allemal nicht; insofern scheint es so, als könnte am Ende doch der Empirist recht haben. Gleichwohl liegen beim fünften Holzwurm zu Recht die Sympathien aller Leser, auch der Kleinen, auch aller wahren Philosophen und auch die von Erwin Moser. Und das liegt nicht an seiner metaphysischen Einstellung. Vielmehr vollzieht er als Einziger unabhängig von der letztlich von ihm vertretenen Ansicht das, was das eigentlich philosophische Geschäft ist:
Er *staunt* zunächst einmal über das, was er nicht versteht, lässt es dann aber nicht dabei bewenden wie alle anderen, sondern er *differenziert*: Vielleicht könnte es so sein, vielleicht so, vielleicht ganz anders; was spricht dafür, was dagegen? Der dies tut, ist der Theoretiker, der (ganz wörtlich übersetzt) wie ein Theaterbesucher die Sache aus verschiedenen Perspektiven zu betrachten in der Lage ist. Fasziniert vom anfänglichen Staunen, fragt er ständig weiter und wechselt in Auseinandersetzung mit anderen möglichen Positionen den Standort. Um dies aber zu leisten, muss er notwendig *handeln* und sich auf den Weg machen.

Philosophie als sich vollziehende Theorie

Dieser Vollzug von Einstellungen ist dasjenige, was Philosophieren eigentlich erst ausmacht: Die ersten Fragen scheinen naiv, setze ich mich aber mit ihnen auseinander und vollziehe bewusst ihre Folgerungen, komme ich näher und näher an den Ursprung heran. Philosophie kann man mithin als institutionalisierte oder besser reflektierte Naivität bezeichnen. Praxis ist insofern keineswegs das Gegenteil der Theorie, sondern ihre notwendige Konsequenz, wie umgekehrt nur der wahrhaft praktisch zu sein vermag, der zumindest während allen Handelns immer wieder zuschaut, also Theorie übt; alle anderen werden schlicht aufgerieben im Lauf von Tätigkeiten und Aktivitäten, die sie mit Praxis verwechseln. Aristoteles wiederum war es, der diesen Zusammenhang von Theorie und Praxis als notwendiges Element allen Philosophierens bislang unüberholt auf den Begriff gebracht hat und damit Philosophie und Philosophieren von bloßer Weltanschauungs-Etikette abgegrenzt hat. Ebenso sehr ist damit die Philosophie der bloß raunenden Ahnung enthoben, indem sie es unternimmt, auf der Grundlage des Logos, der vernünftigen Rede, Wirklichkeit differenziert und begrifflich klar zu erschließen. Als vernünftige Rede aber bleibt Philosophie immun auch gegen die esoterische Kritik an der Technologisierung des Denkens, nicht nur weil die Vernunft nie dogmatisch an stets nur vorläufig erkannten Wahrheiten festhält, sondern weil sie es ist, die auf dem Wege des Erkennens den Weg selbst und die Tiefe des Wegs mit zu reflektieren aufgerufen ist, sodass sie darüber stets Auskunft soll geben können. Vernunft ist die Fähigkeit des Vernehmens eben auch der Zwischentöne, der Hintergründe, der Differenzen und natürlich auch möglicher Auswege, so wie die Theorie, ihre Begleiterin, das Staunen ist, das sich im Staunen des Staunens bewusst ist und nur darum Erkenntnis zu leisten imstande ist.

Wir haben damit ein wichtiges Kriterium gewonnen zur Beurteilung von Kinderbüchern unter philosophischer Perspektive. Philosophisch sind nur solche Kinderbücher, die eben diese Wege zu öffnen angelegt sind, wie auch der Umgang mit Kinderbüchern eben durch solche eröffnende Fragen charakterisiert sein muss. Die Vernunft wach zu halten und Lust zu machen auf die Theorie, dazu eignet sich das Philosophieren mit Kindern, gekleidet in das Gewand einer zum Schmunzeln und Nachfragen anregenden Geschichte wie die von den Holzwürmern, besonders gut.

Philosophie als Wissenschaft mit Disziplinen und Fächern –
Die philosophische Systematik des Buches

Die zweite Zielsetzung meines Buchs, die mit dieser Moser-Geschichte ins Bild gebracht werden kann, ist eine Einführung in die Philosophie, die gegen die banalisierende Verwendung des Begriffs „Philosophie" als Weltanschauung oder Lebensstimmung oder gar ökonomische Strategie oder politische Ideologie die Philosophie ernst nimmt in ihrem Drang der Differenzierung, des Auseinandernehmens, der Kritik. Nur deswegen lässt sich Philosophie fast auf alles ein, was uns als Wirklichkeit begegnet, tut dies aber in einer der jeweiligen Wirklichkeit auch jeweils angemessenen Form, bringt sie auf den Begriff, stellt sie heraus als das, was sie jeweils sind. Darum gibt es unterschiedliche Disziplinen der Philosophie und auch unterschiedliche Ansichten einer bestimmten Wirklichkeit, unterschiedliche philosophische Positionen.

Es kann nicht Aufgabe des vorliegenden Buchs sein, enzyklopädisch einen Überblick über verschiedenste philosophische Disziplinen und Denkrichtungen zu geben. Und doch sind die einzelnen Kapitel nicht beliebig aneinander gereiht, sondern folgen bewährten Einteilungen, wie auch die Fragen, die in den Kapiteln aufgeworfen werden, durchaus unterschiedliche Positionen evozieren, sodass die Leser am Ende philosophische Fragen in eine gewisse Ordnung werden bringen können. Die Kapitel bewegen sich von Fragen der sog. theoretischen Philosophie hin zu solchen der praktischen Philosophie, um mit Fragen nach den Grenzen philosophischen Denkens zu enden.

● Kant hat die ersten Grundfragen unter die Frage gefasst, was wir *wissen können*. Zu ihnen zählen die *Ontologie*, die Lehre vom Sein, und die Epistemologie, die Lehre vom Erkennen des Seins. Auf der unmittelbaren Ebene der Erfahrung von Wirklichkeit können beide Richtungen nie völlig klar voneinander getrennt werden, weil die entsprechenden Fragen nicht gelöst voneinander zu stellen sind. Gleichwohl ist das Kapitel 3 eher der *Ontologie* zuzurechnen, während das Kapitel 4 mit der *Sprache* ein zentrales Element der Erkenntnis thematisiert. Aus diesem Zusammenhang von Erkennen und Sein ergeben sich aber auch die folgenden Fragen nach Ich und Welt (Kapitel 5 und 6), die nicht psychologisch oder naturwissenschaftlich misszuverstehen sind, sondern die ebenfalls eher traditionellen Probleme der rationalen *Psychologie* und der rationalen *Kosmologie* als der ersten beiden Teilgebiete der sog. speziellen Metaphysik zur Sprache bringen: Auch ohne die metaphysische Annahme einer jenseitigen Welt bleiben die Fragen nach dem, was wir in fast jedem Satz als unser Ich aussprechen und voraussetzen, oder danach, ob es so etwas wie ein alles umfassendes Ganzes gibt, das wir Welt, All oder Kosmos zu nennen gewohnt sind, elementare Fragen der Philosophie. Die letzte Disziplin der speziellen Metaphysik, die rationale *Theologie* mit ihrer Frage nach einem alles zusammenhaltenden Einen habe ich mit guten Gründen ans Ende des Buchs positioniert. Ein Wort ist noch dazu zu sagen, dass die Fragen der *theoretischen Philosophie* ein deutliches Übergewicht haben: Begründen lässt sich das damit, dass einerseits keine philosophische Frage recht sich stellen lässt ohne Reflexion auf ihren theoretischen Anteil. Gerade auch Fragen der Moral setzen als philosophische (im Unterschied zu weltanschaulichen) eine Reflexion ihres Gegenstandes, somit ein Denken in epistemologischen und ontologischen Kategorien voraus, das gleiche gilt für religionsphilosophische oder ästhetische Fragen. Andererseits zeigen unterschiedlichste Erfahrungen mit Kindern, dass diese gerade in ihrem Sinn nach Orientierung viel stärker an Fragen nach dem Sosein alles Seienden orientiert sind als an Fragen des Sollens. Und auch der Kinderbuchmarkt, an dem sich die Auswahl der nachfolgend zu erläuternden Bilderbücher orientiert, bietet wohl deshalb auf dem Gebiet dieser Fragen der theoretischen Philosophie sehr viel mehr Titel an.

● Das Problem der *praktischen Philosophie* ließ sich für Kant in der Frage zusammenfassen: Was *soll* ich *tun*? Dies ist traditionellerweise das Gebiet der (philosophischen) Ethik, das aber sinnvoll in mehrere Teilgebiete sich differenzieren lässt. Die Grundfrage der Ethik ist die der *Moral*, also nach den Gründen meines Handelns und seiner Beurteilung als gut oder böse. Auch wenn moralische Fragen sich nie abstrakt, sondern stets im Verhältnis zu anderen Menschen und zur Welt stellen, kann man die Frage, warum wir Menschen überhaupt moralische Wesen sind, dem sich das Kapitel 7 zuwendet, von der Frage unterscheiden, welche Rolle dabei unser Verhältnis zu anderen Menschen spielt und wie wir dann auch konkret handeln sollen. Dieser Frage nach dem Verhalten zu anderen und auch ihrer Regelung in Recht und *Politik* gilt das Kapitel 8. Das Kapitel 9 demgegenüber wirft eine dritte Frage der Ethik auf, nicht nach den Gründen unserer Moralität, sondern nach den Zielen, also die Fragen nach Glück und Sinn, nach dem *guten Leben*.

● Die letzte Frage durchbricht eigentlich schon den Horizont von Jetzt und Hier und stellt sich angesichts dessen der Einsicht, dass wir Menschen immer schon über uns hinaus sind. Die Richtung dieser Frage hat Kant formuliert als das, worauf wir *hoffen* dürfen. Kant selbst meinte, das sei die schwerste aller philosophischen Fragen. Dem ist sicher Recht zu geben, weil das Denken hier an Grenzen gerät, die es gleichwohl noch zu beschreiben beansprucht. Zu kurz gegriffen wäre es allerdings, diese Fragen nur als religiöse zu verstehen. Zwar hat das Kapitel 11 gezielt einen *religionsphilosophischen* Anspruch, doch gehört dazu auch das große Problem der *Geschichtlichkeit*, das am vielleicht drängendsten aufbricht an der Auseinandersetzung mit Vergänglichkeit und Tod. Diese Fragen werden aufgegriffen im Kapitel 10, aber bereits angedeutet in Kapitel 9. Das Buch endet mit einem nur kurzen, da auf ein Buch beschränkten Blick auf die *Ästhetik* (Kapitel 12). Die Fragen nach dem Schönen und der weder erkennenden noch tätigen, sondern genießenden Zuwendung zur Wirklichkeit sind in der Philosophie eher stiefmütterlich behandelt. Eigentlich bietet auch der Bilderbuchmarkt keinen explizit ästhetischen Titel, da ästhetische Fragestellungen, die manche Bücher aufwerfen, in der Regel eingebunden sind in andere. Das gilt auch für das im Abschlusskapitel vorgestellte Buch. Gleichwohl fasse ich seine Deutung unter dem Kriterium des Ästhetischen zusammen, weil einerseits es ein alter und mir selbst nicht unsympathischer Gedanke ist, das System der Philosophie ende mit der Ästhetik, und weil andererseits unter dieser Frage sich für mich am besten ein Abschluss auch des vorliegenden Buchs finden lässt; sowohl das positionelle Kapitel 2 ist damit aufzugreifen, als auch die meisten der anderen Fragestellungen können wir nochmals Revue passieren lassen. Schließlich handelt es sich bei dem hier vorgestellten Buch wie bei dem singulär in Kapitel 2 verhandelten um eines der ganz wenigen Beispiele eines mehr oder weniger expliziten philosophischen Anspruchs und vor allem um ein Bilderbuch, das dem philosophischen Bild-Anspruch vielleicht am besten von allen hier vorgestellten genügt.

● Den Kapiteln 3 bis 12 sind die Kapitel 1 und 2 vorgelagert. Sie sind im engeren Sinne nicht in das System der Philosophie einzuordnen. Während Kapitel 1 einleitend die Zielsetzungen des Buches erläutert, vor allem im Verhältnis zur Bewegung des „Philosophierens mit Kindern", nimmt auch Kapitel 2 eine Sonderstellung ein, weil es ebenfalls nicht ein bestimmtes Thema der Philosophie behandelt, sondern die Frage, *wie* wir philosophieren können, also die Frage nach dem Vollzug des Philosophierens.

Dritte These

> Das vorliegende Buch versteht sich als Beitrag zum *Philosophieren mit Kindern*.
> Es geht von der Annahme aus, dass schon *Kinder* Philosophen sind,
> eine These, die freilich genauer erläutert werden muss,
> gerade im Bewusstsein, dass Philosophie *Wissen* des Wissens ist.

Warum sollen Kinder philosophieren? – Vom Werden kleiner Pflanzen

Immer wieder wird zur Begründung der sog. Kinderphilosophie der Aufruf von Epikur[4] zitiert:

> *„Mit dem Philosophieren soll man getrost schon in der Jugend beginnen, aber im Alter auch nicht müde davon ablassen. Denn um für seine seelische Gesundheit etwas zu tun, ist keiner zu jung oder zu alt, und wer etwa meint, für ihn sei es zum Philosophieren noch zu früh oder schon zu spät, der könnte ebenso gut behaupten, der richtige Zeitpunkt für seine Glückseligkeit sei noch nicht da oder schon vorbei. Also philosophieren muss der junge wie der alte Mensch; dieser, damit er jung bleibt im dankbaren Genuss des Guten, das die Vergangenheit ihm schenkte, und jener, damit er furchtlos in die Zukunft blicken kann und dadurch jung und alt zugleich ist. Freilich muss man sich beizeiten in dem üben, was Glückseligkeit verleiht, denn in ihr besitzen wir alles, und wem sie fehlt, der gibt sich ja doch alle Mühe, sie zu erwerben."*

In der Tat in seltener Klarheit hat der griechische Philosoph hier vor 2300 Jahren eine Rechtfertigung für das Philosophieren mit Kindern geliefert, doch nicht auf der Ebene eines bloßen Appells. Epikur arbeitet mit zwei Argumenten, das eine betrifft den Gegenstand der Philosophie, das andere die Praxis des Philosophierens selbst.

Zum Gegenstand hat die Philosophie „seelische Gesundheit" und „Glückseligkeit". Nicht aber der Begriff oder die Erkenntnis von Glückseligkeit ist dabei das Thema, sondern die Förderung dessen, was Glückseligkeit verleiht. Und das ist, „alles zu besitzen", nämlich – legen wir die Nuancen im Text genauer aus – einen Sinn für das Leben als einheitlichen Zusammenhang zu haben, in dem Alt- und Jungsein gleichermaßen ihren Wert haben. In dieser Weise sich in Übereinstimmung zu finden mit seinem Leben als Einheit von Alter und Jugend, gilt aber für jeden Menschen, gleich welchen Alters, als erstrebenswertes Ziel.

Diese Übereinstimmung, dieser Besitz hat aber, das ist Epikurs zweites Argument, nicht jeder Mensch schlicht als Eigenschaft, sondern sie muss geübt werden, um zur Entfaltung zu kommen. Der Weg dazu ist vielfältig und auch altersspezifisch unterschiedlich. Epikur beschreibt zumindest zwei Wege, einen für den jungen und einen für den alten Menschen. Notwendig scheint es aber zu sein, überhaupt einen Weg zu beschreiten, um Glückseligkeit zu erlangen. Auch Gegenstand der Philosophie ist mit-

---

4 *Epikur*: Brief an Menoikeos; z. B. in: *Ders.*: Philosophie der Freude. Stuttgart: Kröner 1973. S. 39 (original in: *Diogenes Laertios*: Biôn … Buch X. 122.)

hin nicht ein Zustand, den man hat oder nicht, sondern eine bestimmte philosophische Praxis oder Haltung.

Uns interessiert hier der jugendliche Weg: Furchtlos in die Zukunft zu schauen und damit jung und alt zugleich zu sein, so wird er von Epikur gekennzeichnet. Zugleich jung und alt sein zu können, setzt im Ansatz die Fähigkeit voraus, in unterschiedliche Rollen schlüpfen zu können, um so sich selbst besser als den sehen zu können, der man ist. Dazu ist es erforderlich, nicht einfach bei sich selbst zu bleiben, sondern sich auf anderes und vor allem den anderen einlassen zu können. Und wem das gelingt, der vermag ausgestattet mit dem nötigen Selbstvertrauen und Selbstbewusstsein furchtlos das Kommende in Angriff zu nehmen wie auch später auf das Erreichte zurückzublicken und zu genießen und nicht nur einfach bewusstlos zu leben.

Der Appell zu solchermaßen reflektierter, bewusster Lebensführung ist bei Epikur die Ouvertüre zu weiteren ethischen Weisungen und Maximen; die zitierten Sätze bilden die Einleitung zu dem bekannten Brief an Epikurs Schüler Menoikeos. Doch auch wenn seine Sätze eher eine Anweisung für die Übung des Philosophierens im Jugendalter sind, das bewusste Lebensführung ausdrücklich zum Thema macht, so mögen sie auch für das noch nicht voll seiner selbst bewusste Kindesalter gelten, wenn hier entsprechend, d. h. auf einer weniger reflektierenden, vielmehr bildhaft imaginierenden Ebene, sich eine Beziehung auftut auf das Leben, auf das junge und alte Menschen Zusammenhaltende. Dass dies möglich ist, dafür liefert Erwin Moser mit einer weiteren Kindergeschichte ein wunderbares Beispiel[5] *(Abb. 1.2).*

DER ALTE BAUMSTRUNK

Auf einer Wiese stand einmal ein alter, morscher Baumstrunk. Er war sehr traurig. Wehmütig dachte er an die Zeiten, als er ein mächtiger, grüner Baum gewesen war.

Nun ist wieder Frühling, dachte er. Alles um mich herum ist grün geworden, alles wächst und blüht, nur ich alter Trottel stehe hier nutzlos herum . . .

Er war so versunken in seine schwermütigen Grübeleien, daß er gar nicht merkte, wie der Wind ein Samenkorn in seine morsche Hülle wehte.

Das Samenkorn fiel hinein und begann sofort zu keimen, denn in der Höhlung des Baumstrunks befand sich etwas Erde.

Nach einigen Tagen spürte der Strunk in seinem Inneren ein sanftes Kribbeln. Nanu? dachte er, denn das Kribbeln erinnerte ihn an frühere Zeiten. Ich werde doch nicht etwa zu wachsen beginnen? Und er war sehr erstaunt.

Bald hatte er herausgefunden, was es mit dem Kribbeln auf sich hatte. Aus dem Samenkorn war eine schöne grüne Pflanze hervorgewachsen. Und wenn der Wind mit ihren Blättern raschelte, war es dem Baumstrunk für Sekunden, als ob er eine prächtige Blätterkrone hätte.

Abb. 1.2

---

5 *Moser, Erwin*: Der alte Baumstrunk. In: *Ders.*: Das Haus auf dem fliegenden Felsen. A. a. O. (s. Anm. 1) S. 40f.

Diese Geschichte führt uns von der Philosophie als Wissenschaft ausdrücklich wieder zurück zum Philosophieren mit Kindern und näher hin zur *Naivität* als philosophischer Grundhaltung. Sollte die Geschichte von den Holzwürmern warnen vor dem vorzeitigen Etikettieren lebenssinnierender Anwandlungen mit dem Prädikat „philosophisch", so setzt *der alte Baumstrunk* nun den Fachphilosophen zu, die ihren Anspruch, Philosophen zu sein, verlieren, wenn sie sich nicht mehr an die Ursprünge aller Philosophie erinnern, das Philosophieren. Und die Auseinandersetzung mit Kindern ist, so meint es wohl Mosers Geschichte vom alten Baumstrunk, das geeignete philosophische Aphrodisiakum, das den in seine Wissenschaft vergrabenen Fachphilosophen wieder zum Philosophieren zu bringen vermag. Mosers Geschichte lässt es bei dieser These nicht bewenden; das wird deutlich, wenn wir seine Geschichte als Kommentar zu dem zitierten Aufruf von Epikur verstehen:

Schauen wir uns zunächst die *Zeichnung* an: Welches Kind wird nicht das verschrumpelte Gesicht des alten Baumstrunks erkennen, das mit dem Kinnbart schon ganz ins Wurzelwerk übergegangen ist. Der Strunk als der schon ein wenig vertrottelte Kopf ist innen (fast) ganz ausgehöhlt, nur noch morsche Hülle. Und doch vermag diese Höhlung in wunderbarer Weise Wind und Wetter, Erdkrumen und Samen einzufangen und damit Schatzkammer zu sein für vieles, was sich um den alten Strunk herum ereignet hat, und zugleich Schutzzone, Ökonische für eine neue Pflanze, die nun gerade hier, aufbauend auf dem Alten, neu sich ins Leben zu setzen vermag.

Was dann bei beiden sich abspielt, dem alten Baumstrunk einerseits und dem jungen Stämmchen andererseits, davon gibt Mosers Text Auskunft, der dem Bild Leben verleiht: Das Kribbeln zunächst, das den alten Baumstrunk wieder lebendig werden lässt, ist wie ein Medikament, was den in den Ablauf und die Ordnung seines Lebens fest eingerichteten Alten wieder zum Ursprung seines Lebens zurückzubringen vermag, nämlich das Leben in all seinen Zügen, und das heißt hier auch in den Variationen von Altsein und zugleich Jungsein, zu genießen und dies mit aller Kraft der Phantasie zur Entfaltung zu bringen. Und auch die Mosers Text ergänzende Verwunderung der jungen Pflanze, ganz unmittelbar erfahrbar nicht nur im Alten zu wachsen, sondern dieses Alten gleichsam inne zu sein, bietet uns ein wunderbares Bild für jenes Streben nach Glückseligkeit, mit dem Epikur die Möglichkeiten und zugleich den Gewinn von Philosophieren beschrieben hat. Eine Kindergeschichte also als Plädoyer für das Philosophieren mit Kindern.

Was Philosophieren mit Kindern *nicht* will

Zugleich ist die Geschichte ein Hinweis zu einer differenzierten und kritischen *Auseinandersetzung* mit den unterschiedlichen kinderphilosophischen Ansätzen. Sehr leicht nämlich verführt diese Bewegung dazu, ohne weiteres Nachdenken ein Verständnis von Philosophie gefunden zu haben und umgekehrt mit einem Male die Philosophie aus ihrem Elfenbeinturm herausgeholt zu haben und allgemein verständlich machen zu können. Das liegt unter anderem an einer nicht klaren Begrifflichkeit. So sind besonders die Ausdrücke „Kinderphilosophie" und „Philosophie für Kinder" irreführend. Mit Epikur und Moser sind solche Missverständnisse leicht zurückzuweisen:

a) Philosophieren mit Kindern meint nicht eine vereinfachte, quasi auf das Niveau kindlichen Denkens „hinab" transportierte Philosophie. Daher vermeide ich die Bezeichnung „*Kinder*philosophie". Sie scheint zudem ein letztlich nicht ernst zu nehmendes Herumplaudern als Philosophie zu verkaufen. Warum aber hat es Sinn, kindlichen Denkübungen überhaupt philosophische Qualität zu unterstellen? Ich meine, die These, Kinder seien Philosophen, muss differenziert gelesen werden; Philosophen im engeren Sinne sind Kinder nicht, weil sie sich nicht der Reflexion dessen, was sie denken, aussetzen und dazu wohl auch noch nicht in der Lage sind. Aber in einem weiteren Sinne sind sie durchaus Philosophen, besser Philosophierende, insofern sie nämlich philosophisch relevante Bemerkungen machen und Fragen stellen, was zu entwickeln eine nicht nur pädagogische Aufgabe, sondern auch ein philosophischer Anspruch ist. Unter diesem Anspruch will mein Buch mehr bieten als einen unterhaltsamen Ratgeber, sondern durchaus mit der der Philosophie eigentümlichen Anstrengung des Denkens konfrontieren.

b) Philosophieren mit Kindern ist auch keine Form sozusagen angewandter Philosophie. Darum ist die Bezeichnung „Philosophie *für* Kinder", die zu Beginn der Bewegung üblich war, irreführend. Damit würde der falsche Eindruck erzeugt, als gäbe es einen mehr oder weniger klar umrissenen Kanon philosophischer Einsichten, die nun auf bestimmte Anwendungsgebiete sich übertragen ließen. Das Philosophieren mit Kindern ist vielmehr davon überzeugt, dass sich, wie Kant meinte, keiner einen Philosophen nennen kann, der nicht selber philosophierte, also dass die Philosophie auch als Wissenschaft im je eigenen philosophischen Nachdenken ihre notwendige Basis habe. Unter dieser Perspektive aber gewinnen je eigentümliche Denkformen, auch das Denken in Bildern und unmittelbaren Betroffenheitsfragen einen für die Entwicklung philosophischen Denkens wichtigen Stellenwert. Daher eignet sich eher der Ausdruck eines Philosophierens *der* Kinder.

c) Aus dem gleichen Grund generiert das Philosophieren mit Kindern keine neue philosophische Disziplin neben traditionellen Disziplinen wie Erkenntnistheorie, Ethik oder Ästhetik. In diesem Sinne wäre auch eine „Philosophie der Kinder" eine verwirrende Bezeichnung. Eine Philosophie der Kindheit zu entwickeln, ist andererseits ein durchaus sinnvolles Unternehmen, würde die Philosophie sich dabei doch mit dem auch wissenschaftlich wichtigen Zusammenhang von Philosophieren und elementarem menschlichen Fragen oder dem Ursprung der Philosophie in diesem Fragen auseinander setzen.

Das genauer zu entwickeln, sprengt den Rahmen dieses Buches. Zumindest in vier Überlegungen kann ich aber kurz entfalten, warum offenkundig gerade Kinder eine ursprüngliche Fähigkeit zum Philosophieren haben und warum dies auch für das Selbstverständnis von Philosophie von Interesse ist:

Sind Kinder Philosophen? – Vier Thesen

1. Grundfragen der Philosophie sind Ursprungsfragen des Menschseins;
   Tiefe und Naivität stehen in einem korrelativen Zusammenhang.

„Naiv" meint wörtlich übersetzt, im Zustand der Geburt befindlich. Das scheint zunächst zu heißen, noch nicht zu einem eigentlich selbstständigen Leben entwickelt, und so hat das Prädikat „naiv" auch eine eher pejorative Bedeutung. Weite Strömungen der Entwicklungspsychologie, namentlich ihr Nestor Jean Piaget, sind denn auch davon überzeugt, Kinder seien aufgrund dieser noch nicht zur Reflexion ausgebildeten Naivität auch nicht imstande, philosophische Gedanken zu fassen; *uns* interessant erscheinende Gedanken gelten Piaget eher als phantasievolles Fabulieren, nicht als philosophische Denkübungen. Dieser Meinung aber liegt (abgesehen von stark subjektiv beeinflussten Deutungen der Piagetschen Interviews mit Kindern) ein vehementes Vorurteil hinsichtlich des Begriffs der Naivität vor. Sich naiv, also gleichsam wie im Zustand der Geburt zu verhalten, meint nämlich keineswegs nur das Noch-Nicht einer bevorstehenden Entwicklung, sondern umgekehrt auch das noch bestehende unmittelbare Innesein des Ursprungs, das mit zunehmender Entwicklung auch wieder verloren geht. Naivität drückt sich dann vor allem aus in einer ganz unvermittelten Offenheit aller Wirklichkeit gegenüber, der ganz ungebrochenen Faszination vor dem unmittelbar nicht ergründlichen, gleichwohl offenkundigen Geheimnischarakter von Welt und Leben überhaupt. Ausdruck findet dies in den ganz einfachen, in ganz alltäglichen Erfahrungen aufbrechende Fragen „Was ist das?" und „Warum (ist etwas so und nicht vielmehr ganz anders)?" In ihnen artikuliert sich in kindlicher Form die urphilosophische Frage: „Warum ist etwas und nicht vielmehr nichts?", die insofern naiv ist, als sie in radikaler Weise nach dem Ursprung von allem fragt. Aus alltäglichen Grenzerfahrungen entwickeln sich dann die sog. typischen „Kinderfragen" (War ich schon da, als die Mama geboren wurde? oder: Wie eigentlich kommt die Tür in mein Auge? oder ganz einfach: Warum sind dort die Sterne am Himmel? usw.); sie erst führen zu den sog. großen Fragen: Wer bin ich? Woher komme ich? Was ist die Welt? Ihre Voraussetzung also haben diese großen Fragen in jenen ganz alltäglichen elementaren Fragen; eben sie sind es, die die Anfangsgründe allen Philosophierens bezeichnen.

   Mosers Geschichte wirft die Frage nach unser aller Ursprung wie nach dem Ursprung unseres Denkens in vielfältiger Weise auf: Die Gedanken der jungen Pflanze werden zwar in der Geschichte nicht beschrieben, doch drängen sie sich auf: Der alte Baum macht sich Gedanken über sich selbst – tut das nicht die junge Pflanze auch – ja tun das nicht alle Lebewesen? Und gilt dann für uns alle, dass wir wie die junge Pflanze aus älterem Leben entstanden sind und doch zugleich ganz ureigen wir selbst sind? Und wie ist es eigentlich möglich, daran zu denken, nicht nur wie es früher einmal war, sondern wie es einmal sein wird, so wie der alte Baum plötzlich das Rauschen der noch gar nicht gewachsenen Baumkrone des Setzlings spürt? Wie kommen wir auf solche Gedanken – ist das wie in der Geschichte, dass der Wind sie uns plötzlich eingibt? ...

   Solche und ähnliche Fragen, das weiß jeder, der in irgendeiner Weise mit Kindern zu tun hat, äußern Kinder in einer existentiellen Betroffenheit und Tiefe, die zumindest in ihrer Unmittelbarkeit uns nachdenkenden Erwachsenen die Sprache verschlägt. Sind uns solche Gedanken als Erwachsene abhanden gekommen, eben weil wir nicht mehr naiv sind wie die Kinder? Wären dann die Kinder näher an den Grundfragen der Philosophie als der normale Erwachsene?

2. Als Erwachsener hat man das Philosophieren aus Gründen der Lebenspragmatik meist verlernt.

Erinnern wir uns an Thales von Milet und sein Missgeschick, in den Brunnen zu fallen. Lächerlich wirkt er auf seine Zuschauer, weil bei denen längst die Pragmatik des Umgangs mit dem Leben mehr zählt als Fragen nach dem Grund von Leben. Gewiss ist es so, dass zu viel Fragen auch eine notwendige Lebenstüchtigkeit zerstören mag. Eine Schülerin warf mir deshalb einmal nicht ganz zu Unrecht vor, ständiges Fragen und besonders „Hinter"fragen führe nicht nur zur Gefahr der Verwirrung und Desorientierung, sondern das könne, pathologisch geworden, auch zu Wirrnis und Irrsinn führen. Der kranke Hölderlin ist in der Tat ein Beispiel für den durch ständige Fragehaltung verwirrt gewordenen Philosophen; doch haben nicht zufällig gerade an seinen Gedichten „aus der Zeit der geistigen Umnachtung" sich berühmte Philosophen wie Heidegger orientiert als Ahnungen eines (wieder naiv gewordenen) Erwachsenen gegenüber unser aller Ursprung, die wir gemeinhin verloren haben.

Zurecht zu kommen mit der Wirklichkeit darf darum nicht ausgespielt werden gegen das philosophische Einhalten gegenüber dem Lauf der Dinge. Sonst würden wir hinter die erste These zurückfallen, dass Philosophie, wenn sie wirklich Philosophie sein will, stets mit dem Leben zu tun haben muss. Die retardierende Geste des Einhaltens will und kann nicht herausspringen aus dem Lauf, dem wir als Lebende unterworfen sind. Und doch ist es uns als nachdenkenden Wesen eigentümlich, im Vollzug des Lebens selbst den Vollzug zugleich reflektieren zu können, gleichsam von außen, als würden wir künstlich das Rad anhalten; vermögen wir doch vernünftig uns Gedanken zu machen über Vergangenes, Zukünftiges und von daher auch über die Einschätzung des Gegenwärtigen. Im Vollzug des Lebens selbst kann es mithin gelingen (so Goethe), den Augenblick genießend festzuhalten, obgleich er im Genuss schon vorbei ist. Diese eher zeitphilosophische Perspektive hat eine ganz lebensbezogene Seite, nämlich als Haltung des Einspruchs gegenüber dem sturen Sich-Einrichten, das schließlich nicht mehr zu wissen scheint, was es ist und tut. Jostein Gaarder erhellt dies durch das schöne Bild vom Kaninchenfell, in das wir uns so gern einnisten, um den Preis jedoch, gleichsam von den Spitzen der Haare, von denen aus noch andere Perspektiven zu haben möglich war, herabgesunken zu sein ins Nest der eindimensionalen Selbstperspektive, die plötzlich, ohne dass wir es gemerkt haben, zur einzigen Welt für uns geworden ist.

Ebenso wäre es beinahe dem alten Baumstrunk ergangen: Immer trotteliger ist er schon beinahe ganz wieder in die Wurzel geschrumpelt, aus der er einmal lebendig seine ganze Größe hat entfalten können. Er hätte sich hier bestimmt fest eingenistet, wenn nicht das Samenkorn in ihm jenes alte Kribbeln hervorgerufen hätte, mit dem er wieder anfängt, über sich, sein Leben, seine Herkunft und sein Altern nachzudenken. Und eigenartig: Nicht ein ganz schwieriger Gedanke hat ihm diesen neuen Lebensmut geschenkt, sondern die schlichte Begegnung mit ganz jungem Leben, mit Leben im Ursprung, das offenkundig zugleich ein Bild für den Ursprung des Lebens zu bieten vermag. Der Lateiner bringt dies in das Wort principium, das zugleich erster Anfang und Ursprung von etwas wie auch weiter geltende Grundlage für alles bedeutet. Ein Erwachsener, der wie der alte Baum sich angesichts neu entstehenden Lebens plötzlich anfängt zu wundern, wird so prinzipiell, wird gleichsam selbst wieder Kind und ist gerade dadurch bewusst erst Erwachsener.

3. *Der Erwachsene, der bei aller Lebenspragmatik es nicht verlernt hat, zu staunen, den Standpunkt des Sich-Wunderns gegenüber dem Frag-Würdigen beizubehalten, ist im Ansatz ein Philosophierender; ein Philosoph wird er, wenn er sich darum bemüht, sich reflektierend auf dieses Staunen einzulassen, also gleichsam zu einer reflektierten Naivität oder einer zweiten Naivität zurückfindet.*

Das Staunen wird natürlich verhindert, wenn man, wie eben erklärt, etwas verwechselt, nämlich die durchweg Leben fördernde Haltung des Nachfragens und auch Hinterfragens einerseits mit der Leben verhindernden Manie ständigen Infragestellens andererseits. Und doch ist der gegenüber Fragen überhaupt offene Mensch noch nicht Philosoph. Gegenüber der bloßen Offenheit gegenüber dem Fragwürdigen müssen verbindlich auch die Wege zur Fragwürdigkeit, wie sie oben in These (2) angesprochen wurden, zur Sprache kommen. Ein solches Nachfragen zu fordern, ist dann ein auch heikler Punkt. Das musste Sokrates in seinem Prozess auf Leben und Tod erfahren, in dem er das Nichtwissen zu einer philosophischen Tugend erhob. Das berühmte Diktum vom „Ich weiß, dass ich nichts weiß" bedarf indes des Kommentars, um recht verstanden zu werden. Es meint natürlich nicht, dass derjenige besonders weise sei, der nichts wisse, der keine Fragen stelle. Ganz im Gegenteil liegt die Betonung bei Sokrates darauf, dass er ja *wisse*, dass er nichts wisse, dass er also letztlich keine exakten und dogmatisch festlegbaren Aussagen über das, was das Wahre sei, machen könne. Aber eben dies weiß er, was zur Folge hat, dass er damit umgehen, also ständig weiterfragen und forschen kann. Das Wissen, das Sokrates weise macht, ist also weder zu verwechseln mit tumber Unkenntnis, noch mit Wissen als bloßem Arsenal von Kenntnissen, deren Bedeutung und deren Relativität jedoch unreflektiert bleiben. Als reflektiertes Wissen ist Wissen immer auch das Bewusstsein seiner stetigen Unzulänglichkeit und damit ein ungeheurer Reichtum an Weisheit, denn es reflektiert, dass, obwohl wir unsere Unzulänglichkeit und Endlichkeit nicht überspringen können, wir doch, indem wir eben davon ein Bewusstsein haben, zugleich über diese Endlichkeit hinaus und mit einer Ahnung des Unendlichen begabt sind. Das Nichtwissen in diesem reflektierten Sinne aber ist die gelehrte und belehrte Unwissenheit, die im Zentrum des Denkens für den spätmittelalterlichen Philosophen Nikolaus von Kues stand. Sie vermag in den eigenen Ursprung einzutauchen, denkt nicht nur einfach irgendwie nach, sondern nimmt auch die Grundlagen des eigenen Denkens in den Blick und ist insofern eine Art bewusster Naivität.

Wie gelangen wir auf diesen Weg? Der alte Baumstrunk wird vielleicht das erste Mal in seinem Leben mit solch schwierigen Fragen konfrontiert. Die junge Pflanze scheint diese Fragen nicht zu stellen, sondern einfach leben und wachsen zu wollen. Aber ich bin sicher, viele, die Mosers Geschichte hören, werden weiter fragen: Was wird der alte Baumstrunk, wenn er so träumt, nun die junge Pflanze fragen? Und fühlt die junge Pflanze auch etwas? Und was wird sie den alten Strunk fragen – wird sie sich nicht auch wundern, wie sie da groß wird?

Das alles sind Fragen, die exakt nicht zu beantworten sind. Aber im Gespräch entwickelt, halten sie das Leben lebendig und bilden so für den Erwachsenen eine Übung zur seelischen Gesundheit, wie Epikur meinte; denn so fragend bleibt er jung im Genuss des Guten, das die Vergangenheit ihm schenkte, weil er es jetzt beim Jungen neu sich entwickeln sieht.

Doch welchen Gewinn haben Kinder bei so einem Gespräch? Ist solch eine Unterhaltung für Kinder nicht nur lustiger Zeitvertreib, in die allein der Erwachsene tiefgründige philosophische Fragen hineininterpretiert?

4. *Die Naivität der Kinder ist in diesem Horizont ernst zu nehmen als Ahnung auf dem Weg zum Philosophieren. Kinder sind Philosophen daher für uns, insofern sie philosophische Urfragen stellen; sie werden bleibend auch für sich selbst Philosophierende, insofern es gelingt, im Umgang mit ihnen diese Fragehaltung gegenüber allem wach zu halten. Darin ist die Aufgabe des Philosophierens mit Kindern zu sehen.*

Die eben genannten Fragen der jungen Pflanze werden, da bin ich sicher, nicht nur Erwachsene, sondern auch Kinder stellen, ja sie vielleicht noch eher als Erwachsene, weil sie noch offener sind für die Vielfalt von Wirklichkeitsmöglichkeiten. Der Kinderphilosoph Garreth B. Matthews bezeichnete die Momente kindlichen Philosophierens einmal als „Augenblicke reiner Reflexion". In seinem Buch „Philosophische Gespräche mit Kindern" macht er eindrücklich klar, dass solche Momente nicht gewollt herzustellen und mit Kindern auch nicht bewusst zu reflektieren sind. Sie sind Augenblicke „reiner" Reflexion, weil sie uns ganz unmittelbar, mit großer existentieller Betroffenheit, plötzlich überkommen. Ernst Bloch hat in seinem Frühwerk „Spuren" Belege dafür erbracht, dass es genau solche plötzlichen Überraschungsmomente sind, die philosophische Fragen aufwerfen. Auf einmal überkommt uns das „Hoppla" und die Frage „Wie ist denn das eigentlich?", so etwa die Frage, wohin denn eigentlich das Wasser gehe, das im Abfluss sich verliert; eine keineswegs technisch zu beantwortende Frage, wie auch jene andere nicht, wie denn die Tür dort vor mir in mein Auge bzw. in meinen Kopf hineingelange. - Augenblicke reiner Reflexion sind solche Fragen, weil sie gerade nicht bewusst gesteuert sind, sondern weil sie uns überfallen und einen unvermuteten spontanen Blick zwischen die Dinge, gleichsam auf ihre Innenseite gewähren. Sie haben einen wesentlich ästhetischen, psychologisch formuliert die rechte Gehirnhälfte berührenden und nicht so sehr einen epistemischen, auf das Wissen in der linken Hemisphäre bezogenen Charakter. Schellings „intellektuelle Anschauung" hat viel damit zu tun.

Diese Assoziationen verdeutlichen, dass der Blick des Staunens Kindern in seiner Unverstelltheit viel leichter möglich ist. Der Erwachsene muss eher eine Art Genietyp sein, wie er sich besonders im Bereich der Künste wiederfindet. Dort ist es ebenso bekannt, dass der Versuch des reflektierenden Bezugs auf das geniehaft Gefundene selbiges wieder zerstören kann, ein großes Problem für früh begabte Künstler. Sie haben eine umso größere Chance, ihre Genialität beizubehalten, je stärker sie vertrauen auf eben jene Spontaneität und Eingebung. Kinder haben diese Spontaneität noch von Natur aus, sie bricht sich notwendig mit der Zeit an der Bewusstheit von allem uns Umgebenden, kann aber bewahrt werden, wenn eben jene Fragehaltung und Offenheit für Neues beibehalten wird.

Jene Augenblicke reiner Reflexionen nun lassen sich nicht herstellen, auch nicht durch philosophische Denkübungen. Doch die Aufmerksamkeit für sie kann das Philosophieren fördern. Und ein Weg zu solcher philosophischen Aufmerksamkeit ist das Gespräch über eine Geschichte, die in bildhafter Form und darum leichter ausphantasierbar tiefe Gedanken in sich birgt. Dass Mosers *Baumstrunk* sich besonders gut eignet, ist, wie angedeutet, augen- und ohrenfällig. Es mag sein, dass die Beschäftigung mit solchen Geschichten und den dazugehörigen Gesprächen für Kinder ein Tieferes eher ahnende Lust bedeutet. An der Lust der Erwachsenen aber an solchen Geschichten mag dem Kind der eigenartige Gedanke entstehen, dass so manchen Erwachsenen auch der Wunsch überkommt, wieder Kind sein zu wollen. Und das kann für Kinder ein ungeheurer Impuls sein, wenngleich vorerst „nur" über Bilder und Traumreisen, sich mit den Erwachsenen eins zu fühlen beim Sich-Wundern und Staunen und Nachfragen und somit gleichsam unbemerkt sich zu üben im Philosophieren, das Epikur für alle Altersstufen als so wichtig ansieht.

So kann das ernsthafte und gerade deshalb spielerische Gespräch über eine unmittelbar bloß nette, im tieferen Entdecken aber vielschichtige Geschichte für Kinder und für jung bleibende Erwachsene einen Weg zum Philosophieren bieten, nicht mit wissenschaftlichem Hintersinn, sondern ganz lebenspraktisch epikureisch als Übung für die seelische Gesundheit. Glücklich, wer dieser Weg zu gehen die Gelegenheit hat und zu ergreifen vermag.

Damit ist bereits der Weg geebnet zu einer letzten These, die sich mit den konkreten Möglichkeiten des philosophischen Gesprächs mit Kindern beschäftigt. Denn wie wird man nun vom Philosophierenden, vom philosophisch Ahnenden, zum Philosophen, zumal wenn wir nicht mehr zum unmittelbaren kindlichen Staunen zurückfinden können, und wenn umgekehrt kindliches Staunen sich noch nicht als Reflexionskraft formen und artikulieren kann? Und wie kann es gelingen, jene zuletzt entwickelte Spontaneität und Offenheit als Haltung zu kultivieren?

Vierte These

> Das vorliegenden Buch will mit seinen Zugängen zu Bilderbüchern zugleich Ansätze einer *Didaktik* des *Philosophierens mit Kindern* zur Sprache bringen. Denn: *Man kann Philosophieren lernen.*

In Bäume steigen

Von Epikur haben wir erfahren, man müsse sich beizeiten im Philosophieren üben. Mit Verweis auf den Titel meines Buchs könnte man antworten, nehmen wir doch einfach ein Bilderbuch zur Hand. Doch der Umgang mit einem Bilderbuch entwickelt sich nicht einfach von selbst, wenigstens ein paar kleine Anleitungen sind nötig, um die Vielfalt des Gebotenen auch in Erfahrung zu bringen. Daraus lassen sich leicht auch einige Regeln für das Philosophieren mit Kindern im Allgemeinen und einen philosophisch ertragreichen Umgang mit Bilderbüchern im Besonderen ableiten.

Auch dazu bietet wiederum Erwin Moser eine kleine Impulsgeschichte *(Abb. 1.3)*.[6] Dies ist kein esoterischer Text, zumindest keiner, der esoterisch verstanden sein will. Geht man den Anweisungen im Text genauer nach, können sie als Übungen auf dem Weg zum Philosophieren identifiziert werden. Ich will sie in vier Regeln formulieren, die Kants bekannte drei „Vorschriften" zum Philosophieren aufgreifen und ihnen eine vierte elementare voranstellt:

37 DER ALTE BAUM

Dieser Baum ist schon sehr alt. Er ist ein richtiger Großvater unter den Bäumen. Könnte er reden, er wüßte sicher viele Geschichten zu erzählen. Aber was sage ich da – er kann ja reden! Man muß nur die Sprache der Bäume verstehen können. Und das wiederum ist ganz einfach: Man braucht nur gut zuzuhören!

Klettere in die Krone dieses Baumes, such dir einen bequemen Platz und horch auf das Rauschen der Blätter. Du wirst soviel hören, wie du hören willst.

Stell dir vor, wie die Wurzeln des Baumes das Wasser aus dem Boden saugen. Stell dir vor, wie die Säfte durch den Stamm und die Äste und Zweige in die Blätter steigen. Jetzt stell dir vor, wie dieser Baum im Herbst und im Winter aussieht.

Hast du es?

Jetzt stell dir vor, wie der Baum sich fühlt, wenn der Wind durch seine Krone pfeift und wenn der Regen auf ihn niederprasselt …

Du meinst, er fühlt sich schon, sehr wohl dabei? Siehst du, jetzt hat er zu dir gesprochen!

Abb. 1.3

6 *Moser, Erwin*: Der alte Baum. In: *Ders.*: Das Haus auf dem fliegenden Felsen. A. a. O. (s. Anm. 1) S. 52f.

Vier Anleitungen zum Philosophieren

1. Sich auf konkrete Erfahrungen einlassen

Es gibt einen älteren Film von Werner Herzog, „Land des Schweigens und der Dunkelheit". Am Ende dieses Dokuments über Taubblinde und ihr Weltverständnis geht ein älterer Mann, der erst mit 30 Jahren neben dem Gehör auch sein Augenlicht verloren hat, auf einen Baum im Garten zu: Ohne dass er es merkt, wird er gefilmt, wie er nur durch die Hände, vielleicht ein wenig mit dem Geruch, den Kontakt zum Baum aufnimmt, einen Kontakt, bei dem jeder Zuschauer ganz unmittelbar höchst betroffen reagiert ob der Direktheit des Zugangs zu einem uns ganz selbstverständlich gewordenen Gegenstand, der durch diesen kindlich-naiven Zugang wieder zu einem lebendigen Gegenüber erweckt wird, an dem wir selbst uns unserer Lebendigkeit, und gerade weil es sich um einen Baum handelt, auch unseres Menschseins bewusst werden. Der Mann, der durch seine Behinderung auf den ersten Eindruck hin vollkommen regrediert zu sein scheint, wird uns zum Vorbild einer intensiven Übung der Sinne; ihm bleibt sie als einzige Möglichkeit der Kommunikation, wir sind in Konfrontation mit ihr in der Lage, sie auch bei uns Gestalt werden zu lassen.

So wie dieser Mann zunächst Betroffenheit, dann aber Konfrontation mit uns selbst auslöst, so gehen in Auseinandersetzung mit Kinderfragen Lächeln und Nachdenklichkeit, was wir denn nun wirklich antworten könnten, Hand in Hand. Zum Philosophen bildet sich derjenige, der sich dafür Sensibilität bewahrt. Sich auf Kinderfragen einzulassen, bedeutet zuallererst, die Ruhe aufzubringen, sich einzulassen auf die Unmittelbarkeit von sinnlichen Wahrnehmungen, dem Staunen ihnen gegenüber Zeit zu lassen und nicht sofort in bereits bewährte Erfahrungsmuster einzuordnen. Das entsprechende Einfühlungsvermögen lässt sich an den Ebenen sinnlicher Wahrnehmungen selbst zeigen: Hören bedeutet dann mehr als nur hinzuhören und akustische Signale zu empfangen, sondern wie dem Baum gegenüber offen zu werden für die Vieldimensionalität seiner Äußerungen. Geräusche sind dann nicht nur die äußere Form akustischer Signale, sondern repräsentieren zugleich Lebensformen, die in akustischer Form sich mitteilen, wie andere in optischer. Gebildetes Sehen meint entsprechend nicht nur einfach Hinsehen, sondern auch tiefer sehen, den Ausdruck, die Aussage, den das Gesehene im Gesehenwerden repräsentiert. Und auch das Fühlen merkt nicht nur irgend etwas, sondern be-greift zugleich das auf diese Art Wahrgenommene, wie das Schmecken mehr ist als eine Reaktion auf bloßes Zu-sich-Nehmen, sondern zugleich Genuss des Geschmeckten; und das Riechen erspürt auf seine Weise auch die Innenseite seiner Gegenstände, in einer Direktheit, die uns im Alltag gewiss wesentlich bestimmt, die aber doch wohl weitgehend unbewusst bleibt.

Naiv sind diese Formen von Wahrnehmung zu nennen, weil sie für die Vielschichtigkeit und Hintergründigkeit des Wahrgenommenen noch ganz offen sind. Philosophische Qualität haben sie, da sie die notwendige Basis zu einer differenzierten Auseinandersetzung mit Erfahrung bilden. Dass wir von nichts einen Begriff haben können, was nicht zuvor durch die Sinne wahrgenommen worden ist, ist ein alter philosophischer Schulsatz. Für Kinder ist das unmittelbar ganz selbstverständlich, da für sie alles neu ist, was wir in eine schon längst bekannte Kette von Erfahrungen einzubauen gewohnt sind, denken wir nur an die Phase, alles, was ihnen begegnet, zunächst einmal in den Mund zu nehmen, sich einzuverleiben, um es wahrzunehmen als das, was es ist. Diesen sinnlichen Blick auf alle Erfahrung als je neue zu bewahren, ist ein erster Schritt, Philosophieren zu lernen.

2. Selber denken

Der taubblinde Mann, der den Baum sinnlich er-fährt, das Kind, das bei Erwin Moser in den Baum steigt, wenden sich in ihren Erfahrungen ganz und gar ihrem Gegenstand zu, sind aber dabei in intensiver Weise gleichwohl ganz bei sich selbst. Die Unmittelbarkeit sinnlicher Erfahrung verbürgt einerseits größte Nähe zum Gegenstand, stellt andererseits die subjektive Eigenheit jeder Erfahrung am klarsten heraus. Sinnlich erfahrbar wird etwas nur dadurch, dass *ich* es bin, der sich diese Erfahrung zu eigen macht, sie mir von niemandem einreden lasse, sondern selber entdecken will und die Erfahrung als ureigne in Anspruch nehme. Mosers Text unterstützt diese Intention: Ich selbst muss in den Baum steigen, ich bin es, der sich hineinfühlen muss und mir meine Vorstellungen machen muss, sonst spüre ich gar nichts. Ich bin es dann auch, der durch den Baum sich angesprochen fühlt. Diesen Eigensinn in allem Betrachten, Wahrnehmen, Erfahren, Erkennen, Denken zu bewahren, ist der zweite Schritt auf dem Weg zur Philosophie. Für Kant hatte die Vorschrift des Selber-Denkens einen ganz besonderen Wert, hing daran doch sein gesamtes Programm einer mündigen, selbstbestimmten und selbstbewussten Vernunft. Gegen eine verschulte Wissenschaft plädierte er für ein Verständnis von Philosophie als lebendiger Weltweisheit, die zwar auf Kenntnissen aufbauen muss, deren erste und notwendige Bedingung aber die je eigene Anstrengung des Denkens ist. Darum führt er die Philosophie als objektive Disziplin auch zurück auf das Philosophieren als subjektive Tätigkeit: „Es kann sich überhaupt keiner einen Philosophen nennen, der nicht philosophieren kann. Philosophieren aber lässt sich nur durch Übung und selbsteigenen Gebrauch der Vernunft lernen [...]. Der wahre Philosoph muss also als Selbstdenker einen freien und selbsteigenen, keinen sklavisch nachahmenden Gebrauch von seiner Vernunft machen."

Für den Umgang mit Kindern folgt daraus, zunächst die Eigenheiten ihrer Ideen, Fragen, Denkbewegungen in der ihnen eigenen Ausdrucksweise ernst zu nehmen und in entsprechenden Äußerungen dasjenige herauszuarbeiten und festzuhalten, was für das Kind das Besondere und dann das Entscheidende ist.

3. Dialogisch, in Auseinandersetzung mit anderen denken

Doch ist Philosophie, wie bereits in These 2 ausgeführt, mehr als eine bloße Ahnung oder pures Gespür: Wie in der Geschichte vom alten Baum angelegt, drängt das Wahrgenommene danach, auch zur Sprache gebracht zu werden. Der Versuch der Artikulation und Mitteilung des Erlebten bestimmt Kinder in noch ganz und gar sinnlicher Weise. Dieses Mitteilungsbedürfnis nimmt später ab, nicht allein weil der ältere Mensch seine Erlebnisse stärker zunächst jeweils mit sich selbst in Verbindung bringen möchte, sondern auch, weil die Unmittelbarkeit dieses Artikulationsbedürfnisses begrenzt wird durch die kontrollierte Wortwahl, die Etikette. Damit wirklich Dialoge, also Gespräche unter wechselseitiger Anerkennung des anderen als Partner mit dem Ziel der Kritik, Vervollkommnung oder auch Revision des eigenen Standpunkts zustande kommen, ist es natürlich notwendig, dass der Mitteilungsdrang auch unterbrochen werden kann. Doch darüber darf nicht die Tatsache vergessen werden, dass Philosophieren grundsätzlich kein einsamer privater Akt ist, sondern dass das philosophische Erleben über sich selbst hinausweist. Das geschieht im Grunde bereits im Akt des ursprünglich philosophischen Staunens selbst; denn der Gegenstand des Staunens ist als Staunen erregender eben kein sofort zu funktionalisierender, sondern er fordert zur Auseinandersetzung heraus. Das geschieht zunächst auf dem Weg des Benennens, also der sprachlichen Gestaltung des Erfahrenen, will sich dann aber auch gleich mitteilen, und sei es ganz schlicht zur Bestätigung der eigenen Erfahrung in der Konfrontation mit anderer möglicher Erfahrung. Schon damit ist der philosophische Dialog in Gang gesetzt und zeigt sich so nicht nur als Beiwerk oder Form, in der Philosophie stattfindet, sondern als Wesen der Philosophie. Erfahrungen zur Sprache zu bringen, ist das eine hier festzuhaltende Element; das andere ist, durch den Dialog die Erfahrung zu verflüssigen und eine erste Differenz zu setzen zwischen mir selbst, der ich eine Erfahrung mache oder etwas denke, und dem Gegenstand, den ich erfahre oder denke.

Das aber gelingt am ehesten durch den Rollenwechsel, sich an die Stelle des Gegenstandes oder im Bilderbuch an die Stelle der Akteure der Geschichte oder auch an die Stelle des Gesprächspartners zu setzen. Für die Erwachsenen enthält dies die Aufforderung, mit den Kindern in die Geschichten sich auch hinein zu bewegen, unterschiedliche Perspektiven und Rollen anzunehmen, das Geschehen auszuspinnen, Dialoge einzubauen und somit zu einer ersten Form der Auseinandersetzung zu kommen. Kants Formulierung dieses dritten Schritts lautet: „sich (in der Mitteilung mit Menschen) an die Stelle des anderen zu denken."

4. Reflexiv denken

Eigentlich ist es erst auf dieser Stufe sinnvoll, die Subjektivität allen Philosophierens im engeren Sinne zu betonen. Dies meint mehr als selbst zu denken, nämlich auch sich dessen bewusst zu werden, dass man selbst denkt und dass man dies und nicht etwas anderes und so und nicht anders denkt. Bereits in der Mitteilung an andere nehme ich mich eigenartigerweise zugleich zurück und bringe es zumindest zur Erfahrung, dass ich es bin, der dies alles vollzieht, staunt, mitteilt.

Als Bewusstsein seiner selbst ist es das, was als ursprüngliche Einsicht Descartes beschrieben hat und was für ihn als das erste Prinzip allen Philosophierens galt: Im Bewusstsein des Selbstvollzugs vermag ich nicht nur mich zu mir selbst zu verhalten, sondern als Bewusstsein meiner selbst als Philosophierendem erfahre ich dieses „Ich denke" als den eigentlichen philosophischen Gegenstand und übe damit die eigentlich erst philosophische Haltung ein, das, was wir unmittelbar tun und u. U. tun müssen, zugleich bewusst vollziehen zu können. Wer sich darum bemüht, dem fällt es leicht, nicht nur einfach sich in Gespräche zu verwickeln, sondern im Bewusstsein der Gesprächs- und Argumentationsstränge auch zielgerichtet zu Einsichten zu kommen. Die Übung des bewussten und die eigene Argumentation wie die der anderen stets kontrollierenden Gesprächs ist somit ein vierter Lernschritt zum Philosophieren, das im Unterschied zum bloßen Sinnieren, Nachdenken, Sich-Gedanken-Machen eben auch durch das Denken dieses Denkens sich auszeichnet. Kant hat es auf die einfache Formel gebracht, „jederzeit mit sich selbst einstimmig zu denken". Denn wer nicht nur denkt, sondern zugleich das Denken dieses Denkens zu denken in der Lage ist, denkt konsistent, begründet, entschieden.

Das bedeutet nicht, mit Kindern immer auf klare Begrifflichkeit aus sein zu müssen und ihnen eine gewisse Logik ihrer Äußerungen beizubringen zu sollen. Gerade auch das freie Spiel von Einfällen und Gedanken kann ein Gefühl der Selbstbetätigung hervorrufen, in dem Sinne, dass ein Kind genau merkt, wann und warum es mit einem Satz Ernst ist. Insofern könnte man diese vierte Regel auch beschreiben als „ernsthaft denken" oder „mit Ernst denken".

Schließlich ist auf die Gefahr der „Verkopfung" meiner Ausführungen einzugehen: Gegen die jetzt scheinbar vollzogene Übergewichtung des Rationalen ist einzuwenden, dass es auch andere Wege der theoria, der bewussten Schau auf die Wirklichkeit, gibt; freilich bleiben auch sie, und das ist entscheidend, wollen sie philosophischen Charakter haben, Wege der Theorie, d. h. des *bewussten* Begreifens und Verhaltens. Der Vorwurf der Verkopftheit gegenüber dem Denken und der Theorie erweist sich somit als Vorurteil. Korrekter wäre es, die rein *begriffliche* Äußerung des Philosophierens als die nicht einzig mögliche deutlich zu machen. Vor allem die Kunst kennt andere Wege der Verarbeitung des durch Staunen Erworbenen. Mit der Kunst sind wir wieder beim Bereich des zuerst angesprochenen Ästhetischen angelangt. Das Ästhetische meint nämlich ursprünglich schlicht das auf die Wahrnehmung bezogene. Und insofern ist sie das gegenüber ihrem Gegenstand unmittelbarste Verhältnis und so gewiss auch das Kindern eigentümlichste und angemessenste. Es ist eine alte Diskussion innerhalb der Philosophie, in welchem Verhältnis die ästhetische oder auch die religiöse Vergewisserung von Erfahrungen zu der der Philosophie eigentümlichen begrifflichen Vergewisserung steht. Ist sie ihr als Voraussetzung vorgeordnet, steht sie auf der gleichen Ebene mit ihr als einer wie sie selbst stets nur vorläufig bleibenden, oder erschließt sie sich gar erst im Übersteigen des Begrifflichen als der hier besser möglichen Gewissheit bloßer Annäherung und insofern Relativität aller Erkenntnis? Wie dem auch sei, allein dadurch, dass auch hier der Versuch eines als zugreifenden immer auch begreifenden und somit philosophischen Verhältnisses zur Wirklichkeit Thema wird – und die Bilder-Geschichten von Erwin Moser bieten einen Beleg dafür wie auch die im folgenden vorzustellenden Bilderbücher –, hat auch solch ästhetische „Erkenntnis" philosophischen Charakter. Kinder sind in diesem Sinne zweifelsohne Philosophen, und Philosophieren mit Kindern ist elementar Philosophie.

2 „Kann ein Hering ertrinken?"

Vom Staunen zum philosophischen Denken

Herrn Bohms Hinführung zur Philosophie

„Kann ein Hering ertrinken?" Diese eigentümliche Frage stellt am Ende eines Bilderbuchs[1] ein gewisser Herr Bohm, der auf der ersten Seite eingeführt worden ist als einer, „der wirklich kein dummer Mann ist", denn „er denkt oft nach über die Geheimnisse des Lebens".

Ein solches in die Tiefe gehendes und Geheimnisse erspürendes Denken hat etwas mit Philosophie zu tun, das ahnt auch der in der Philosophie unkundige Leser, an den vor allem mein Buch sich richtet. Wie erläutert, setzt sich das ganze Buch nicht zuletzt auch das Ziel, eine Einführung in die Philosophie zu bieten. Ein gewisses Vorverständnis davon, was die (abendländische) Tradition Philosophie nennt, ist jedoch von Vorteil, um die philosophischen Pointen der in den Folgekapiteln detaillierter zu entwickelnden Fragestellungen besser nachvollziehen zu können.

Auch für die Entwicklung dieses philosophischen Vorverständnisses bietet der Bilderbuchmarkt ein seltenes Beispiel. Dass es sich bei „Herr Bohm und der Hering" um ein älteres und lange Zeit vergriffenes Buch handelt und das Buch hier trotzdem an prominenter Stelle ausführlich vorgestellt wird, ist nur dadurch zu rechtfertigen, dass die Philosophie, wie Hegel meinte, ohnehin „immer zu spät" komme, ihre Gedanken erst fasse, nachdem der reale Bildungsprozess bereits abgeschlossen sei; - mit einem poetisch-mythologischen Satz umschrieben: „Die Eule der Minerva beginnt erst mit der einbrechenden Dämmerung ihren Flug."

„Herr Bohm und der Hering" ist ein einmaliges Beispiel für unser Thema, mit Bilderbüchern zu philosophieren, weil es nicht nur zu solchen Bilderbüchern gehört, die inhaltlich, textlich und durch die Bildgestaltung vielfältig zum philosophischen Nachdenken motivieren, sondern auch mehr oder weniger ausdrücklich das Philosophieren selbst zum Thema haben.

Herr Bohm also, *der wirklich kein dummer Mann ist,* so beginnt die Geschichte, *denkt oft nach über die Geheimnisse des Lebens. Dann legt er seine Stirn in tiefe Falten und lässt sich durch nichts stören. Warum, fragt er sich, hat der Vogel Flügel und kann frei herumfliegen, während andere sich damit begnügen müssen, auf der Erde voranzukommen? Wie kommt es, dass der Mensch Kleider trägt, andere Wesen aber völlig nackt sind? Genau die Art Probleme ist wichtig, findet Herr Bohm. Über die muss man nachdenken.* Und dann stößt er bei seinen täglichen Spaziergängen auf alles Mögliche, irgendwie Interessantes, eine Straßenlaterne, einen an den Baum pinkelnden Hund,

---

1 *Cohen, Peter/Landström, Olof:* Herr Bohm und der Hering. Hamburg: Oetinger 1992 (Stockholm: Rabén u. Sjögren 1991). Sonderausgabe Edition Eltern „Abenteuer Lesen", Weinheim, Beltz & Gelberg 2006.

eine Tierhandlung, Fische in der Markthalle. Er beobachtet die Jungen, die am Hafen Fische angeln, und da fragt er sich: *Wie kommt es, ... dass Fische nicht an Land leben können? Zu Hause in seiner Kammer legt Herr Bohm seine Stirn in tiefe Falten. Könnte es sein, dass Fische eigentlich nur aus alter Gewohnheit im Wasser leben? Vielleicht könnten die Fische ebenso gut lernen, an Land zu leben, überlegt Herr Bohm. Man muss sie nur vorsichtig daran gewöhnen.* – Und das tut er: Ein Hering wird mit dem Netz gefangen, in ein Aquarium befördert, allmählich wird die Wassermenge verringert; und tatsächlich, der Hering wird auf den Boden gelegt, lernt dort sich zu bewegen, macht Spaziergänge mit Herrn Bohm, weicht sogar den Pfützen auf der Straße aus, bis Herr Bohm auf die eigenartige Idee kommt, dem Hering das Meer zu zeigen, denn erneut fragt er sich: *Wie kommt es, ... dass der Vogel Flügel hat und frei herumfliegen kann, während andere Wesen sich damit begnügen müssen, auf der Erde voranzukommen?* Doch Herr Bohm ist so versunken in seine Gedanken, dass er nicht sieht, dass der Steg ein Loch hat. Der Rest ergibt sich von selbst: Der Hering taucht ab, bleibt verschwunden und löst bei Herrn Bohm jene anfangs zitierte Frage aus: *Kann ein Hering ertrinken? Oder erinnert er sich daran, dass er ein Hering ist, wenn er im kalten Wasser landet?*

Kenner werden in dieser Geschichte mühelos einige philosophische Positionen erkannt haben:

- Das Motiv des Herausziehens aus einem Lebenskontext in einen anderen zum Zwecke höherer Erkenntnis erinnert an Platon. In seinem berühmten Höhlengleichnis (s. u.) werden wir aus der Scheinwelt der Höhle emporgezogen zum Licht der Wahrheit, die uns auch die uns unmittelbar umgebende Wirklichkeit überhaupt erst das als erkennen lässt, was sie in Wahrheit ist.
- Ebenso hat das Problem des Erinnerns oder Wiedererinnerns, mit dem Herr Bohm durch seinen Hering konfrontiert wird, einen deutlichen Bezug zu Platon und seiner Anamnesis-Lehre: Das, was wir sind, tragen wir immer schon in uns, freilich ohne es ausdrücklich zu wissen, sodass es Aufgabe der Philosophie ist, diesen in uns verborgenen Grund unserer selbst zu heben und zu Bewusstsein zu bringen.
- Aristoteles schließlich, der größte Schüler Platons, hat die Frage nach dem Wesen aller Dinge formal vereinfacht, indem er als die Grundfrage aller Fragen und die Ursache unserer ständigen Ratlosigkeit die Frage formulierte: Was ist das Seiende, insofern es ist? Genau diese Art von Problemen aber interessiert auch Herrn Bohm, in seinem genauen Erforschen, Nachmessen, Experimentieren, Prüfen, wie etwas ist, und warum es so und nicht anders sich verhält.

Besonders interessant aber in unserem Kontext ist es, dass das Buch solche Fragen nicht in diskursiver Form, also logisch-begrifflich differenzierend aufgreift, sondern präsentativ, über unmittelbar aus der Erfahrung genommene und diese Erfahrungen als ganze zum Ausdruck bringende Bilder, sprachliche wie visuelle Bilder. Auch das hat einen alten Hintergrund: In einem Gespräch zwischen den Philosophen Sokrates und Protagoras ging es um die Frage, ob politisches Verhalten lehrbar sei. Protagoras breitet als erster seine Meinung aus, begründet seine Ansicht aber nicht durch logisches Abwägen von

Argumenten, sondern, indem er eine Geschichte erzählt. Der Begriff für solch bildhaftes, und, wie Protagoras sagt, „angenehmer" zu hörendes Reden ist im Griechischen *mythos*, den Protagoras von der diskursiven Abhandlung, dem logos, abgrenzt. Er wählt mit Bedacht die Redeweise des Mythos; und am Schluss des Gesprächs stimmt Sokrates dieser Vorgehensweise ausdrücklich zu. Denn stärker als durch den Logos fühlt auch Sokrates sich durch den Mythos einer Form des Philosophierens verpflichtet, die, wie er sagt, die Dinge im Voraus bedenkt, und das heißt: die Dinge als sie selbst in ihrem tiefsten Ursprung erfragt. Warum dies so ist, und wie sinnvoll philosophisch ein solcher Umgang mit Mythischem ist, das wird für uns mit zur Debatte stehen, handelt es sich bei Herrn Bohms Geschichte doch um eine Geschichte, die zwar nirgends das Wort „Philosophie" gebraucht, doch philosophischem Denken in den Bildern der besonderen Erfahrungswelt des Herrn Bohm und seines Herings sehr direkt Gestalt verleiht.

Wie kommt es, dass wir philosophieren? – Herrn Bohms Haltung des Staunens

Beginnen wir am Anfang: „Herr Bohm, der wirklich kein dummer Mann ist, denkt oft nach über die Geheimnisse des Lebens." Wir kennen bereits den ersten Satz. Die Formulierung muss stutzig machen: Wäre es, wie die Lektüre dieses Satzes nahe legt, wirklich ein Einwand gegen die unterstellte Klugheit von Herrn Bohm, dass er über die Geheimnisse des Lebens nachdenkt? Anders: Warum sollte ein solches Nachdenken „dumm" sein können? Vielleicht, weil Herr Bohm sich in der Tat recht seltsam und eigenartig verhält:

● Er denkt nach, lässt sich durch nichts stören, verharrt mit tiefen Falten in der Stirn, den Kopf auf eine Hand gestützt, auf einem Hocker kauernd allein in seinem Zimmer (*Abb. 2.1*).

Abb. 2.1

- Er geht nicht normal mit den ihn umgebenden Dingen um, d. h. nimmt ihre Funktion oder ihre schlichte Anwesenheit nicht einfach hin, sondern „stößt" ständig auf sie, sodass sie untersucht werden müssen. Oder warum stellt er sich mit starrem Blick vor eine Straßenlaterne (*Abb. 2.3*)?

- Das löst ebenso eher mitleidige Blicke bei seinen Mitmenschen aus wie sein ständiges Beobachten und Betrachten oder einfach nur Zugucken und sein später scheinbar zielloses Herumexperimentieren.

- Seine Versunkenheit nur in die Sache selbst lässt ihn nicht nur seinen Alltag, sondern auch sein eigentliches Vorhaben vergessen, der Hering fällt schließlich ins Meer zurück, von ihm unbemerkt, als er hoch in den unendlichen Himmel schaut: Was will er dort nur erblicken (*Abb. 2.2*)?

- Und doch: Keiner ist so sehr bei der Sache wie Herr Bohm. Ihm geht es nur um letzte Einsicht in die Dinge ohne Rücksicht auf eine verwertbare Umsetzung von Erkenntnissen. So lässt er sich auch durch die Nachbarin ob ihres

Abb. 2.2

verstörten Blicks auf seinen an der Leine herumgeführten Hering nicht stören. Wie Thales von Milet, der Erfinder abendländischen Philosophierens, scheint er manchmal den Überblick zu verlieren; er stürzt zwar nicht wie jener selbst in den Brunnen, aber seinen Hering lässt er ins Meer fallen und erregt nicht nur deshalb eher Misstrauen bei seinen Mitmenschen. Doch was überhaupt das ist, was ihn umgibt, das untersucht er und lässt sich diese Erforschung, wie Platon es auch von Thales überliefert, reichlich Mühe kosten. – Herrn Bohm dürfen wir also mit fachphilosophischem Einverständnis einen Philosophen nennen.

Vom Staunen zum Denken – der Weg des Aristoteles

Eine noch genauere Antwort für Herrn Bohms Haltung finden wir bei Aristoteles: „*Weil sie sich nämlich wunderten, haben die Menschen zuerst wie jetzt noch zu philosophieren begonnen […]. Alle nämlich beginnen mit der Verwunderung, dass die Dinge so sind, wie sie sind.*" Halten wir uns, ausnahmsweise bevor das Buch selbst und seine Bilder genauer erläutert werden, das gesamte Zitat[2] vor Augen; so können wir noch differenzierter

---

2 Die folgende Übersetzung von Aristoteles (Metaphysik 982b) habe ich selbst angefertigt, in dem Versuch, die Differenziertheit der griechischen Ausdrücke im Deutschen nachzuempfinden.

sehen, was eigentlich diese Haltung des Staunens auszeichnet, was sich zugleich als Folie eignet zur Interpretation von „Herr Bohm und der Hering" unter der Fragestellung, was eigentlich Philosophieren ist und wie konkreter wir in die Haltung des Philosophierens gelangen können:

Weil sie nämlich in Erstaunen gerieten, philosophierten die Menschen zuerst wie jetzt noch von Grund auf; das zufällig zur Hand Liegende ist es, was grundsätzlich sie staunen machte, und zwar weil es ihnen mit Erklärungen letztlich unzugänglich ist.

Allmählich machten sie auf diese Weise Fortschritte und stellten sich über größere Zusammenhänge Fragen, zweifelten, etwa über die Affektionen des Mondes und die von Sonne und Sternen und über die Entstehung von allem.

5

Der jedoch, der voller Fragen ist und sich wundert, vermeint in Unkenntnis zu sein. (So ist auch ein Liebhaber von Mythen in gewisser Hinsicht ein Liebhaber des Sophon, ein Philosoph, setzt sich doch ein Mythos aus Wunderbarem zusammen.) Philosophierte man also, um der Unwissenheit zu entkommen, so suchte man offenbar das Verstehen, um nämlich zur Einsicht zu kommen, keineswegs aber um eines Nutzens willen …

10

Alle beginnen daher zu philosophieren mit der Verwunderung, dass die Dinge so sind, wie sie sind.

Gehen wir die Ebenen der Verwunderung der Reihe nach durch, um den Weg vom anfänglichen Staunen hin zum philosophischen Denken nachzuvollziehen:

● Das *Erstaunen* (Z. 1; griech: thaumazein) meint zunächst etymologisch ein Schauen, das in seinem Schauen vollständig von dem Wunderbaren, was es anschaut, in den Bann gezogen wird; es ist darum noch kein seiner selbst bewusstes mehr oder weniger aktives „Sich-Wundern" (so in anderen Übersetzungen), sondern verbleibt auf der Stufe eines völlig passiven, eines durch seinen Gegenstand und angesichts seiner zunächst nicht erklärbaren und nach einer Erklärung heischenden Wunderbarkeit *gebannten Staunens.*

● Dieses Staunen vollzieht sich, wie der Text sagt, „von Grund auf", *archaisch* (Z. 2). Das Staunen ist mithin nicht misszuverstehen als eine Vorstufe zum eigentlichen Philosophieren, sondern bietet seine Grundlage. Darum lässt sich auch der zweite Satz besser verstehen, wenn wir sagen „sie philosophierten grundsätzlich, prinzipiell", als wenn man übersetzte, „sie begannen zu philosophieren".

● Einen weiteren Beleg findet diese Lesart durch die Tatsache, dass Aristoteles zunächst nicht von der Philosophie (als Wissenschaft) redet, sondern von der *Tätigkeit* des Philosophierens. In der Tat lässt sich etymologisch nachweisen, dass das Wort „philosophos" zunächst als Adjektiv für einen Menschen auftaucht, also zur Kennzeichnung einer Eigenschaft, die aus einer Tätigkeit entsprungen ist.

● Gegenstand des Staunens ist nichts Außergewöhnliches, Unnormales, angesichts dessen gewohnte Erklärungen versagen, sondern zunächst das *zufällig* Begegnende, das *alltäglich*, gewöhnlich uns Entgegentretende, wörtlich das zur Hand Liegende (Z. 2; griech.: ta procheira).

● Staunen erregt dann mitten in diesem Alltäglichen das darin *Unzugängliche* (Z. 3; griech.: *ta apora*) und darum Unerklärliche, das im Alltag dem Vollzug des Alltags plötzlich hinderlich wird: Warum ist etwas genau so und nicht vielmehr ganz anders?

● In der Erfahrung von Unerklärlichem geht das Staunen über zum tieferen Fragenstellen, *diaporein*; genauer ist ein solches Fragenstellen gemeint, was vor einer genaueren Untersuchung an etwas *Anstoß* nimmt, grundsätzlich *ungewiss* ist und daher zweifelt (Z. 5).

● Gegenstand dieses zweifelnden Fragens und Infragestellens ist „*Größeres*", d. h. auch größere und weitere Zusammenhänge (Z. 4), in die das zunächst einzeln erscheinende Ereignis eingebunden ist.

● Das Staunen wie das zweifelnde Fragen wenden sich schließlich auf den Fragenden zurück, führen zu Verwirrung und erzeugen den Anschein von *agnosis*, Unkenntnis (Z. 7), Unkundigsein.

● *Mythen* (Z. 8) scheinen dann ein erster Weg zu sein, mit dieser Unkenntnis zurecht zu kommen: Sie erklären nicht im engeren Sinne das Staunenswerte, aber bieten mit ihren wirkmächtigen, dem Wunderbaren selbst entlehnten, zu je neuer Beschäftigung, Nachempfindung herausfordernden Bildern eine erste elementare Orientierung.

● Darin geht auf: Grundsätzlich will die *Philosophie* dem *Unkundigsein* entrinnen (Z. 10); sie tut dies eben auf dem Wege des fortwährenden Staunens und Weiterfragens. Die Philosophie ist darum auch keine anderen Wissenschaften vergleichbare Wissenschaft, wendet sie doch kein bestimmtes Wissen oder eine bestimmte disziplinär fest definierte Methode auf einen Gegenstand an. Sie heißt eben nicht Sophologie, also Lehre vom Sophon, sondern Philosophie, ständige emphatische Auseinandersetzung (um das missverständlichere Wort Liebe für das griechische „philia" hier zu vermeiden) mit dem Sophon. Was aber ist das Sophon? Eben jenes Ganze, so Heidegger, das zu suchen und nie ganz zu benennen der Philosophierende sich bemüht, jenes Ganze, das es ausmacht, dass die Dinge so sind, wie sie sind (Z. 12).

● Dazu geht die Philosophie über die Vergegenwärtigung von Bildern hinaus, das *Verstehen* (Z. 10) ordnet seinen Gegenstand auch in einen begrifflich artikulierbaren und nachvollziehbaren logisch-systematischen Zusammenhang ein. Doch eingebunden bleibt diese spezifisch philosophische Tätigkeit des Verstehens in das Ziel des *eidenai*, sicher besser mit *Einsicht* (Z. 11) als mit Wissen zu übersetzen, denn es ist der Zustand gemeint, in dem wir klar *sehen*, die Dinge, wie sie sind, aber auch reflexiv unser Verstehen und Wissen der Dinge.

● Darum ist philosophische Einsicht auch nicht auf irgendeinen Nutzen aus (Z. 11), also eine Technik, sondern sucht die Einsicht um der Einsicht willen. Ziel ist letztlich also das *Denken selbst*; darum beschreibt Aristoteles das Philosophieren an anderer Stelle als „nous noêseôs", als Denken des Denkens.

Vom Staunen zum Denken – Der Weg der Bilder

Verblüffend genau finden wir entscheidende Elemente dieser Charakteristik von Philosophie(ren) als einem Weg vom Staunen zum Denken im Verhalten des Herrn Bohm wieder. Konzentrieren wir uns dabei auf die Bilder und versuchen wir, gleich ein paar Hinweise für ein Arbeiten mit Kindern zu geben:

Eine erste Bemerkung gilt dem Anlass des Philosophierens. Das zweite Bild *(Abb. 2.3)* gibt sehr genau Auskunft, wann Herrn Bohm solches widerfährt: „Bei seinen täglichen Spaziergängen stößt er immer auf irgendetwas." Diese mitten im Alltag

Abb. 2.3

sich ereignenden, im engsten Sinne zufälligen, weil uns unverhofft zufallenden, damit aber den alltäglichen Verlauf irritierenden und störenden Anstöße sind es, auf die wir achten müssen, wollen wir ein Gespür für das Philosophieren bekommen. Fest müssen wir im Leben stehen, um seine plötzlichen Faszinationen und Irritationen mitzubekommen. Ganz genauso ergeht es Herrn Bohm, das Bild macht es deutlich: Alle Menschen gehen ihren Geschäften nach, die beiden vorn mit den Taschen gehen vielleicht gerade zur Arbeit, und auch der Autofahrer bewegt sich zum nächsten Termin. Vielleicht hatte das auch Herr Bohm vor, doch plötzlich steht da diese Laterne, die ihn aus dem selbstverständlichen Trott herausreißt.

„Was macht der denn da???", ist die Reaktion nicht nur der anderen Personen auf dem Bild, sondern unmittelbar auch die von uns Betrachtern. Der Autofahrer tritt auf die Bremse und scheint die Straße aus dem Blick zu verlieren, so sehr ist er verblüfft über Herrn Bohms scheinbar einfältig-gebannten Blick in das Laternenlicht. Ebenso verdattert, fraglos, ja vielleicht sogar entsetzt betrachten im Vordergrund des Bildes zwei Menschen Herrn Bohm und unterbrechen ihren Gang. Was ist so befremdlich, verstörend und lustig zugleich an diesem Bild. Hier hilft uns der Text nicht weiter, das Bild zeigt mehr: Ganz offensichtlich geht es Herrn Bohm nicht um die physikotechnische

Erklärung der Stromerzeugung und -leitung als Ursache der brennenden Straßenlaterne, auch nicht um die Funktion der Straßenlaterne an dieser Stelle der Straße. Wie Aristoteles' Staunender ist Herr Bohm vielmehr völlig gefangen von der Straßenlaterne; sie zieht seinen Blick fast magisch empor, sodass der ganze Körper mitzugehen scheint. Gleichermaßen ergeht es Herrn Bohm später vor dem Aquarium *(Abb. 2.4)*: Fast scheint er mit seinen Blicken die Schaufensterscheibe und das Glas des Aquariums zu durchdringen, so intensiv schaut er auf das, was ihm hier begegnet. Es ist mehr als ein noch undifferenziertes Sehen, aber weniger als ein schon gezieltes Hinblicken. Vielleicht ist das beste Wort für diese Art visueller Erfahrung das Schauen: Wer schaut, taucht ganz in das ein, was er sieht, ist davon fasziniert und völlig gebannt.

Abb. 2.4

Eben dies aber scheint der Anfang wie der notwendige und stets zu vergegenwärtigende Grund allen Philosophierens zu sein, der auch in pädagogischer Hinsicht von Bedeutung ist: Der Unmittelbarkeit der Wahrnehmung in ihrem ganzen Gewicht und ihrer ganzen Vielfalt Raum zu geben. (Vgl. oben meine Regel 1, S. 35).

Erst dann, erst auf dieser Grundlage kommt es zum philosophischen Nachdenken, das im ersten Bild dargestellt sein mag (siehe Abb. 2.1). Nun wird auch klar, dass Herr Bohm, wie es im Text heißt, „wirklich kein dummer Mann ist". Keineswegs nämlich lässt er sich esoterisch ein auf die „Geheimnisse des Lebens"; er sinniert nicht einfach irgendwie gedankenverloren und ziellos herum, sondern *fragt* überlegt nach, was sein *Erstaunen* erregt haben mag. Philosophieren äußert sich zunächst einmal als *Nachdenken*, und das heißt, das vorerst nicht weiter zu beschreibende Gefühl des Staunens vor den Verstand, zur Reflexion zu bringen, sich selbst damit auseinander zu setzen. Das Nachdenken ist insofern eine schon zweite Form der Beschäftigung mit dem Erstaunlichen nach dem ersten Gefühl des Erstauntseins. Das erste Bild unseres Buchs und sein Text fangen diese Situation sehr genau ein: Herr Bohm lässt sich durch nichts stören, alles andere in seinem Zimmer verschwindet, wird unwichtig, wir sehen nur noch ihn selbst, quasi durch seine Brille hindurch, durch die wir die Augen, die sonst alles Mögliche sehen, nicht mehr sehen, so als seien sie nach innen gewendet; wir sehen Herrn Bohm ganz sich selbst und seinem Erstaunen ausgesetzt. An erster Stelle im Buch mag dieses Bild stehen, weil es dem Buch das Thema vorgibt. Von der Logik der Erfahrungen her müsste dieses Bild erst auf die Erkundigungen auf der Straße und in der Tierhandlung folgen.

Wer aber nun so weiterfragt wie Herr Bohm, ist nicht an vorschnellen Erklärungen interessiert. Gestalt nimmt dieses philosophische Nachdenken an durch jene scheinbar wahllosen und viel zu allgemeinen Warum-Fragen, mit denen Kinder nicht selten ihre Erwachsenen „nerven" können. Dass dahinter ernsthafte Überlegungen stehen, verdeutlichen

Herrn Bohms Fragen: Es geht um wichtige Probleme, man *muss* über sie nachdenken, heißt es. Aber warum sind sie so wichtig? Warum sind sie nicht mit vorschnellen Antworten zu befriedigen? Es ist ein Fragen, das von Grund auf nach dem So-Sein von allem fragt. Selbst in den späteren eigenartigen Hering-Experimenten will Herr Bohm seinen Hering ja nicht einfach in seine Macht bringen, sondern lediglich exemplarisch die Frage stellen, was eigentlich einen Hering zum Hering macht. Gerade weil es ihm mithin gar nicht um diesen einzelnen Hering, ja nicht einmal um den Hering allgemein ging, sondern um den Hering als Hering, kann er seinen Hering während der ganzen Unternehmung und auch beim scheinbaren Scheitern am Ende ganz sich selbst überlassen, ganz selbst sein lassen. Was aber ist es dann, was sein großes Interesse geweckt hat? Nun, eben die Frage, was das eigentlich und wesentlich ist, was einen Hering ausmacht. Mit dieser Frage hätte er ebenso gut bei der Vermessung der Bäume bleiben können, an denen die Hunde ihr Geschäft verrichten, oder einen zugeflogenen Vogel beobachten können. Nicht die Untersuchung als solche noch der einzelne Gegenstand der Untersuchung finden also sein Interesse, sondern das *grundlegende Dass* und *Warum* dessen, was er untersucht, und eben dies sind die Geheimnisse des Lebens, wie es zu Beginn heißt, es sind (noch) nicht komplexe Fragen nach Gott oder Welt. Und wie sehr auch die Fragehaltung eine sehr grundsätzliche ist, nämlich jenes von Aristoteles beschriebene zweifelnde, in Frage stellende diaporein (s. o.), hat Olof Landström genial ins Bild gebracht durch die beiden in entgegengesetzte Richtungen gezogenen Augenbrauen *(Abb. 2.5)*: Die rechte geht hellsichtig nach oben, die linke skeptisch nach unten: Ist es so oder so oder vielleicht doch ganz anders? Hier wird behauptet, geprüft, verworfen, wieder neu überlegt. Und diese Skepsis hat ihren Widerpart in der nun erst offenkundigeren Irritation des Wahrgenommenen. Im wörtlichen Sinne wunderbar kommt das zum Ausdruck durch die beiden auf dem Steg zappelnden Fische, deren Bewegungen nach oben und nach unten sich nun widerspiegeln in dem uns schon bekannten hin und her überlegenden Blick des Herrn Bohm.

Erst jetzt ist der Philosophierende reif für das genauere Nachfragen. Nun

Abb. 2.5

darf und muss das, auf was man gestoßen ist, als Objekt genommen werden, das zu untersuchen ist: Der Baum, an den der Hund gepinkelt hat, wird vermessen. Manchmal reicht auch das genaue Beobachten, als Herr Bohm den Jungen beim Angeln zu-„guckt". Und die Fische in der Markthalle (*Abb. 2.6*) werden genauer unter die Lupe und in die Hand genommen, ein erster Versuch zu be-greifen. Wer dieses genauere Hinschauen und Untersuchen zusammenträgt, vermag nun mit Herrn Bohm komplizierter zu fragen, fragt nach Zusammenhängen, wie Aristoteles sagt: Es geht hier zwar nicht um die Gestirne als offenkundigstem Symbol für

Abb. 2.6

die Frage nach dem All und nach Allem, sondern diese Frage wird *en détail* auf dem Wege *empirischer,* d. h. erfahrungsbezogener Untersuchung gestellt: Ein Fisch schwimmt im Aquarium, ein Fisch kann getötet werden, verkauft und gegessen werden, ein Fisch wird geangelt, ein Fisch gehört „eigentlich" ins Meer, ein Fisch mag keine Luft … Was also ist das Fischsein des Fisches, was ist seine sog. „Natur"? Und vor allem, ließe diese Natur es zu, dass ein Fisch etwas anderes werden könnte als ein Fisch, dass er dazulernt, so wie letztlich wir Menschen, im Zuge der Evolution aus „minderen" Lebensformen uns zu Menschen entwickelt haben? Immer vielfältigere Fragen (vgl. Aristoteles, Z. 10f.) lösen diese Untersuchungen aus, bis hin zu den systematisch durchgeführten Experimenten, den Hering in ein Aquarium eintauchen zu lassen, dann die Wassermenge zu verringern, zu beobachten, wieder Wasser abzulassen, erneut zu beobachten, den Fisch auf dem Sand mit Wasser zu begießen und ihn schließlich aus dem Aquarium herauszuholen, ihm die Fortbewegung auf dem Boden beizubringen, ihm eine Leine anzulegen und auf Spaziergänge mitzunehmen.

Herr Bohm geht ganz in seinen Versuchen auf, und doch geht er an keinem Punkt das Risiko eines kopflosen, da unüberlegten und insofern verantwortungslosen Herumexperimentierens ein (wovor bei dem folgenden Geschick des Herings als schlechtem Vorbild für das Tun ihrer Sprösslinge möglicherweise auch die Eltern sich ängstigen könnten). Immerhin, List der Natur (oder doch der Vernunft?), entgleitet der Hering unserem Herrn Bohm wieder in sein ureigenes Element, ins Wasser; Herr Bohm ist darüber zwar verwundert, ja zutiefst beunruhigt, keineswegs aber aus egoistischen Motiven enttäuscht oder wütend. Denn nie hat er dem Hering letztlich ein Leid angetan. „Nicht um irgendeines Nutzens willen", hieß es bei Aristoteles, setzt der Philosophierende also sein Denken ein; und so ist auch Herr Bohm bei seiner Entscheidung, genauer nach dem Sosein zu fragen und sich dafür den Hering zu wählen, auch wieder ganz mit sich allein in seiner Kammer, in der, so heißt es im Buch, „die ganze Nacht" das Licht brennt. Darum sind entgegen dem ersten Anschein auch die konkreten Fragen, ob Fische vielleicht an Land leben könnten, letztlich nicht physikalisch zu beantworten, sondern nur metaphysisch, das heißt mit einem Blick hinter die Dinge in ihrem Sosein. Nur deshalb stellt Herr Bohm das Fischsein des Fisches radikal in Frage, so radikal, dass der Fisch es tatsächlich lernt, sich auf dem Boden fortzubewegen und sich Gewohnheiten zulegt, die Fische gewöhnlich nicht haben.

In diesem „Fortschritt" des Herings wird nun aber eigenartigerweise Herr Bohm immer rückschrittlicher, so sehr, dass er vergisst, was zu wissen er eigentlich unternommen hatte; er befindet sich plötzlich, wie Aristoteles es formuliert, im Gefühl völliger *Unkenntnis*.

Denn längst hat er das Interesse am Einzelnen verloren und ist gebannt vom *Allgemeinen*, das sich Herrn Bohm im Flug der Vögel am freien Himmel offenbart, nun gemeinsam mit dem Hering, der ebenfalls den Vögeln (die ihn ursprünglich ja wohl eher fressen wollten) nachblickt. Herr Bohm bewegt sich in Bildern der unmittelbaren Anschauung, die Freiheit der in der Luft herumfliegenden Vögel, ja diese Freiheit, diese Luft

Abb. 2.7

ist es, die ihn nun faszinieren. Ein zutiefst *mythischer* Vorgang (vgl. Aristoteles, Z. 9) hat Herrn Bohm gefangen genommen, der ihn aber letztlich bereichert um den höchsten Gewinn, den die Philosophie zu geben in der Lage ist:

Sein Überlegen hat sich nun in Wissenwollen verändert, er will *Einsicht* nehmen in die Dinge und hat gelernt, dieses Einsichtnehmen als Wert an sich ohne zweckorientierte Funktionalisierung zu verstehen. So beginnt er auch zu wissen, *dass* er wissen will, beginnt zu wissen, dass seine Einsicht an Grenzen gelangen muss, dass er aber gleichwohl um diese Grenzen weiß und sie austarierend sein Leben im bewussten Wachzustand zu leben vermag. Dieses Wissen und Nachdenken unterscheidet das letzte Bild vom ersten *(Abb. 2.7)*: Denn keineswegs ist Herr Bohm am Ende bloß so klug wie zuvor und ist damit nicht an den Anfang zurückgeworfen worden; Fragen über Fragen stehen auch am Ende, gewiss, doch es sind Fragen mit Gewinn: Hieß es am Anfang schlicht, warum wohl der Vogel Flügel habe, ist die Überlegung am Ende differenzierter: Wenn ein Hering zuerst im Wasser gelebt hat, es sich dann aber abgewöhnt hat, kann er trotzdem noch schwimmen ...? Aus der anfänglich dunklen Frage ist sichtbar eine hellere

Problemstellung geworden: Und hellwach ist Herr Bohm, die Nacht ist zum Tag geworden, die Lichtquelle liegt nicht mehr wie zu Beginn irgendwo draußen und dringt durch das Fenster ein, sondern sie findet sich nun im Zimmer, ja wahrscheinlich ist Herr Bohm selbst diese Lichtquelle, so konzentriert vermag er jetzt ins Dunkel draußen hinauszuschauen und zugleich in sein eigenes Denken hinein. Und wir sehen ihn ja sogar beim Nachdenken. Hier tut sich was, weil jemand bis in die Haarspitzen dabei ist, mehr herauszufinden. Seine vordergründig und am Anfang dumm erscheinende Naivität ist nur jener *Eindruck* von Unkenntnis, von dem auch Aristoteles spricht. Tatsächlich erweist sich Herr Bohms Naivität als die eigentlich philosophische Haltung: Im nun nicht mehr unmittelbaren, sondern gelehrten Staunen und stetigem Offensein für das Unerklärliche seiner Alltagswelt hat er nur das Ziel tieferer Einsicht vor Augen, die Dinge in ihrem Wesen, in ihrem Ursprung zu verstehen, warum sie so sind, wie sie sind.

Die zunächst absurd scheinende Frage nach dem, warum alles so ist, wie es ist, hat sich also am Ende als Einsicht in das eigene Einsichtsvermögen entpuppt und vermag so das eigene Leben als eigenes Leben führen helfen. So lässt sich an Herrn Bohm gut der Weg vom Staunen zum philosophischen Denken nachvollziehen. Die Stationen sind zwar aus reflektierter, erwachsener Sicht benannt. Doch als Kinderbuch vermag, denke ich, *Herr Bohm* ermutigen, diese *Haltung* bei Kindern wach zu halten, mit Kindern weitere Fragen auszumachen, die letztlich darauf ausgerichtet sind, sich selbst als fragwürdig zu erfahren und so sich selbst zurechtzufinden mit dem, was uns keineswegs selbstverständlich umgibt.

Fragwürdig werden – Der Weg des Herings

Und das ist mit „Herr Bohm und der Hering" noch konkreter zu lernen: Das Buch gibt nicht nur eine Anweisung zum Philosophieren, sondern stellt auch einen bestimmten Begriff von Philosophie zur Debatte, der sich in einer der letzten Bemerkungen angedeutet hatte: Es gehe darum, so hatte ich behauptet, mit Kindern Fragen auszumachen, die letztlich darauf ausgerichtet sind, sich selbst als fragwürdig zu erfahren und so sich selbst zurechtzufinden mit dem, was uns keineswegs selbstverständlich umgibt. Diese Behauptung bedarf weiterer Kommentierung: Warum, so werden die Leser mit Recht fragen, findet derjenige sich besser zurecht, der sich als *fragwürdig* erfährt? Ist gerade der doch gegenüber dem Zurechtkommen hinderlichen Zweifeln ausgesetzt?! Auch auf diese Frage gibt *Herr Bohm*, nein, in diesem Falle ist es eher *sein Hering*, Auskunft. Und mit dem Hering werden sich möglicherweise jüngere Leser noch eher identifizieren als mit Herrn Bohm. Machen wir uns daher nochmals die Entwicklung des Herings durch das Buch hindurch bewusst:

● Im Erstzustand (oder ist dies gar nicht der Erstzustand, nur der letzte uns unmittelbar zugängliche?) schwimmt der Hering im Meer; das Element des Wassers mit seinen Organismen ist seine Welt, ja sogar seine wesentliche *Lebensgrundlage*.

● Plötzlich wird er aus dem Meer *herausgezogen*. Dabei wird es ihm gehen wie den anderen Fischen, die Herr Bohm zuvor beobachtet hat: Er wird das nicht mögen, sich nun außerhalb des ihn schützenden und nährenden Lebenselements zu befinden.
● Dann aber *gewöhnt* sich der Hering immer mehr an eine Welt, die ihm bislang verborgen war, von der er zuvor höchstens schemenhaft Schatten und Spiegelungen im Wasser hat erfahren können: Das ihn umgebende Wasser ist ein anderes, Leitungs- statt Meerwasser, es wird immer weniger, er erfährt die Luft als ebenso wichtiges Lebenselement, er lernt die feste Erde kennen, auf der es sich anders fortzubewegen gilt als zuvor.
● Und schließlich fällt er wieder *zurück ins Meer*, aber um den Preis einer großen Beeinträchtigung: Wird ihn die Gewöhnung an Luft und Erde nicht bewegungsunfähig gemacht haben im Meer? Wird er nicht ertrinken? Werden ihn die anderen Fische nicht bedauern ob dieser Entwicklung? – Oder wird er reicher an Erfahrungen vielen Widrigkeiten im Meer eher begegnen können als zuvor? Und wird er nicht vielleicht die Mitfische von der Möglichkeit und dem Reichtum eines ganz anderen Lebens überzeugen wollen, vielleicht eines an Wahrheit reicheren Lebens draußen außerhalb des Meeres?

Natürlich gibt es auch für diesen Entwicklungsgang ein Vorbild aus der Philosophiegeschichte, und zwar einen der berühmtesten philosophischen Texte überhaupt, der zugleich eine Reihe weiterer Fragen eröffnen wird, die mit dem Entwicklungsgang des Herings angesprochen sind:

In seinem Höhlengleichnis entwickelt Platon in kurzer wie eindrücklicher Weise sein Bild von unser aller Wirklichkeit wie der Möglichkeit, über diese Wirklichkeit ein Bewusstsein und Erkenntnis zu erlangen: In einer Höhle sitzen Menschen, am ganzen Körper einschließlich des Kopfes gefesselt gegen die Höhlenwand gelehnt, auf der sie wie auf einer Leinwand den Widerschein der hinter ihnen und außerhalb, am Höhleneingang vorbeigetragenen Gegenstände und Geräusche wahrnehmen. Diese Schatten und Echos halten sie natürlich für die wahre Wirklichkeit. – Nun kommt jemand und „befreit" einen Gefangenen aus seiner Lage und weist ihm unter Mühen und langen Gewöhnungs-Übungen den Weg nach draußen, wo er dann allmählich eine andere Welt als die eigentlich wahre erkennt und seine vormalige Höhlenwelt als bloßen Schein entlarvt. – Zurückkehrend in die Höhle, wird ihm natürlich dunkel vor den Augen, und die anderen verlachen ihn, weil er vom Aufstieg blöd und im Höhlenleben unkundig geworden zu sein scheint; doch er wird alles versuchen, auch die anderen in die Lage zu versetzen, die Einseitigkeit ihrer Wirklichkeit zu durchschauen und sich auf den Weg zu machen zu höherer Wahrheit.

Die Parallelität von Herrn Bohms Geschichte zu diesem Text liegt nahe. Und mit Platon im Rücken können wir nun seinerseits die Entwicklung des Herings als Gleichnis verstehen: Natürlich ist der Hering von Herrn Bohm wie auch der Höhlenmensch bei Platon niemand anderes als wir selbst. Und wohl darum werden Kinder sich auch unmittelbar stärker mit dem Hering als mit dem eigenartigen Herrn Bohm identifizieren können. Im Hering wird in anderer Form der eben erläuterte Weg des Philosophierens vom Staunen zum Denken in ein eindrückliches Bild gefasst, ein Bild für die Entwicklung unseres Denkens.

Philosophische Fragen und Kinderfragen

Wenn solch ein Thema, was eigentlich unsere Wirklichkeit ist und wie wir sie zu erkennen imstande sind, wenn dieses Thema in ein *Bild,* eine bildhafte Geschichte gebracht wird, ist zu vermuten, dass sich dahinter tiefere Fragen verbergen, die eher nur durch ein Bild ausgesprochen werden können. Ein Bild setzt in eigenartiger Weise als Folie gegenüber der sog. wirklichen Lebenswelt Fragen frei, die sich in der direkten Konfrontation mit Welt nicht so ohne weiteres sich auftun. Einen dafür sehr geeigneten Impuls bietet Herrn Bohms Blick nach dem wieder im Meer abgetauchten Hering *(Abb. 2.8).* Es sind die urphilosophischen Fragen, mit denen uns Platons Höhlengleichnis wie auch das Buch über Herrn Bohm und seinen Hering konfrontieren:

- *Wer sind wir* eigentlich, dass wir nicht schlicht daherleben, sondern uns Fragen über uns und unser Leben zu stellen vermögen?
- *Woher kommen wir* eigentlich: Wir sind doch auch wie der Hering zumindest aus dem Wasser im Bauch der Mutter geboren; ist dies Wasser nicht vielleicht Hinweis auf einen tieferen Entwicklungsursprung der Menschheit überhaupt?
- Und was ist unser *Leben*? Ist es nicht nur ein Ausschnitt aus einer ganzen Welt von Lebensmöglichkeiten, sodass wir ebenso gut ganz jemand anderes ganz woanders sein könnten?
- Ist die Wirklichkeit, wie wir sie erfahren, die *wahre Wirklichkeit,* oder sind wir von der getrennt durch die Endlichkeit unserer Erfahrung?
- Woher haben wir gleichwohl die Möglichkeit, über diese unsere Wirklichkeit *nachzudenken* und uns Alternativen und größere Zusammenhänge vorzustellen?
- Ist mein Leben nicht eingebunden in einen größeren *Entwicklungszusammenhang,* der sich in mir in eigenartiger Weise individualisiert hat, in dieser Individualität aber trotzdem als verborgener Grund zum Tragen kommt?

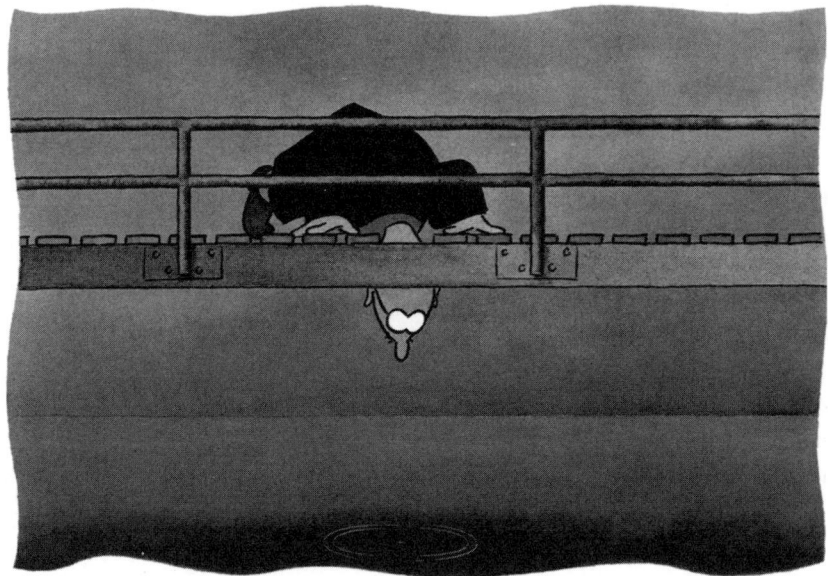

Abb. 2.8

- Gibt es *Welten außerhalb* unserer Welt? Woher haben wir die Idee von solcher Möglichkeit?
- Und woher unsere *stetigen Fragen* nach dem „Was", nach dem „Woher" nach dem „Wozu"; sind das vielleicht auch Erinnerungen wie die, von denen Herr Bohm angesichts seines „ertrinkenden" Herings spricht?

Diese „schwierigen" Fragen ergeben sich keineswegs nur durch tiefe philosophische Überlegung. Sie scheinen uns vielmehr in die Wiege gelegt. Wie anders sind Kinderfragen zu deuten wie die: „Wo war ich denn, als du, Mama, so klein warst wie ich?" – Auch in diesem Sinne bezeichnet die Philosophie ihre tiefsten Fragen als metaphysische Fragen, weil sie über den Bereich des Fassbaren hinausgehen, aber sich uns gleichwohl in aller Eindringlichkeit immer wieder stellen. Anscheinend handelt es sich bei der Philosophie um eine Wissenschaft, die *Urfragen der Menschen* aufgreift und zum Thema macht. Was also liegt näher, als diese Fragen auch für Kinder zu thematisieren, freilich nicht in wissenschaftlich diskursiver Weise, sondern wie Platon in einem Bild.

Sie als erwachsene Leser dieses Buchs haben mit „Herr Bohm und der Hering" eine hervorragende Möglichkeit, mit Kindern solch eine Fragehaltung einzuüben. Die Fragen wären dann freilich nicht wie eben an Platons Höhlengleichnis formuliert, sondern lauten vielleicht so:

⇒ *Was denkt der Hering, wenn er geangelt wird?*
⇒ *Merkt ein Fisch, wenn er sich im Aquarium befindet statt im Meer?*
⇒ *Weiß ein Fisch, dass er schwimmen kann?*
⇒ *Worüber wird Herr Bohm sich am Ende des Buchs weiter Gedanken machen? Helfen wir ihm doch einfach beim Nachdenken …*
⇒ *Worüber können wir staunen im täglichen Leben, daheim beim Spielen, im Kindergarten, beim Ausflug an andere Orte, wenn wir miteinander reden, uns streiten, uns freuen?*
⇒ *Wofür interessiere ich mich besonders? Und habe ich schon einmal nachgedacht, warum?*
⇒ *Was tun wir eigentlich, wenn wir nachdenken?*
⇒ *Wir machen eine Traumreise und stellen uns vor, wir seien …*
⇒ *Wir sind Menschen – woher wissen wir das?*
⇒ *Wie lange werden wir uns weiterentwickeln, wie lange wachsen wir?*
⇒ *Wie weit können wir uns zurückerinnern?*
⇒ *Können wir wissen, ahnen, was künftig kommen wird?*

Diese zunächst ganz unmittelbaren Fragen sind nicht aus der Luft gegriffen. Aus der konkreten Beobachtung des Buchs und seiner Bilder erwachsen, steht hinter ihnen ein philosophisches Konzept. Es lautet (mit Kant), dass sich einen Philosophen nur nennen darf, wer selbsttätig philosophieren kann. Dies zu lernen, liefert das Buch von Herrn Bohm und seinem Hering genügend Anstöße. Es ist insofern eine kleine Didaktik des Philosophierens, deren Wege uns in den folgenden Sachkapiteln behilflich sein können.

3 „Gibt's ja gar nicht ..."

Zwischen Traum und Realität: Wirklichkeit

Irritationen in der Beschreibung des Gegebenen

Ein scheinbar ganz selbstverständliches Bild[1]: Ein Kind liegt im Bett (*Abb. 3.1*). Die Decke ist halb über den Kopf gezogen, sodass unten ein Fuß herausschaut. Offensichtlich schläft das Kind, vor dem Bett liegen noch die am Abend ausgezogenen Stiefelchen, und über dem Bettende hängt ordentlich der Pullover. Vielleicht hat das Kind vor dem Schlafengehen mit dem Ball gespielt, jedenfalls liegt auch der am Bettende, halb darun-

Abb. 3.1

1 *Spanner, Helmut*: Ich bin die Kleine Katze. Ravensburg: O. Maier 2003, erste Doppelseite.

ter gerollt. An der Wand überm Bett hängt der Hampelmann. Und dann gibt es noch die kleine Katze, die vor dem Bett, ein wenig darunter auf einem rosa Kissen schläft.

Eine ganz normale Momentaufnahme in einem ganz normalen morgendlichen Kinderzimmer, mag man meinen. Und doch kommen die ersten *Fragezeichen*: So ganz ordentlich gemacht ist das Bett nicht, ein Zipfel des Tuchs lupft oben aus dem Gestell heraus. Und ist die Decke nicht zu kurz, oder das Kind nicht schon zu groß für das Bett, weil ein Fuß herausschaut? Richtig aufgeräumt hat das Kind auch nicht; selbst wenn wir keine anderen Spielsachen sehen: So wirft man doch seine Schuhe nicht einfach auf den Boden, dass der eine umgekippt ist und man morgens beim Aufstehen vielleicht darüber stolpert. Und wo sind eigentlich die Socken? Und die Hose? Hat das Kind gar seine Unterwäsche anbehalten oder doch einen Schlafanzug angezogen und die Wäsche irgendwo anders im Zimmer verstreut? Auch der Ball gehört wohl nicht ans Bettende. Wenigstens die Katze scheint mit ihrem Schmusekissen auf dem richtigen Platz zu ruhen. Oder wollte auch sie vielleicht lieber ins Bett und darf das nicht?

Und dann folgen *Orientierungsfragen*: Wo steht eigentlich das Bett? Ein Fenster sehen wir nicht, aber einen Teppichboden und eine Fußleiste und eine hellgelbe Tapete mit dunkelgelben Streifen. Hinter dem hinteren Bettpfosten bricht sich die Farbe: rechts ist sie heller als links. Und so bemerken wir vielleicht auch die kleinen Schatten: Das Licht scheint von links zu kommen, aha, deswegen ist auch die Tapete rechts heller, weil sie vom Licht angestrahlt wird. Und hat das Kind sich vielleicht auch deshalb die Decke über den Kopf gezogen, weil es doch schon hell ist, aber das Kind noch ein wenig träumen mag? Das Fenster, von dem das Licht kommt, sehen wir nicht, aber es ist da! Das Bett erstreckt sich noch weiter nach links, auch wenn wir nicht das ganze Bettende sehen, es wird schon, wie alle Betten, vier Beine haben, selbst wenn nur drei sichtbar sind. Und verbirgt sich etwas hinter dem Bettende? Liegt da, heruntergerutscht, der Rest der Kleidung? Und ist möglicherweise unter dem Kopfkissen noch etwas anderes zu finden oder unter der Bettdecke, vielleicht ein Buch oder ein Schmusetier? Und vielleicht kommt gerade jemand herein ins Zimmer, um das Kind zu wecken, vielleicht am Fuß zu kitzeln? Denn dieser Fuß gehört doch zum Kind im Bett, auch wenn wir seinen ganzen Körper nicht sehen, oder? Ist ja klar, wie auch die Schnürsenkel zu den Schuhen gehören. Oder doch nicht, denn die Schuhe gehören ja auch nicht zu den Füßen, wir können sie nur anziehen, aber eben auch wieder ausziehen, sodass sie wie hier vor dem Bett liegen.

So sehen wir immer mehr: Da schaut aus dem Kopfkissen, nein aus dem Kopfkissenbezug etwas Rotes heraus, das ist dann eigentlich erst das Kopfkissen, das in das, was wir sehen, den Bezug, nur hineingesteckt ist, welcher dann zugeknöpft wird, – die Knöpfe sehen wir wie auch die Knöpfe der Bettdecke, nein, es ist wieder nur der Bettbezug, nicht eigentlich die Decke. Also sehen wir auch hier viel mehr als wir wirklich sehen, die Bettdecke; und wir ahnen, dass da auch etwas drin ist, vielleicht Daunen, und unter dem Betttuch ist die Matratze, und in der stecken Federn, oder ist es eine Schaumstoff-Matratze?

Wirklichkeit erfassen – Die Schwierigkeit des „Das-Da"

Ewig könnten wir so weiter uns in das Bild hineinbegeben und erzählen, obwohl anfangs nur eine Momentaufnahme zu sehen war. Und so sind wir, fast ohne es zu merken, in eines der schwierigsten philosophischen Probleme hineingeraten: *Was eigentlich ist das, was wir als das Das-Da bezeichnen?* Und warum ist dies für uns eine Wirklichkeit? Oder was macht die Wirklichkeit aus, die wir hier zur Erfahrung bringen, sind es die einzelnen Dinge oder ihr Zusammenhang oder gar die besondere Weise ihres Gesehenwerdens oder lediglich ein Geschehen, das wir mit ihr verbinden, in das sie eingebaut sind? Und noch komplizierter: Woher kommt es, dass wir diese Wirklichkeit als das fassen können, was sie ist?

Mit der kleinen Katze können wir auch in die kompliziertere Analyse dieser philosophischen Fragen einsteigen. Auf einer ersten Ebene ist dabei die Frage nach den *Einzeldingen* von Interesse, insofern sie als einzelne für sich benannt werden können. Warum ist das ein Problem? Weil so selbstverständlich dieses Etwas, das wir als ein Einzelnes zu erfassen gewohnt sind, ein Einzelnes gar nicht ist. Vielmehr beruht ein solches Verständnis von Wirklichkeit auf elementaren Voraussetzungen in der Ordnung, Einteilung und Verhältnismäßigkeit von Welt, ohne die wir Welt nie als solche erschließen könnten, ja ohne die es Welt gar nicht für uns gäbe. Doch auch ohne diese schwierigen Begriffe wirft das Bild selbst diese Fragen auf: Warum ist für uns ein Bett eben ein Bett und nicht ein Stück Holz oder ein Teil des Kinderzimmers? Und warum ist der Ball ein Ball und nicht ein Spiel-Fliegenpilz, und warum gehört der Pullover über dem Bettende selbstverständlich nicht zum Bett, sondern ist bloß darüber gelegt? Der Bettpfosten andererseits gehört zum Bett wie auch ein Seitenteil oder die Matratze, und trotzdem könnten wir sie als Einzeldinge fassen unabhängig von ihrer Bett-Zugehörigkeit.

Als erstes werden kleinere Kinder wahrscheinlich „Da!" sagen, und sie zeigen dann irgendwo auf das Bett und meinen das Kind im Bett; oder meinen sie doch eher den Fuß des Kindes oder seinen Kopf, oder meinen sie, das Kind habe sich unter der Bettdecke versteckt, oder meinen sie, es schlafe noch? In diesem „Da!"-Sagen leisten wir in Wahrheit einen Offenbarungseid, es stellt sich das grundlegende Problem, was eigentlich Wirklichkeit für uns ist und was die Voraussetzungen dafür sind, sie als Wirklichkeit bezeichnen zu können.

All diese Zugehörigkeiten und Verhältnisse wissen wir intuitiv, setzen sie in unserem täglichen Umgang mit Wirklichkeit fast selbstverständlich voraus. Die Philosophie bemüht sich, solche Voraussetzungen bewusst zu machen, auf ihre Selbstverständlichkeit hin zu befragen und somit als Formen und Kategorien und insofern als Orientierungsleistungen im Umgang mit Wirklichkeit zu erklären. Für den Umgang mit Kindern ist eine solche kritische Perspektive auf Wirklichkeit wichtig, nicht nur um ihnen die nötige *Orientierung* zu bieten, sondern weil die Voraussetzungen, auf denen solche Orientierung beruht, für Kinder ja zunächst einmal nicht ohne weiteres oder nur bedingt bestehen. Alle Wirklichkeit ist für sie vorerst einmal etwas Neues, das sie über ihre ganz unmittelbare Verwurzelung in der Welt hinaus erst lernen müssen. Sie müssen sie (oder zumindest irgendwelche Voraussetzungen) lernen als Möglichkeiten, sich zur Welt, in der wir uns befinden, auch *verhalten* zu können. Das ist der tiefere Hintergrund für die elementare philosophische Frage nach dem Sein, für die Ontologie, die danach fragt, warum überhaupt etwas ist und nicht nichts, oder konkreter: warum etwas so ist und nicht ganz anders. Aber die so formulierte Frage ist bereits eine Abstraktion gegenüber der ganz unmittelbaren Betroffenheit, in eine Welt geworfen zu sein, sie irgendwann plötzlich als etwas anderes als sich selbst wahrnehmen zu müssen (dass dies sich für Kleinkinder erst allmählich entwickelt, weil zunächst Ich und Welt ganz eines sind, wissen wir aus der Entwicklungspsychologie) und deshalb dann mit dieser so als Andersheit oder Objektivität, also etwas, das uns entgegensteht, zurechtkommen zu müssen. Darum also, aus Gründen der Orientierung, fragen wir nach dem Sosein des Seienden.

Und ein Buch wie das von der kleinen Katze kann eine solche Orientierung bieten. Es ist hier nicht nötig, die weitere Geschichte von der kleinen Katze zu erzählen (mehr dazu im Folgekapitel). Denn unser Bild ist (wie auch die folgenden) für sich selbst eine Geschichte. Warum? In jedem Bild wird nicht nur einfach Wirklichkeit dargestellt, sondern zugleich das Problem ihrer Erfassung, ein weiteres Problem in der Frage nach Wirklichkeit. Die einfachsten Bilder erweisen sich nie als reine Abbildungen von irgendetwas, sondern werfen stets auch die Frage auf, warum eben dies, was uns erscheint, die Wirklichkeit ist, und was wir genauerhin mit der von uns gemeinten Wirklichkeit meinen und natürlich wie wir uns über die so uns erscheinende Wirklichkeit verständigen können. Und Helmut Spanner bietet über die Erfahrungen der kleinen Katze eine bildhafte Leseübung zum Lesen der Wirklichkeit als erstem Orientierungsversuch. Darum sagen nicht wenige Erzieherinnen, dies sei das wichtigste erste Buch für Kinder. Auf dieser Ebene wird es plötzlich bedeutsam, wenn die Schuhe unordentlich am Boden liegen, der Ball nur zum Teil zu sehen ist und vor allem der Fuß aus der Bettdecke hervorschaut: Das sind keine bloß netten zeichnerischen Ausschmückungen des Autors, sondern bewusste Irritationen, die unmittelbar zur Benennung und auch Infragestellung dessen, was hier und überhaupt Wirklichkeit ist, provozieren.

Das Buch setzt die Arbeit mit diesen Mitteln fort: So wird jedes Kind auf der zweiten Seite schnell die verschüttete Milch neben dem Schälchen bemerken oder den tropfenden Wasserhahn oder auf der vierten Seite das ganz kleine Loch im Gartenzaun, das erst auf der Folgeseite als Zugang für den Igel größer ins Bild kommt.

Die Irritationen in den Eindrücken, die wir von der Welt empfangen, zu benennen, also nicht nur irgendetwas auszumachen, sondern etwas als etwas ausmachen und in Worte fassen zu können, das schafft erst jene Wirklichkeit, auf die wir uns auch einlassen und über die wir uns verständigen können.

Wirklichkeit hinterfragen

Seit ihren Anfängen aber hat die Philosophie nicht nur diagnostisch nach den Bedingungen des Erfassens von Wirklichkeit gefragt, sondern damit zugleich ein Werkzeug bereitgestellt, Wirklichkeit auch in einem kritischen Licht sehen zu können, also sie als

Wirklichkeit zugleich zu hinterfragen. Das ist notwendig zumindest dann, wenn einseitig nur bestimmte Bilder als Wirklichkeit vorgespiegelt oder gar ideologisch als die einzige oder wahre Wirklichkeit ausgegeben werden, wie es etwa in der täglichen medial vermittelten Wirklichkeit geschieht. Dann kommt es darauf an, eine als wirklich ausgegebene oder vorgespiegelte Wirklichkeit als Schein zu entlarven und in ihr Differenzen und hinter ihr Tiefenschichten auszumachen und sie auf ihren Realitätsgehalt hin zu überprüfen. Sonst kommen wir in der Wirklichkeit nicht zurecht und werden Sklaven ihrer Suggestivkraft.

Das zu überwinden gelingt zum Beispiel über „Zoom"[2], ein völlig wortloses, doch über die Präsentation seiner Bilder beredtes und gerade darum für uns besonders interessantes Bilderbuch. Vielleicht ist bereits der Inneneinband nicht ohne Bedeutung: Wir schlagen das Buch auf und sehen schwarz. Lassen wir uns intensiver und assoziativer auf diesen Eindruck ein, müssen wir sagen, wenn uns schwarz wird, sehen wir gar nichts. Oder ist da doch etwas? Wir ahnen es, das Schwarz ist eine alle Farben in größter Dichte zusammenführende Farbe zweiter Ordnung, so wie auch das Weiß eigentlich keine Farbe, sondern eine Konzentration von Farbe als Licht ist, aus dem heraus die Farben sich als Differenzen erweisen, als Hinsichten, unter denen eine Farbe als bestimmte Brechung des Lichts erscheint. Das Schwarz des Inneneinbands von „Zoom" zieht sich durch das ganze Buch, auf jeder linken Seite ist es zu sehen, als Schwärzung oder Ent-Differenzierung dessen, was die rechte Seite uns differenziert vor Augen führt. Und unter dieser Perspektive werden wir vielleicht von vornherein aufmerksamer gegenüber dem auf der rechten Seite Dargestellten: Ist es möglicherweise gar nicht das, als was es uns unmittelbar erscheint? Und wie könnten wir es differenzierter sehen als es vom ersten Zugriff her nahe liegt? Zu diesen Fragen führt die erste Abbildung (*Abb. 3.2*). Klar ist hier mitnichten, was wir sehen, und unwillkürlich werden wir wahrscheinlich weiter blättern, weil wir das Gesehene nicht erkennen, eine vor allem rote Fläche, im oberen Teil begrenzt durch einige Zacken von einem Weiß, und alles ist von Punkten, Kreiseln, Zeichen, Strichen, Linien eingedeckt: Sind es die Zacken einer Karnevalsmütze, die stilisierte Blüte einer Pflanze, das Ende eines Fächers …?

Abb. 3.2

2 *Banyai, Istvan*: Zoom. Aarau/Frankfurt a. M.: Sauerländer 1995.

Der Clou dieser Irritation ist leicht beschrieben. Genau genommen, fehlt dem Buch eine erste Seite, die wir uns vollkommen rot vorstellen müssen. Ihr steht gegenüber die letzte Seite, auf der wir einen kleinen weißen Punkt wie einen Stern am Himmel sehen. Die These: Wir sehen vielleicht verschiedene Wirklichkeiten, aber nicht eigentlich verschiedene Gegenstände. Denn das anfängliche Rot erweist sich auf den folgenden Bildern als mikrologischer Ausschnitt aus der gleichen Fläche, die uns das letzte Bild bietet. Würden oder könnten wir also genau hinsehen, würden wir im Kleinsten die größeren Zusammenhänge und im Größten die kleinsten Teile entdecken. Konkret: Das Rot ist „in Wirklichkeit" der Kamm eines Hahns, den Kinder durch ein Fenster sehen, welche in einem Zimmer stehen, das sich als Bauernzimmer auf einem Hof erweist, freilich ein Spielzeugbauernhof, mit dem ein Mädchen spielt, das seinerseits nur abgebildet ist auf einer Spiele-Zeitschrift, die ein Junge auf einem Liegestuhl hält, eingeschlafen auf Deck eines Dampfers, welcher als Werbe-Bild die Seite eines Autobusses ziert, der, durch eine Großstadt fahrend, gerade auf dem Bildschirm von einem Indianer in der Wüste von Arizona gesehen wird (*Abb. 3.3*), welcher wiederum nur die Abbildung einer Briefmarke ausmacht, die per Brief ein Einwohner der Solomon-Inseln erhält, der seinerseits aus einem Flugzeug beobachtet wird, das auf dem kommenden Bild aus dem Weltraum als kleiner Punkt zwischen den Wolken erscheint, auf den nächsten in den Wolkengebilden verschwindet, als die sich aus der Tiefe des Weltraums die Erde zeigt, die schließlich aus großer Entfernung nur ein kleiner leuchtender Punkt im All ist.

Was soll dieses Verwirrspiel? Selbstverständlich ist es nicht, aber durch unsere Erkundung der „Kleinen Katze" ist es schon klar, dass die *Wirklichkeit*, wie wir sie erfahren, stets ein *Bild* ist, das wir uns von der uns umgebenden Welt machen. Ohne ein solches Bild hätten wir, so radikal können wir es nun behaupten, keine Wirklichkeit. Ja wahrscheinlich haben wir stets nur ein Bild von Welt, nie die Welt selbst, und dieses Bild würden wir daher mit Grund Wirklichkeit nennen, nicht Realität. Wenn aber Wirklichkeit

Abb. 3.3

immer nur ein bestimmtes Verhältnis meint zu dem, auf das sich unsere Erfahrung als Gegenstand bezieht, und nennen wir jenen Gegenstand der Erfahrung Realität, dann erweist sich die Frage „Was ist das wirklich?" als unzureichend. Gemeint ist eigentlich: Was erfahren wir in einer bestimmten Erfahrung als Wirklichkeit? Von daher bietet sich immer ein Blick an auf eine in ihrer Wirklichkeit möglicherweise anders zu erfahrende Realität. Helmut Spanners „Kleine Katze" wäre von daher nochmals kritisch durchzugehen.

Die zusätzliche Pointe vom „Zoom" ist der mit dieser Frage sich einstellende kritische Blick zwischen die Bilder auf das Verhältnis von Wirklichkeit und Realität. Denn wenn Wirklichkeit stets ein Bild von Realität ist, erhebt sich nicht notwendig, aber doch wichtig die Frage nach wahrer und falscher Wirklichkeit. Wahrheit also ist eine weitere Ebene in unserer Frage nach Wirklichkeit. Diese Differenzierung aber brauchen wir zusätzlich zum bloßen Erfassen von Wirklichkeit, um mit dem, was wir als Wirklichkeit erfahren, auch zurechtzukommen und vor allem, um sie gestalten zu können. Denn es sind ja wir, die unterschiedliche Perspektiven auf Wirklichkeit und somit auf Welt schaffen können, auch wenn jedem Blick auf Welt diese Perspektivität mitgegeben ist. Und dann ist es ein Unterschied, ob etwas „bloß" eine Abbildung auf einer Plakatfläche ist oder eine uns direkter sinnlich berührende Realität, ob etwas medial vermittelt als Realität im Fernsehen, aber auch im Buch vorgespielt wird oder ob wir es auch unmittelbar real erfahren. Ein Baum wie der von Erwin Moser im ersten Kapitel kann in solch unterschiedlichen Perspektiven für einen Betrachter durchaus einen unterschiedlichen Sinn gewinnen, auch wenn die Bedeutung dieses Baums als eben dieser Baum dabei die gleiche bleibt.

Das klingt alles fürchterlich theoretisch, aber gehen wir doch ruhig mit Kindern in dieses Buch hinein und versuchen einfach zur Sprache zu bringen, was wir dort sehen oder auch nur zu sehen glauben. Was passiert in Kinderköpfen, wenn wir uns auf eine ganz detaillierte Beschreibung irgendeines der Einzelbilder einlassen, wenn wir dann nach seiner Ordnung fragen und schließlich damit konfrontiert werden, dass wir nur einen Teil einer größeren Ordnung beschrieben haben, Details, die wir nachher nicht mehr sehen können?

Die Einsicht aus solchen Übungen gewinnt Relevanz in zweierlei nun weiter zu untersuchender Hinsicht in der Frage nach Wirklichkeit:

1. Etwas als etwas zu identifizieren, umfasst immer, diesem Etwas einen auch für uns relevanten *Sinn* zuzusprechen, für den wir verantwortlich sind.
2. Und gleichwohl kann sich umgekehrt die Frage stellen, ob und warum wir mit Grund einem für uns sinnvollen *Etwas* Das-Da Wirklichkeit oder Realität zusprechen, also ob und warum es zu sagen berechtigt sind: Das *gibt* es wirklich!

Wirklichkeit als Sinn

Zur Erläuterung beider Punkte kann man weitere Bilderbücher heranziehen. Die erste Frage wird angesprochen durch ein Büchlein von Art Spiegelman, dem Autor, der eher für die Erwachsenen durch seine Comics zum Holocaust weltberühmt geworden ist, hier aber mit „Schlag mich auf, ich bin ein Hund"[3] ein kleines Werk geschaffen hat, das für Kinder (und nicht nur für sie!) nicht nur zu einem differenzierten und witzigen Blick auf Wirklichkeit führt, sondern auch für einen sorgsamen Umgang mit Wirklichkeit sensibilisiert.

Nehmen wir also das Buch zur Hand. Und schon passiert etwas Eigenartiges; wir sind nicht erst nur durch den Titel irritiert (jedenfalls Kinder werden gewiss nicht zuerst auf den Titel schauen), denn ein Buch ist doch wohl ein Buch und nicht ein Hund! Irritation, zumindest aber ein Lächeln löst vielmehr der Akt selbst aus, das Buch zur Hand zu nehmen; denn vielleicht greifen wir zuerst nach der Leine, an die das Buch angeheftet ist. Das lässt sich hier eigentlich gar nicht mehr abbilden *(Abb. 3.4)*, und so sind wir schon über einen leichten Versuch mit einem Bilderbuch aus der Ebene von Bilderbüchern herausgelangt. Schon die beiden inneren Einbandseiten lassen dann andere Wahrnehmungen zu, als sie sonst mit einem Buch möglich sind. Auch sie sind deshalb nicht abbildbar: Auf ihnen ist nicht nur etwas zu *sehen*. Gewiss, es handelt sich um eine Fläche in Gelb-Braun, auf der wir eigenar-

Abb. 3.4

tige Strukturierungen entdecken, und so greifen wir unwillkürlich zu und merken, ja fühlen: Die Seiten fassen sich samtig an und lassen sich streicheln wie jene Abbildung des Hundes auf einer der letzten Seiten – ja was sagen wir denn da –, die so gesehen oder gefühlt, gar keine Abbildung mehr ist, sondern als etwas anderes als eine Abbildung dem abgebildeten Menschen tatsächlich auf dem Schoß sitzt, wie uns auch real ein Hund auf dem Schoß sitzen könnte.

Die Kenner der Kunstgeschichte fühlen sich an René Magrittes Verwirrkünste erinnert. Mit seinen Abbildungen von etwas und den dazu geschriebenen Anweisungen „Dies ist kein …" bleibt Magritte aber noch ganz auf der Ebene der Dialektik von Bild und Abbild. Spiegelman bricht darüber hinaus im Bild tatsächlich etwas aus dem Bild heraus und macht dies dadurch einer anderen als der bloß bildlichen Erfahrung zugäng-

---

3 *Spiegelman, Art*: Schlag mich auf … Ich bin ein Hund! Reinbek: Rowohlt 1997.

lich. Was leistet das: Nicht nur den Spaß, mit Wirklichkeiten zu spielen und irgendwelchen Dingen Wirklichkeiten zu unterstellen, die sie eigentlich nicht haben (was auch
immer ein solcher Satz bedeutet); Kinder zumindest tun dies in ihren Spielen gern,
wenn etwa ein Spielzeugbär zu einem realen Gegenüber wird oder auch ein einfacher
Baustein als Haus oder als Hund oder auch als Mensch angesehen und so verlebendigt
wird. Irgendwie tauscht ein solcher Gegenstand dann auch seine Bedeutung, logisch
angemessener müssen wir mit Frege sagen: seinen Sinn, den er für mich hat, und vermag so zu etwas für mich Bedeutsamem werden (hier wird, logisch gesehen, unsere
Sprache unscharf), für das ich Sorge tragen kann. Oder war es nicht so, dass für die
spanischen und portugiesischen Conquistadores im 16. und 17. Jahrhundert die india-

nischen Einwohner tatsächlich keine
Menschen waren, sondern eben Wilde?
Und was meint es demgegenüber, wenn
ich einen Baum als etwas Lebendiges, ja
Lebenspendendes erfahre, statt als Roh-
stofflieferant für mein Haus und meine
Einrichtung? Spiegelmans Buch gewinnt
so einen Sinn, der Lust macht und Ver-
antwortung herausbildet für das Lesen von
Büchern. Denn Bücher, so das letzte Bild
bei Spiegelman (*Abb. 3.5*), erzählen
Geschichten. Das bestätigt nicht nur die
Realität von Büchern, sondern stellt auch
ihre Aufgabe heraus, Sinn zu vermitteln,
nicht nur einen besonderen inhaltlich
bereits gefüllten Sinn, sondern Sinn überhaupt als einer Möglichkeit, der uns
umgebenden Wirklichkeit zu begegnen.

Abb. 3.5

Bücher stellen insofern nicht nur Wirklichkeit dar, sondern lebendige Wirklichkeit. Das
in ihnen Aufbewahrte (das Geschriebene oder einfach Abgedruckte) ist keine bloß fik-
tionale irreale Unwirklichkeit, sondern lebendige Wirklichkeit, die es für mich gibt, so
wie wir sagen „wirklich", da wirkmächtig gibt. Darum kann ein Buch für uns wie ein
uns begleitender Hund sein.

Was gibt es wirklich?

Damit wären wir bei der zweiten oben angezeigten Konsequenz von perspektivischer
Wirklichkeit, der Destruktion jeder einseitigen Rede von „Das gibt es!" oder auch „Das
gibt es (ja) gar nicht!". Auch diese Tatsache, dass etwas Wirklichkeit sein kann, das nicht
gegenständlich fassbar ist (wie etwa ein Tisch es ist), ja das als Realität nicht einmal
greifbar werden kann (was für Gefühle wie Liebe oder Trauer ja noch gilt), kann durch
ein Bilderbuch erfahrbar werden. Eine der typischen Fragen dieser Art sind die nach

Abb. 3.6

Osterhase oder Weihnachtsmann. Und diese Frage stellt sich ganz existenziell auch für die Ich-Person in Chris Van Allsburgs Buch „Der Polarexpress"[4]. Lassen wir uns auch hier wiederum zunächst auf die Bildsprache ein: Auf dem ersten Bild *(Abb. 3.6)* sehen wir einen Jungen auf seinem Bett sich auf das Fenster im rechten Teil des Bilds hin bewegen. Ganz unmittelbar könnten wir an das erste Bild von Helmut Spanners kleiner Katze erinnert sein; wiederum erfassen wir infolge der Ausschnitt-Technik mehr, als eigentlich auf dem Bild zu sehen ist. So erahnen wir auch hier den weiteren Verlauf des Betts nach links und nach unten aus dem Bild heraus und auch weitere am Bild der kleinen Katze entwickelte Details. Zusätzlich zu Helmut Spanners Bild werden wir aber bei Van Allsburg mit einer bedrückend eigentümlichen Haltung und Perspektive des Jungen konfrontiert. Der Junge hat sich halb erhoben in seinem Bett, angezogen von einem Licht, das klar, aber irgendwie irreal von draußen aus dem Fenster hereinscheint. Halb dämmert der Junge andererseits noch vor sich hin, denn er ist von jenem Licht zwar fast grell erleuchtet, er selbst aber scheint gar nicht direkt in das Licht zu blicken und bewegt sich doch ganz in es hinein. Zudem sehen auch wir jenes Licht draußen außerhalb des Fensters gar nicht, sondern nur seinen Widerschein auf dem Jungen, ein wenig auf der Gardine am Fenster und ganz links hinten an der Wand. Da leuchtet etwas, da ist etwas, das sehen auch wir, was nicht nur der Junge, sondern auch wir nicht sehen können und wohl auch nie sehen könnten, was uns aber gleichwohl magisch anzieht. Ist so etwas nun real, *gibt* es so etwas? Eine erste, wenngleich nur oberflächliche Antwort erhalten wir durch den Text: Der Junge liegt eigentlich still in seinem Bett, vielleicht schläft er sogar schon, als er „von draußen" ein Geräusch hört, das eigentlich (also „in Wirklichkeit"?), wie ihm sein Freund erklärt hatte, niemals zu hören ist, ja gar nicht gehört werden kann.

Wir ahnen es: Von Traum ist hier und im weiteren Text nicht die Rede, und doch träumt dieser Junge wohl „nur"; und daher erhebt er sich im Traumwandel in seinem Bett, angezogen von einem eigentümlichen Licht, in dem er was auch immer für eine Traumgestalt sieht. Doch ist dieser Eindruck von Traum nur die Oberfläche. Denn selbst

4 *Van Allsburg, Chris*: Der Polarexpress. Hamburg: Carlsen 2001 (Boston 1985).

wenn uns hier bloß ein traumwandelnder Junge gezeigt würde, in diesem Traum erfährt er und erfahren auch wir Zusehenden etwas ganz Wirkliches. Das wird bereits durch die Bildgestaltung angedeutet, mit der dieses Traumbild verfasst ist; alles ist zwar klar zu sehen, aber an den Rändern doch unscharf gezeichnet; wir sehen den Jungen und sein Zimmer wie durch einen Filter, dort, wo es um sein nur im Profil zu sehendes Gesicht geht und um den Lichtschein, stärker als in den weniger lichten Bildteilen. Das verstärkt den bereits vorhin gewonnenen Eindruck: Da leuchtet etwas, das uns magisch anzieht, und dieses Etwas gibt es, auch wenn nicht nur der Junge, auch wir es nie sehen können. Warum legt das Bild selbst eine solche Deutung nahe? Ins Bild gebannt wird nicht dieses Etwas, das wir vielleicht nie sehen könnten, sondern die Stimmung, die unser Bezug zu diesem Etwas in uns auslöst.

Die Philosophie bezeichnet das als die Intensionalität, was *Sinn*gebung eines Gegenstandsbezugs meint, im Unterschied zur Extensionalität, die das Gegenständliche dieses Gegenstands als die ihn ausmachende *Bedeutung* benennt. Das vorhin durch „Zoom" bereits angesprochene Traummotiv wird in Chris Van Allsburgs phantastischem, nichts desto trotz aber auch inhaltlich sehr wirklichem Bilderbuch philosophisch weiter ausgedeutet. Der Junge „sieht" hier den Polarexpress, in den er vom Schaffner hineingebeten wird und der ihn mit anderen Kindern durch dunkle Wälder, ruhige Wildnis und Berg und Tal zum Nordpol bringt, damit sie dem Weihnachtsmann begegnen, der dort das erste Weihnachtsgeschenk an ein Kind verteilen wird. Für die philosophische Logik ist klar, dass Osterhase oder Weihnachtsmann natürlich nicht *existieren*, da sie zwar als Figuren oder Personen eine Rolle spielen, für sie aber kein sog. gegenständlicher Referent sich zeigen lässt, denn der Schokoladenhase wie auch der Weihnachtsmann, der zu den Kindern kommt, sind natürlich nicht real *der* Osterhase oder *der* Weihnachtsmann, für den sie bloß stehen. Extensional werden wir also nie sagen können: *Das* da ist der Weihnachtsmann. Das ist intuitiv auch Kindern klar, oft viel früher, als Erwachsene dies merken. Viel drängender aber, weil existentiell uns berührend, ist die tiefere Frage, ob es unabhängig von der real erfahrbaren Weihnachtsmann- oder Osterhasen-Figur den Osterhasen oder den Weihnachtsmann auch wirklich *gibt*. Die Philosophie unterscheidet zwischen den Fragen, ob es etwas *gibt* oder ob etwas *existiert*. Die erste ist relativ unproblematisch, weil es zweifellos alles, wovon wir reden und was irgendeine Rolle für uns spielt, selbst in unserer Phantasie, auch gibt; intensional können wir über solches sinnvolle Aussagen machen. Existenz hingegen kommt nur demjenigen zu, das auch als eigenständige Wirklichkeit ausweisbar und erfahrbar ist, das agieren kann oder an das man zumindest stoßen kann.

Man braucht diese begriffliche Unterscheidung nicht zu kennen, um doch Bescheid zu wissen über den Unterschied beider Fragen; dafür reicht, ist aber auch notwendig ein sensibler und kritischer Blick auf Wirklichkeit; der Blick dafür, ob wir nach einem für uns letztlich uninteressanten Sosein von etwas fragen oder danach, welchen Sinn ein solches Etwas für uns hat. Dumm sind deshalb Eltern oder Erzieher, die diese Fragen verwechseln und so Kindern die Wirklichkeit von Figuren oder auch Personen oder auch einfach nur Gegenständen nehmen, deren Existenz nicht aufweisbar oder tatsächlich bloß erfunden ist. Sie sind aber wichtig nicht nur für Kinder, sondern für uns Menschen überhaupt. Wie wichtig, das lässt sich nicht nur durch Figuren oder Personen zeigen, die für uns existentiellen Sinn gewinnen können, obgleich wir ihre Existenz niemals aufweisen können, Götter, Engel, der Weihnachtsmann, das Einhorn usf. Ganz unmittelbar klar wird die Wichtigkeit auch an für uns persönlich bedeutsamen und sinngebenden Gegenständen. Das kann ein Schmuckstück sein, das uns jemand geschenkt hat, das kann ein Stein sein oder eine Muschel oder eine Feder, die ich gefunden habe, das kann auch für ein Haustier die Schmusedecke sein, die wir ihm nie wegnehmen oder auch nur waschen würden. Darum und nur darum hängt unser Herz an diesen Gegenständen. Dieser ihr innerer Sinn ist ihnen nicht anzusehen, kann nicht als Merkmal seiner Existenz ausgemacht werden.

Und so ist es für den kleinen Jungen in Allsburgs „Der Polarexpress" ein silbernes Glöckchen, nicht irgendeines, sondern das von einem der Rentiere des Weihnachtsmanns, das dieser Junge sich wünscht und dann auch tatsächlich am Heiligabend vom Weihnachtsmann höchstpersönlich geschenkt bekommt. Und ganz klar: Dass dieses Silberglöckchen einen nie gehörten zauberhaften Ton von sich gibt, das kann nur der kleine Junge hören. Denn es ist das Geschenk vom Weihnachtsmann, *sein* Geschenk vom Weihnachtsmann. Ein wenig kann man diesen Tiefensinn dem Glöckchen auf dem letzten Bild auch ansehen *(Abb. 3.7)*, das auf der einen Seite einen Schatten wirft, auf der anderen sich auf dem braunen Untergrund spiegelt, auf dessen Oberfläche wieder

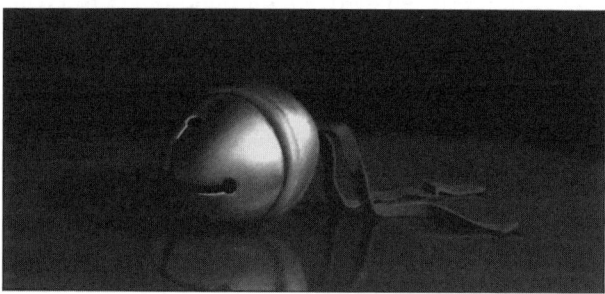

Abb. 3.7

jenes eigentümlich erleuchtende Licht fällt, in dessen Inneres wir aber nicht einmal hineinblicken können. Und mit diesem Glöckchen ist für den Jungen auch erwiesen, was schon in seiner Kindheit ein Freund bestritten hatte, und wofür die Menschen, als er alt geworden ist, keinen Sinn mehr haben: Es gibt einen Weihnachtsmann. Dass der Weihnachtsmann, den uns Van Allsburg in der Mitte des Buchs offeriert, wie er das Glöckchen vom Schlitten als erstes Weihnachtsgeschenk hoch hält, kein „echter" Weihnachtsmann ist, ergibt sich fast von selbst. Zu scharf und stilisiert sind wohl mit Absicht die Konturen dieses Gesichts gezeichnet, wie eine Maske. Aber am Strahlen des Jungen an seiner Seite, und auch dies ist mit Absicht ins Bild gesetzt, daran sehen wir *den* Weihnachtsmann: Für ihn, diesen Jungen, *gibt* es den Weihnachtsmann.

Die Wirklichkeit der Fiktion

Den Weihnachtsmann und auch sein Glöckchen „gibt" es also, wie es natürlich auch Engel gibt und Gott und für manche Menschen auch den Teufel. Über die Existenz ist damit freilich nichts ausgesagt. Die Reduktion des Begriffs „Sein" auf das vorfindliche und materiell messbare Dasein haben wir dem Denken der letzten drei Jahrhunderte zu verdanken. Einer der Philosophen, die dafür eine gewisse Verantwortung tragen, war Descartes, auch wenn er damit eine völlig andere Absicht verfolgte. Immerhin ging Descartes noch davon aus, dass Seiendes auch virtuell zu erzeugen ist und wir keine eindeutige Gewissheit haben können, warum

Abb. 3.8

diesem „bloß" künstlichen Sein weniger Wirklichkeit zukäme als dem real existierenden. Deutlich wird das im Traum. Die aus dem Phänomen des Traums gewonnenen Gedankenspiele um die Gewissheit der uns umgebenden Realität sind aber nicht bloß phantasieanregendes Gedankenspiel, sondern haben Konsequenzen für unseren Umgang mit Wirklichkeit. Das erfahren auch Judy und Peter in einem anderen berühmten Bilderbuch van Allsburgs.[5] Dazu kurz die Geschichte:

Vater und Mutter sind fortgefahren und haben Judy und Peter noch ausdrücklich gebeten: „Macht bitte keine Unordnung." – Doch ohne Unordnung wird es den beiden Kindern schnell langweilig. So begeben sie sich nach draußen in den Park. Dort finden sie am Fuße eines Baumes einen langen schmalen Kasten:

   „*Dschumanji*", las Judy, „*EIN DSCHUNGELABENTEUER-SPIEL*".
Natürlich nehmen Judy und Peter das Spiel mit nach Hause und fangen eher gelangweilt an zu spielen, sie würfeln und setzen ihre Figuren auf die entsprechenden Ereignisfelder, und so kommt es, wie es kommen muss:

   „*Ein Löwe greift an, gehe zwei Felder zurück*", las Judy. „*Mann, ist das aufregend!*", *sagte Peter ganz und gar gelangweilt. Er griff nach seiner Figur und schaute dabei zu seiner Schwester auf. In ihrem Gesicht herrschte der Ausdruck reinen Entsetzens. „Peter", flüsterte sie, „dreh dich um, ganz ganz langsam."*

   Der Junge drehte sich um. Er traute seinen Augen nicht. Auf dem Klavier lag ein Löwe, der starrte Peter an und leckte sich dabei sein Maul … (Abb. 3.8).

   Peter rettet sich mit einer wilden Jagd durchs Haus, bei der letztendlich der Löwe knurrend im Schlafzimmer eingeschlossen bleibt.

---

5 *Van Allsburg, Chris*: Dschumanji. Das Dschungelabenteuerspiel. Ravensburg: O. Maier 1988 (New York: Houghton Mifflin 1981).

„Ich glaube", sagte Peter, immer noch nach Luft schnappend, „ich … will … dieses Spiel … nicht weiterspielen."

„Aber wir müssen", sagte Judy, während sie Peter zurückführte. „Ich glaube, das ist genau das, was in der Anleitung steht. Dieser Löwe verschwindet erst, wenn einer von uns das Spiel gewinnt."

Das Abenteuer geht also weiter. Nach dem nächsten Zug von Judy plündern Affen die Lebensmittel aus der Küche und zerdeppern dabei das Geschirr. Als Peter wieder an der Reihe ist, landet er gottseidank auf einem leeren Feld …

Er würfelte noch einmal. – „Die Monsunzeit beginnt, einmal aussetzen." – Im Wohnzimmer fing es an, in kleinen Tropfen zu regnen. Dann erschütterte ein Donnerschlag die Wände und verscheuchte die Affen aus der Küche. Als Judy nach den Würfeln griff, goß es in Strömen: …

Natürlich ist das alles nur ein Traum, eine wahrhaft abenteuerliche Phantasiereise, eben „nur" ein Spiel, das deswegen am Ende des Buchs ja auch „gut" ausgeht, zumindest für Judy und Peter. Ihre beiden Freunde Daniel und Walter aber, die zu Besuch gekommen sind, verschwinden auf der letzten Seite mit dem Spiel im Arm aus dem Buch. Wenn so das Buch am Ende aus sich selbst herausweist, mag dies eine Andeutung sein, dass „Dschumanji" doch mehr Potential birgt als eine „nur" amüsante Abenteuergeschichte. Was steckt hinter der Lust am Abenteuer?

Wer hat nicht schon selbst erlebt, förmlich eintauchen zu können in ein Buch, mal in den einen, mal in den anderen Protagonisten hineinzuschlüpfen und bis zum Nervenkribbeln, ja zum Pulsschlag alles mit seinem Helden mitzufühlen? Normalerweise entspannen wir uns aber nach einer Weile wieder, denn wir wissen sofort um den fiktionalen Charakter des gerade Gelesenen. Zuweilen aber passiert es eben doch wie in Woody Allens Film „The purple rose of Cairo", dass die Grenze zwischen Zuschauer und Leinwand reißt, sodass nicht mehr klar ist, auf welcher Seite der Realität wir uns befinden. Für Kinder geschieht das gewiss häufiger; Indiz dafür mag ein scheinbar unvermitteltes Nachfragen zu Erfahrungen, auch Leseerfahrungen sein, die schon eine Weile zurückliegen, und mit dem der Erwachsene urplötzlich geraume Zeit später konfrontiert wird: „Sag mal, kann ein Löwe wirklich auf einem Klavier hocken, oder bricht das dann zusammen?" – Oder: „Kann es eigentlich so doll regnen, dass das Wasser irgendwann durch die Wände kommt?"

So absurd aber ist die Suggestivwirkung durch Ideen, die mich umtreiben, keineswegs. Geht es uns Erwachsenen nicht auch oft so, dass uns bestimmte Erfahrungen einfach nicht mehr aus dem Sinn gehen? Tatsächlich können Phantasien uns so sehr in den Bann ziehen, dass nicht mehr klar zu unterscheiden ist, welche Wirklichkeit die realere ist, die des Traums und der Phantasie oder die der sog. harten Realität, wenn denn dieser Unterschied überhaupt noch gemacht werden kann. Das ist keineswegs allein ein psychologisches Problem der rechten Unterscheidung zwischen Realität und Einbildung oder der rechten Einschätzung unseres Kreativitätspotentials. Das philosophische Problem dahinter ist wiederum eine Frage aus der sog. Ontologie, d. h. der Lehre vom Sein. Genauer ist hier gemeint: Worauf gründet sich denn das Sein von allem, dass alles nämlich ist, wie es ist? Ist das Sein des Seienden in den Gegenständen meiner Erfahrungen begründet, also den Dingen und Prozessen an sich selbst, oder vielmehr in meiner Erfahrung dieser Gegenstände, also in meinem Geist? Und welche Wirklichkeit hat letztlich höheren Wahrheitsgehalt, höhere Verlässlichkeit, die der sog. harten Realität oder die der Fiktion?

In der Geschichte der philosophischen Ideen hat es tatsächlich einen in gewisser Hinsicht radikalen Fiktionalisten und Idealisten gegeben. Berkeley meinte, dass „all die Dinge, die das große Weltgebäude ausmachen, keine Subsistenz [keinen Bestand] außerhalb [unseres] Geistes haben". Nun wäre es desaströs, „Dschumanji" unter den Vorzeichen der Philosophie Berkeleys zu lesen. Zum Glück bewahrt uns der Autor selbst vor diesem Missverständnis, indem er die Traumwelt deutlich als Spiel bezeichnet. Aber es ist ein ernstes Spiel, und es muss, um als Spiel erkannt zu werden, auch zu Ende gespielt werden. Mit Berkeleys Position im Hinterkopf vermag das Spiel mit der Realität von Phantasiewelten, Träumen und Fiktionen insofern eher das Gespür zu öffnen für die ja in der Tat für Kinder noch nicht rational fassbare Grenzlinie zwischen Traum und Realität.

Ich kenne eine Reihe von Müttern und Vätern, die mit ihren Kindern als eine Art Ritual zur guten Nacht Phantasiegeschichten ausspinnen, die einerseits für alle Ideen und Einfälle offen sind, andererseits aber streng geheim gegenüber irgendwelchen Mitwissern gehalten werden müssen, ein äußerer Hinweis auf die trotz aller Kreativität von den Kindern streng überprüfte innere Stimmigkeit und „Regel"-Treue. Was steckt dahinter? Die Konstruktion einer ausschließlich durch eigene Ideen geschaffenen Welt ist nichts anderes als der spielerische Versuch, in der vordergründig nicht zu durchschauenden und unübersichtlichen Lebenswelt des Alltags Regeln zu entdecken, die Verlässlichkeit verbürgen: Wenn ich mir selbst eine eigene innere Welt erschaffen kann, ist es ermutigender, nach einer Idee hinter allen Erfahrungen zu suchen. – Probieren Sie in diesem Sinn, in ein Buch wie „Dschumanji" einzutauchen, das Spiel von Judy und Peter an irgendeiner Stelle aufzugreifen und selber zu spielen. Mit allem Ernst, aller Angst, aller Entdeckerneugier werden die Kinder in der Regel ein solches Spiel mitspielen, um so mehr oder weniger bewusst ihre eigene Angst, die eigene Neugier, das eigene Wissenwollen ins Verhältnis zur Wirklichkeit zu setzen und so in den Griff zu bekommen.

Ein Buch wie „Dschumanji" wird also nicht nur kindlichen Phantasiewelten Raum geben, die Vieldimensionalität von Wirklichkeit in Erfahrung zu bringen, sich spielerisch in andere „Wirklichkeiten" hineinzuversetzen, sondern es wird darüber hinaus die sich rational erst später entwickelnde Fähigkeit offen halten, zwischen verschiedenen Wirklichkeitsebenen auch bewusst zu changieren und ihnen nicht schlicht unkritisch anheimfallen. Denn so sicher, wie wir meinen, sind wir uns unserer Wirklichkeit keineswegs. Was eigentlich bietet denn Gewähr dafür, an welche Wirklichkeit wir uns halten sollen, an die erdachte oder die reale, so erstere wirklich bloß erdacht ist und nicht vielleicht viel wirklicher als die reale, und so letztere gar nicht die wahre Wirklichkeit meint, sondern nur eine von uns jeweils für bloß wirklich gehaltene? Cyberspace-Welten sind ja nicht nur Erfindungen von apokalyptischen Weltwarnern, sondern Tatsachen, denen unsere Kinder durch die viel beschworene multimedial und technisch vermittelte Wirklichkeit oft unkritisch ausgesetzt sind: Bei allen Chancen erweiterter Kommunikation durch neue Medien und bei allem Nutzeffekt für menschliche Freiräume durch technische Errungenschaften lauern in Medien und in Technik auch die Gefahren der großen Unübersichtlichkeit und Orientierungslosigkeit. Bücher und auch Bilder, in Büchern, die wir anschauen, von denen wir aber jederzeit auch wieder wegschauen können, um uns dann von neuem mit neuem Blick auf sie einzulassen, liefern demgegenüber zugleich Freiräume zum Ausleben der zwar durchs Buch angeregten, gleichwohl ureigen bleibenden und frei auszugestaltenden Ideen, ja sie provozieren gerade zu eigenen Ideen. Dieser Gedanke sollte Mut machen, sich auf vordergründig gefährliche, mit Unterscheidungskraft gelesen aber weiter führende, zur Dechiffrierung von Wirklichkeit beitragende Bücher wie „Djumanji" einzulassen.

Die Perspektivität von Wirklichkeit

Eine letzte in unserem Zusammenhang wichtige Dimension von Wirklichkeit ist die Frage der Veränderung von Wirklichkeit durch einen Perspektivenwechsel. Diese Frage führt von dem Problem der Erfassung von Wirklichkeit, so wie sie ist, also der Frage nach der Wahrheit der Realität, weiter zum Problem der Richtigkeit des Erfassens, also der Frage der Erkenntnis und der Erfahrung. Schon für Platon waren beide Fragen, die nach dem Sein und die nach der Erkenntnis des Seins, nicht voneinander zu trennen. Und so behauptete er, die Wahrheit sei deshalb die Wahrheit, weil sie die Grundlage nicht nur für alles Sein biete, sondern auch für jede Erkenntnis. Seitdem ist eines der am heftigsten diskutierten Probleme der Philosophie das Verhältnis von Sein und Erkennen, also ob etwas ist, weil es Gegenstand unserer Erfahrung, unserer Benennung, unseres Wissens ist (esse et percipi = Sein ist Wahrgenommenwerden) oder weil es das unserer Erfahrung gegenständlich zugrunde liegende Sein ist (das Sein ist der Grund des Seienden wie auch der Erkenntnis).

Die Betrachtung des folgenden Buchs[6] beginnt in der Mitte, auf den Seiten 16 und 17 *(Abb. 3.9)*. Wir sehen hier quasi aus der Vogelperspektive eine riesige Gestalt, auf einer Waldwiese liegend; der Mann hat die Augen geschlossen, und wir schauen in ein klares, vielleicht ein wenig lächelndes Gesicht; er macht einen friedlichen Eindruck, trotz seiner überdimensionalen Größe und der struppigen roten Haupt- und Bart-Haare. Um ihn herum stehen Laubbäume, die das Bild und auch die Wiese abgrenzen, die uns damit wie ein großes natürliches Bett vorkommt; auf der Wiese finden wir kleine gelbe und weiße Pünktchen, wahrscheinlich Wiesenblumen. Den rechten Arm hat der Riese hinter seinen Kopf wie ein Kissen verschränkt, sein linker Arm liegt nach oben ausgestreckt vor ihm, die Hand ist leicht geöffnet bis auf den Zeigefinger, und der berührt gerade ein kleines Tierchen, wohl eine Maus, die sich in die Handfläche gekuschelt hat und nun bei der Berührung die schwarzen Äuglein aufreißt.

6 *Fuchshuber, Annegert*: Mausemärchen – Riesengeschichte. Stuttgart: Thienemann 1985.

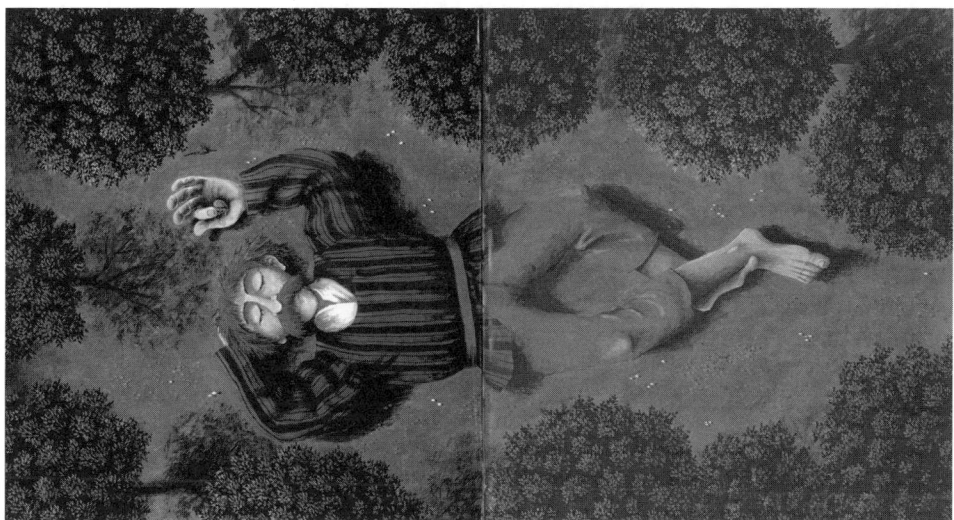

Abb. 3.9

Kleinste Kleinheit und riesenhafte Größe sind hier zusammengetroffen. Und dann weitet sich dieses Thema über einige weiterhin zu entdeckende Details: Neben der linken Hand des Riesen sehen wir etwas Rotes, ungenau betrachtet scheint es eine abgebrochene Blume zu sein, dann aber erkennen wir einen Stock, an den ein rotes Bündel angeheftet ist. Und unter den Bäumen sehen wir die Schatten, doch eigenartig, sie sehen nicht aus wie Schatten, sondern auch wie Bäume, denn die Äste können wir relativ klar ausmachen wie auch das unterschiedlich lichte Blattwerk; oder sind es die Wurzeln, so als könnten wir ins Erdreich hineinschauen? Und schließlich: Wo ist bei diesem Bild eigentlich oben, unten, rechts, links? Halten wir es, so wie wir es gerade aufgeschlagen haben, richtig herum oder auf dem Kopf oder um 90° gedreht? Der Blick auf eine der Seiten davor oder danach hilft zur Klärung: Legen wir das Buch in der Breite vor uns, sind die Seiten davor „richtig", die danach „verkehrt", auf dem Kopf. Und weiter geblättert, sehen wir auf den Seiten, die von den Füßen des Riesen weggehen, Bilder mit dem Riesen als Hauptfigur, auf denen, die vom Kopf des Riesen ausgehen, Bilder mit dem Mäuschen

Abb. 3.10

als Hauptfigur. Der Einband schließlich klärt uns auf: Auf der einen „Seite" des Buchs geht es um ein „Mausemärchen", auf der anderen Seite um eine „Riesengeschichte". Und beide Seiten sind als „ein halbes Bilderbuch" ausgewiesen. Der Riese sitzt, besser kauert auf dem Umschlagbild *(Abb. 3.10)* zwischen zwei Bäumen, hält mit beiden Händen seine Beine zusammen, auch seine Füße sind wie ineinander verschränkt, der Kopf ist eingezogen, als würde gleich die ganze Last des Titel-Etiketts oder der Geschichte auf ihn einbrechen. Und doch sind seine riesigen Augen weit geöffnet, schauen fast ein wenig traurig den Betrachter an. Erstaunlich, das mögen auch der Fuchs und der schwarze Vogel mit dem gelben Schnabel denken, die vor dem Riesen stehen. Doch er beachtet sie nicht. Denn er ist, wie wir auf Seite 2 seiner Geschichte erfahren, ein Angsthase, trotz seiner Riesengröße. Und nicht nur vor Drachen, die es ja gar nicht gibt, hat er Angst, sondern auch vor einem jedenfalls vom Bild her ganz normalen Hirsch und auch einem Raben, vor dem er sich sogar in einer Höhle verkriechen muss. Am ärgsten aber ist sein Alleinsein, denn alle anderen Tiere haben vor ihm Angst, aber das weiß er nicht. Und so rennt er traurig auf jene Wiese in der Mitte des Buchs, um dort vielleicht einen Freund zu finden, der ihn versteht.

Die Maus umgekehrt ist zwar ganz klein, aber sie hat überhaupt keine Angst und klettert sogar im ärgsten Unwetter auf die wackeligen Spitzen eines kleinen Bäumchens *(Abb. 3.11)*. Aber das nützt ihr gar nichts, weil es den anderen Mäusen unheimlich ist mit der Furchtlosigkeit der kleinen Maus. Und so sehen wir sie weinend mit ihrem klei-

Abb. 3.11

nen Bündel über dem Rücken ganz allein durch den Wald gehen auf der Suche nach einem Freund, der sie versteht.

Das Buch ist natürlich auch ein Buch über die Angst und die Wege zu ihrer Überwindung, um ein glückliches Leben führen zu können. Deshalb gehört es eigentlich in ein anderes Kapitel. Doch die Grundlage der Angst, das ist die tiefere Botschaft des Buchs, ist eine einseitige Sicht von Wirklichkeit. Sie aufzubrechen, ist das Wichtigste: Wer in der Wirklichkeit Vielfalt und Differenzierung in ihrer Erfahrung aufzubieten vermag, braucht weniger Angst zu haben, hat mehr und bessere Grundlagen zur Orientierung und auch zur bewussten Gestaltung seines Lebens.

4 „Das offne Auge sieht ins Buch."

Sprache als Erschließung von Welt

Buchstaben lesen – Welt erkennen

Das erste Bild *(Abb. 4.1)* in diesem außergewöhnlichen Buch[1] zeigt einen durch wenige Flächen gestalteten, eigentümlich virtuellen Raum: Unten scheinen wir es mit einem Tisch zu tun zu haben, an dessen Kante auf der rechten Seite eine kleine Figur steht, die dem Betrachter den Rücken zuwendet. Ihr Kopf ist bei näherem Hinsehen zugleich die Pupille eines Auges. Betrachten wir nun genauer dieses Auge, so blickt es zunächst nicht uns an, sondern wir schauen gleichsam wie aus unserem Kopf als einem Innenraum heraus, durch eine grüne Fläche auf der rechten Bildseite wie durch eine Lochkamera hindurch, in einen hellen Raum hinein, in welchem wir ganz im linken Eck noch einen roten Balken entdecken, der zu einem großen „A" gehört, das mit seinem größeren Teil auf der linken Bildseite zu sehen ist. Doch ist dieses Auge nur bedingt

1 *Moritz, Karl Philipp/Erlbruch, Wolf:* Neues ABC-Buch. München: Kunstmann 2000. A-Bild.

unser Auge; denn das, was diesem Auge vor Augen sein müsste, bleibt unserem eigenen Blick faktisch verborgen, sehen wir doch nur begrenzt, was jenes Auge sieht, nämlich nur einen Teil und diesen auch nur von außen. Was aber wir als Betrachter jenes Auges, besser: des Sehens des Auges, sehen können, bleibt umgekehrt möglicherweise jenem Auge verborgen, nämlich was quasi durch jenes Auge hindurch in dem virtuellen Innenraum, also vom Betrachter aus gesehen „vor" diesem Auge sich festsetzt, und zwar im Bewusstsein als Ein-Sicht sich festsetzt. Denn die Pupille jenes Auges ist ja zugleich der Kopf einer Figur am Tischrand. In diesen Kopf eingetragen finden wir die Schriftzeichen „aha": Die Figur scheint also nicht nur etwas gesehen, sondern auch eingesehen, verstanden zu haben. Was? Offensichtlich nicht nur den Gegenstand des Sehens, das Gesehene, sondern auch den Vorgang des Sehens selbst, denn in den Körper der Figur sind, auf dem Kopf stehend, Wortteile in Sütterlin eingetragen; zumindest das oberste Wort ist zu entziffern: „zeige". Durch das, was unserem Auge vor Augen steht, wird uns mithin etwas gezeigt. Was das im Einzelnen ist, spielt zunächst keine Rolle. Dieses etwas ist zuerst gesehen worden, möglicherweise nur im Bereich des Unbewussten aufgenommen, nicht bewusst wahrgenommen; dann ist es allerdings wirklich als „wahr" genommen worden, ist re-flektiert, rückgebunden an unseren Verstand als Organ, das unser Sehen uns zu Bewusstsein bringt. So kann es zugleich neben sich gestellt werden, in unserem Bild als ein Kärtchen mit dem (Sütterlin-)Buchstaben „a" neben jene Person auf dem Tisch.

Dargestellt und zugleich gedeutet ist auf dieser ersten Ebene der ganze komplexe Vorgang der Erschließung von Welt, als Weg von der puren Aufnahme durch die Sinne über die Wahrnehmung hin zu einem diesen Eindruck fixierenden Erinnerungsvermögen, von dort zur verständigen Reflexion bis hin zur bewussten Gestaltung des ursprünglich Gesehenen im sprachlichen Ausdruck, der somit als Bild einer Tatsache, nämlich des Bestehens eines Sachverhalts (Wittgenstein) sich zeigt. Mit einem gehaltreichen, in seiner Komplexität differenziert ausdeutbaren, aber zugleich einfach und unmittelbar verständlich gestalteten Bild ist die Dichte eines vorderhand ganz simplen Satzes ins Bild gefasst, der sich unten auf der rechten Seite findet: „Das offne Auge sieht ins Buch."

Bedenken wir nun diesen Satz genauer und betrachten daraufhin das Bild von neuem, ahnen wir, dass nicht nur wir es sind, die beim Betrachten eines Buchs in das Buch hineinsehen, sondern dass auch das Buch oder das, was im Buch ins Bild gebracht ist, uns ansieht. Auch dieses Verhältnis bringt Wolf Erlbruch ins Bild: Jenes Auge, durch das zunächst wir in ein Buch hineingeschaut haben, welches hier zunächst als virtueller Raum für das „A" gestaltet ist, jenes Auge ist zugleich ein Auge, das uns, die Betrachter, anschaut. Was soll das? Der Text auf der linken Seite gibt Aufklärung: In diesem uns vor Augen liegenden Buch befinden sich Bilder und Buchstaben oder, um es genauer zu sagen, Bilder, von denen einige auch Buchstaben sind. Wenn diese Buchstaben-Bilder uns anblicken, wird deutlich gemacht, dass sie ihrerseits Ausgestaltungen einer Ansicht von Welt sind, Bilder von Tatsachen, die diejenigen gemacht haben und uns nun vor Augen bringen, die das Buch verfasst haben. Damit wird der Vorgang der Sprache, mit dem wir es hier zu tun haben, noch komplexer: Was wir in einem Buch lesen und sehen können, ist eine zu den Symbolen von bestimmten Buchstabenkombinationen verdichtete Ansicht von Welt. Als symbolisch verdichtete eröffnet uns diese Ansicht aber wiederum eine neue Sicht auf diejenige Welt, die uns vor Augen ist. Eine wirkliche Ansicht von Welt können wir nur gewinnen, wenn wir sie in Sprache fassen, sodass Sprache selbst einerseits eine verdichtete Ansicht von Welt ist, wie umgekehrt eine Ansicht von Welt nur über Sprache gebildet wird, unter der Voraussetzung natürlich, dass wir das, als was Sprache sich zeigt, sei es als akustisches Signal oder als Buchstabenfolge, jeweils als Bild von Welt sich dechiffrieren können. Eben dies aber bringen Bild wie Text in unserem Buch zum Ausdruck, das Bild, wie erläutert, der Text durch seinen differenzierten Wortlaut: „In diesem Buche stehen Bilder und Buchstaben. Das erste Bild stellt das Auge vor, womit ich die Bilder sehe."

In komplizierter, wie angedeutet durch das Bild aber auch unmittelbar zugänglicher Weise hat sich hiermit die Frage nach Wirklichkeit, die das vorangehende Kapitel bestimmte, nochmals relativiert: Offensichtlich ist Wirklichkeit nicht nur einfach das uns Gegenüberstehende, die Objektwelt, die diese Wirklichkeit auch ohne unseren Blick auf sie wäre. Vielmehr ist es eine notwendige Bedingung jeder Rede von Wirklichkeit, dass wir sie auch als solche erfassen, bezeichnen und erkennen können. Die Frage nach Wirklichkeit hat sich dadurch gewendet zur Frage nach *Erkenntnis*, die philosophische Ontologie, die Lehre vom Sein des Seienden, zur philosophischen Epistemologie, zur Lehre von der Erkenntnis des Seienden. Beide Disziplinen hängen unmittelbar zusammen, da eine Erkenntnis ohne Bezug auf Wirklichkeit keinen Sinn ergibt und Wirklichkeit nie das sein kann, was sie für uns ist, wenn wir uns nicht auf sie beziehen könnten. Gleichwohl hat es Sinn, nach den Bedingungen, Dimensionen, Formen und Problemen von Erkenntnis für sich gesondert zu fragen. Ich sehe im Folgenden jedoch von einer genaueren Differenzierung vor allem der Ebenen der Wahrnehmung, der Erfahrung, des Erkennens und des Wissens ab, wie sie eben im Ansatz an Erlbruchs „A"-Bild genannt worden sind, und konzentriere mich auf die elementarste Form, Wirklichkeit zu erfassen, die *Sprache*. Für unseren Zusammenhang ist diese Konzentration auch deshalb sinnvoll, weil es einerseits zum Thema Sprache eine Reihe von Bilderbüchern gibt und weil zum andern gerade die Verhandlung des vorderhand nicht so sehr für Bilder geeigneten Themas Sprache durch das Medium von Bildern einen besonderen Reiz ausmacht.

Einen ersten Hinweis für den Zusammenhang von Sprache und Bild haben wir bereits im Einführungs-Kapitel durch Erwin Mosers Bildgeschichte von der Schublade erhalten. Wir erinnern uns: Auch Bilder sind symbolisch verdichtete Ansichten von Welt, nicht nur Geschriebenes. Das Eigentümliche von Bildern ist es, dass durch sie, wie unter Bezug auf Cassirer erwähnt, uns eine Ansicht von Welt auf einmal und als Ganzes vorgestellt wird; Buchstaben hingegen repräsentieren ihre Ansicht von Welt in einer diskursiven, also logisch geordneten und durch Begriffe differenzierten Form. Die erste und unmittelbarste Form der Sprache sind mithin Bilder. Aber auch sie stellen nicht schlicht etwas dar, präsentieren nicht einfach Welt, wie sie *ist*, sondern repräsentieren eine Ansicht, eine bereits deutende Erschließung von Welt, und müssen insofern als eine Repräsentation, als eine Lesart von Welt auch gelesen und verstanden werden können.

In Bilder eintauchen und erzählen

Ein herausragendes Beispiel für eine solche bildhafte Entzifferung von Welt, die als Bildentzifferung zugleich in Sprache hineinführt, bieten die verschiedenen Bilderbücher von Helmut Spanner. Ich greife dafür erneut zu der bereits in Kapitel 3 erläuterten kleinen Katze.[2] Auf einer ersten Ebene erzählt dieses Buch vom Leben und Erleben der kleinen Katze, die dem Buch den Titel gegeben hat. Auf den zweiten Blick geht es in diesem Buch um die Ordnung der Welt, in der wir leben, warum also alles eben so ist, wie es ist, wie wir es in Kapitel 3 erläutert haben. Auf einer dritten Ebene aber kippt diese Perspektive, und das Buch konfrontiert uns und alle kleinen Leserinnen und Leser mit unseren Möglichkeiten, uns zu dieser uns als Wirklichkeit vorgestellten Welt auch zu verhalten und eben dies auch zum Ausdruck zu bringen, konfrontiert uns also mit der Sprache.

Der Text des Buchs selbst liefert nur kurze Stationen aus dem Leben des kleinen Kätzchens. Die Bilder aber entfalten

Abb. 4.2

mehr, eine Tiefendimension von Sprache: Bereits die Umschlagseite bietet genügend Anlass für eine komplizierte Auseinandersetzung mit Welt und Leben. *(Abb. 4.2)*

Das Kätzchen macht sich mit seinen Pfötchen an Christines Schuh zu schaffen. Anziehen will es den Schuh doch wohl nicht? Aber warum haben wir Schuhe, die wir an- und ausziehen, während das Kätzchen zwar weiße Pfötchen hat, aber keine Schuhe braucht, um herumzulaufen. Die weißen Pfötchen gehören zum Kätzchen, die Schuhe aber nicht zu mir. Und die Schnürsenkel? Man kann sie aus dem Schuh herausziehen, das Kätzchen tut dies vielleicht gerade, man schnürt sie aber auch zusammen, wenn man den Schuh angezogen hat, damit man nicht mehr herausschlüpfen kann. Oder könnte man auch ohne Schnürsenkel den Schuh anziehen?

Dieses Bild löst auf einer ersten Ebene die Benennung von Wirklichkeit aus, eine erste Dimension von Sprache. Zugleich aber wird das einfache „Was ist das?" oder die schlichte Benennung „Schuh", „Katze", in eine Geschichte, in ein erzählendes Eintauchen in das Bild überführt. Damit bricht dieses Bild, und die folgenden tun es (wie oben

---

2 *Spanner, Helmut*: Ich bin die kleine Katze. Ravensburg: O. Maier 2003.

erläutert) auch, mit der Vorstellung, Sprache sei lediglich ein System, die Wirklichkeit zu benennen, die für sich so sei, wie sie ist, und wir hätten dann nur die Namen herauszufinden und zu lernen, die ihr quasi wie Eigenschaften anhängen. Tatsächlich ist dies eine sehr einseitige, aber auch abstrakte Auffassung von Sprache. Die Auseinandersetzung mit der kleinen Katze führt in eine komplexere und doch sehr viel unmittelbarere Auffassung von Sprache ein: Über *Sprache* wird etwas überhaupt erst *Wirklichkeit* für uns. So lernen Kinder tatsächlich Lesen, nicht durch Buchstaben und Schrift, sondern über die Benennung der Bilder und das erzählende Nachempfinden der Geschichte der kleinen Katze. Das ist der Grund, warum das Buch selber eigentlich keine Geschichte erzählt. Seine Geschichte ist vielmehr das, was wir im Erfassen der Bilder zu Wort bringen.

Dieses Prinzip hält Helmut Spanner durch auch in seinem Kinderlexikon „Erste Bilder – Erste Wörter"[3]: Nur scheinbar sind hier bloß irgendwelche Gegenstände mit den dazugehörigen Namen abgebildet. Wiederum auf den zweiten Blick sind jedoch fast alle Gegenstände nicht für sich feststehende Einzeldinge, sondern provozieren zur Benennung einer Beziehung *(Abb. 4.3)*.

So hat die Holzgiraffe sich den Hals gebrochen und ist repariert worden, der Hampelmann ist gerade an der Schnur nach unten gezogen worden, der Arztkoffer ist leicht geöffnet, als ob ich etwas herausholen sollte, am Glockenspiel ist eine Tonplatte abgefallen, und der Feuerwehrmann auf dem Feuerwehrauto füttert gerade die Giraffe mit

Abb. 4.3

3 *Spanner, Helmut*: Erste Bilder – Erste Wörter. Ravensburg: Ravensburger 1993.

Karotten. Die Namen, die unter den Gegenständen stehen, fangen daher keineswegs den durch sie bezeichneten Gegenstand als solchen ein, sondern sind Abkürzungen, Schlüsselworte aus dem Zusammenhang ganzer Sätze; ihr Sinn ergibt sich eben erst durch ihren Gebrauch: Der Feuerwehrmann ist ein Feuerwehrmann, weil er die Leiter des Feuerwehrautos besteigt und das Feuer löscht oder auch einmal, wie hier, ein großes Tier füttert, und das Telefon ist etwas, mit dem der eine Teddy mit dem anderen telefonieren kann, oder auch etwas, dessen Tasten betätigt werden können, oder auch, dessen Hörer verkehrt herum gehalten wird.

Mit Sprache Ordnung in die Welt bringen

Und so wächst mit Sprache Welt. Welt wird durch Sprache überhaupt erst zu einer Wirklichkeit für uns aufgebaut und kann dann sogar verändert werden. Noch deutlicher wird das in guten Sprachbüchern (schlechte, weil nichtssagende, gibt es auch), so in denen von Nadja Budde. Wie langweilig geht es manchmal in Schulbüchern der ersten Klasse zu, wenn die Buchstaben eingeführt werden! Der Tiger von Nadja Budde[4] hingegen, der auf dem Titelbild des gleichnamigen Bilderbuchs traurig seine Tomaten toastet, macht Lust auf Sprache, weil er mit Worten, Namen, Bezeichnungen, Zeichen, Buchstaben jongliert und so zu einem gebildeten, nämlich spielerischen Verhältnis zu Sprache erzieht: Es sind doch, wenn wir wieder zuerst genau hinschauen und zählen, tatsächlich 26 Tomatenkisten, aus denen der Tiger auf dem Cover seine Tomaten holt, genauso viele Buchstaben gibt es in unserem Alphabet. Und auf dem entsprechenden „T"-Bild im Buch, das dem Umschlagbild entspricht *(Abb. 4.4)*, kommen neben dem Tisch und dem Toaster, die wir bereits kennen, noch eine Tür, die Türklinke, ein Telefon, ein Teller, eine Teetasse, ein Teebeutel, der Tee in der Tasse, der zum Turbo aufgewertete Toaster und natürlich noch das „T" selbst dazu, neun Gegenstände also, weswegen hier vielleicht nurmehr 17 Tomatenkisten, also 9 weniger zu sehen sind. Kluge Kinder, an die sich dieses Buch mit seinem Untertitel richtet, werden dabei gleich ein paar Kategorienfehler entdecken, denn das „T" auf der Seite oben links gehört natürlich nicht zu den Gegenständen auf diesem Bild; gleichwohl ist es mit abgebildet wie auch der Text „Trauriger Tiger toastet Tomaten" und das „T" auf dem Teebeutel und der Schriftzug „Turbo" auf dem Toaster. Buchstaben aber sind keine Gegenstände, sondern nur Bilder für die Bezeichnung von Gegenständen; doch sind das die Bilder von Gegenständen nicht auch? Was ist es für eine eigentümliche Leistung, mit der kleinen Zahl von 26 Buchstaben eine ganze Welt bauen zu können, die sonst nie zwischen die Deckel eines Buchs passen würde! Zählt man im Übrigen alle anderen außer jenem das Thema angebenden „T" abgebildeten „T"s zusammen, kommt man wiederum auf 9, was eine andere Erklärung für die fehlenden Kisten sein mag.

Zu Problemen könnte dann führen, ob das „T" des Teebeutelzettels den Tee des Beutel-Inhalts bezeichnet (der sich ja spricht wie der ausgesprochene Buchstabe „T") oder

---

4 *Budde, Nadja*: Trauriger Tiger toastet Tomaten – Ein ABC. Wuppertal: Hammer 2000.

Abb. 4.4

eine Markenbezeichnung wie wahrscheinlich jenes „Turbo" auf dem Toaster. Nicht alles, was an etwas dransteht, bezeichnet also auch das, was drin ist. Traurig mag diese Einsicht uns wie auch den Tiger vielleicht deswegen stimmen, weil der Umgang mit Sprache sich nicht von selbst ergibt, sondern Arbeit und Mühe in der Ordnung der Buchstaben verlangt. Wer aber einmal diese Ordnung verstanden hat, das mag eine Botschaft dieses Buchs sein, der ist plötzlich in der Lage, mit Sprache nun umgekehrt die Welt zu ordnen und hier und da auch spielerisch umzuordnen.

Ein solch dialektischer Bezug auf Sprache geht nicht ohne Risiko ab. So werden sich getoastete Tomaten für den Bestand des Toaster nicht gut auswirken. Und auch für den Tiger werden Toast-Handlungen eher gefährlich sein, abgesehen davon, dass er wohl auch keine Tomaten essen oder Tee trinken wird. Anregung genug aber, Sprache auch als Möglichkeit des Ausschlusses von Unordnung, als Negation, als Verbot zu verstehen. So lassen sich mit den weiteren, auf dem Bild versteckten „T"s weitere Sätze bilden, um Unsinniges zurückzuweisen, Sinnvolles zu bestätigen. Sprache bildet also Wirklichkeit nicht nur ab, sondern ist Mittel der Auseinandersetzung mit Wirklichkeit. Und auch dazu reicht – wir staunen – die Kombination und die sinnvolle Verwendung von lediglich 26 verschiedenen Buchstaben-Zeichen aus. Ob es aber nun 26 Tomaten sind, die der Tiger auf seinem Bild vorfindet oder vorgefunden hat, bleibt uns leider verschlossen, doch immerhin erfahren wir so viel, dass eine Tomate auch auf jedem anderen Buchstabenbild vorkommt, wenn auch nicht immer ganz leicht zu finden ist. Darüber orientieren die beiden Inneneinbandseiten, auf denen sich jeweils die 26 Buchstabentomaten finden. Sie versucht der Tiger auf dem vorderen Einband in jene etwas eigentümliche traurig machende Ordnung zu bringen, auf dem hinteren zu einem heiteren Jonglierspiel zu (miss)brauchen. Wie die Buchstaben so bilden auch die Tomaten nicht immer klar definierbare Einheiten, können zerschnitten, vermengt, verdreht werden. Und Sprache, das erfassen wir dabei, ist etwas außerordentlich Vielfältiges: Wir sprechen sie, hören sie, schreiben sie, lesen sie, mit ihr wird etwas bezeichnet, sie setzt sich aus einzelnen Worten zusammen, diese Worte wiederum aus Lauten, diese lassen sich als Buchstabenfolgen ausdrücken, und zusammengefügt stellt sich die Frage, wann eine solche Zusammenstellung ein Satz ist, ob es verschiedene Satzformen gibt, was ich wissen muss, um sie zu erkennen, also ihre Bedeutung zu verstehen oder auch ihren Sinn für mich zu realisieren, um sie als Kommunikation mit anderen zu gebrauchen, um eigentümlicherweise auch in Kommunikation mit anderen treten zu können, mit denen ich nicht Auge in Auge rede, sondern deren Texte ich lese usf.

Verhältnisse zur Welt setzen – Sprache und Logik

Bestimmte Bedeutungen von Sprache können durch Bilderbücher besonders hervorgehoben werden. Dazu gehört die Logik, die unseres Denkens, unserer Welt und unserer Sprache. „Logos" ist eines der griechischen Worte für Sprache, aber eben für die Sprache, die differenziert, Verhältnisse setzt, Begriffe findet, ordnet. Und darum ist Sprache nicht nur Logik, sondern Logik hat stets mit Sprache zu tun, wie wir gesehen haben: Erst durch Sprache finden wir ein Verhältnis zu Welt, bauen unsere Welt auf, ordnen sie, bringen sie in Zusammenhänge, eben in einen Logos. So ordnet nicht nur der Tiger seine Tomaten, so finden auch Anton, Alma, Alfred und Arnold auf der „A"-Seite des

Abb. 4.5

gleichen Buchs zu einer Ordnung des Essens (*Abb. 4.5*). Einige Zuordnungen sind dabei offenkundig sonderbar, denn Anchovis wird das Krokodil Alma nicht ohne weiteres finden und dann gar essen wollen; andere Ordnungen stimmen, werden aber beängstigend, denn Arnold hat zwar Appetit auf Ameise, aber dummerweise ist offensichtlich Anton am gleichen Tisch, an dem man gemeinsam speist, eine Ameise. Was nun? Das Spiel mit der Logik der Buchstaben, der Zuordnungen von Bild und Zeichen und der unterschiedlichen Kategorien von Wirklichkeit und auch der Beurteilung solcher Zuordnungen wird so in Nadja Buddes ABC-Buch mitgelernt.

Ein solches Spiel kann sogar in eine Anthropologie münden, in eine Lehre vom Menschsein des Menschen. So gehört zu den in der Philosophie und Biologie immer wieder erörterten Fragen auch die nach dem Unterschied von Mensch und Tier. Und das oberflächlich einfache und lustige Zählbuch von Nadja Budde „Eins-Zwei-Drei-Tier"[5] leistet nicht weniger als eine Auseinandersetzung mit den Voraussetzungen für eine solche Unterscheidung: Erneut ist das Zählen mit „Tier" nur ein witziger Kategorien- oder vielleicht auch nur Sprachfehler durch Verwechslung eines Buchstabens. Und so kommt es, dass aus drei Menschen plötzlich als viertes Glied ein Tier wird *(Abb. 4.6)*.

Das Buch beginnt eigentlich mit vier Namen, Benno, Eddi, Rolf und Wolf. Doch Wolf ist nicht nur der kleine Wolfgang, sondern kann auch ein grimmig dreinschauendes Tier sein, das im Folgenden uns groß, mittel und klein erscheint, vielleicht auch einmal Schwein genannt werden könnte, aber kein Schwein ist. Diese Masche setzt sich fort, das Schwein wird über „glatt - lockig - kraus" zur Maus gereimt, diese zur Katze, es folgen Hund, Ziege, Hase, Eule, Fisch, Biene, Schakal, Pferd, Bär. Und der Bär, das liebste Lieblingstier des Menschen, gehört wieder zu uns, darum mutiert er weiter zu „da – dort – hier – wir". Gar nicht klar ist am Ende gleichwohl, was jetzt warum wem zugeordnet ist, ob uns die Katze näher steht als der Schakal, oder aber wir uns vielmehr als Tier sollen verkleiden können, denn einige per Reim gewonnene Prädikate sind für das jeweilige Tier gar zu unsinnig, nicht aber für eine entsprechende Verkleidung oder eine liebevolle oder auch ironische Tier-Bemerkung zu einem Menschen, „mein Hase",

Abb. 4.6

5 *Budde, Nadja*: EINS – ZWEI – DREI – TIER. Wuppertal: Hammer 1999.

„meine Maus", aber auch „du Schwein" oder „du Ziege". Und so geht es nach dem „wir" weiter: „beim Maulwurf – auf der Eidechse – im Känguru – du" – also ein Abzählreim, ein Spielebuch, oder was? In der Tat verleitet uns nichts anderes als wiederum die Sprache, die einerseits der Orientierung dient, zum Spiel mit Wirklichkeit, ob diese nicht auch ganz anders sein könnte, ja zur Ausschaltung jeglicher Logik. Dann gerinnt Sprache zur Gestaltungsmöglichkeit für den Zeitvertreib, zur nichtlogischen Besinnung auf Zeit. All dies sind Hinweise für unsere Ausgangsthese, dass Sprache einer der zentralen Zugänge zu Welt und Wirklichkeit ist, und dass die Auseinandersetzung mit Sprache wie kein anderes Thema in das Problem der Erschließung von Welt und Wirklichkeit einzuführen vermag.

Sprache als Weltbild

Dass dies durchaus auch unter Einbezug, Unterscheidung und detaillierter Analyse der üblichen erkenntnistheoretischen Ebenen wie Wahrnehmung, Gedächtnis, Erfahrung, Technik, Wissen, Erkenntnis, Einsicht usf. möglich ist, dass auch die reflektierte Arbeit mit Gattungen, Kategorien, Urteilen, Schlüssen ein Gebiet der Erkenntnistheorie ist, genauerhin der philosophischen Logik, ja dass mit dem Thema Sprache ein ganzes System von Welt zum Ausdruck gebracht werden kann, und dass es möglich ist, dem auch eine entsprechende bildhafte Gestalt zu geben, dafür liefert uns einen hervorragenden Beleg jenes Buch, in das wir bereits hineingeschaut haben: Das Neue ABC-Buch in der Neuausführung von Wolf Erlbruch[6] ist ein auf dem Bilderbuchmarkt einzigartiges Beispiel für die Möglichkeit des Philosophierens mit Bilderbüchern, zudem eines der wenigen Bilderbücher, die mehr oder weniger explizit Philosophisches zum Thema machen.

Der Aufklärungs-Schriftsteller Karl Philipp Moritz hat es 1790 verfasst. Kunstvoll aufgebaut ist es aus 26 Abschnitten, Bilder genannt. Jeder Abschnitt trägt eine kurze Überschrift mit einem oder zwei Begriffen, die das Thema angeben; ihnen zugeordnet sind 26 Abbildungen, die durch einen Text erläutert und auf ihre erzieherische Botschaft hin ausgelegt werden. Die Abschnitte sind geordnet einerseits durch eine systematische Abfolge der Themen, andererseits durch die 25 Buchstaben des Alphabets („i" und „j" gelten als ein Buchstabe) mit einem zusätzlichen Schluss-Bild. Diese Buchstaben tauchen in einem zusätzlichen, dem jeweiligen Abschnitt thematisch entsprechenden Vers auf, einem vierfüßigen Jambus. Alle Verse zusammen sind in Reimordnung nacheinander lesbar. In den ursprünglichen Drucken von 1790 und 1794 waren die Abbildungen mit den Buchstaben und Versen getrennt abgedruckt von den erläuternden Prosatexten. Erst Wolf Erlbruch hat aus dem Ganzen ein wirkliches Bilder-Buch gemacht, das auf jeweils einer Doppelseite alle Texte, das Thema, die Erläuterungen, den Vers und die von Erlbruch neu gestalteten Buchstaben und Abbildungen vereint. Mit dieser Gestaltung gewinnt aber zugleich die innere Logik der Einzelbilder wie auch die Abfolge der einzelnen Bilder und Buchstaben an Konsistenz.

6 *Moritz, Karl Philipp/Erlbruch, Wolf*: Neues ABC-Buch. München: Kunstmann 2000.

Was die Abfolge der Buchstaben unseres Alphabets angeht, so gehorcht sie wohl keiner logischen Ordnung. Doch Moritz deutet eine solche Systematik in die Buchstabenwelt hinein, indem er uns ihre Abfolge als Folie für eine systematische, d. i. in sich geordnete Lehre vom Menschsein vorexerziert, eine Anthropologie: Das System entwickelt sich von den sinnlichen Wahrnehmungen, der optischen übers Auge (A, B), der akustischen übers Ohr (C), der olfaktorischen über die Nase (D), der gustativen über den Mund (E), der haptischen über Hände und Körpergefühl (F), zum Geist, der im Menschen denke (G) und seinen Körper lenke (H). Von dort wird der Unterschied zum Tier bestimmt, welches der Mensch zunächst jagt (J), dann zum Nutztier zähmt (K, L, M), wodurch er zwar Naturwesen bleibt (N), die Natur durch Kultur jedoch zugleich bezwingen kann (O). Daraus entsteht Eigentum wie auch soziale Differenz (P), aber auch Genussfähigkeit (Q). Die Natur kann durch Technik beherrscht werden (R), selbst das eigene Innenleben ist Gegenstand von Untersuchung, Analyse und Therapie (S). Im Eingedenken des eigenen Todes (T) vermag der Mensch sogar Zeit zu gestalten (U, V), doch nicht zu beherrschen. Ausgesetzt bleibt er den Naturgewalten (V), dem Ablauf der Geschichte (X), der Ungleichheit (Y) und der Vergänglichkeit (Z). Und doch vermag er in diesen Zusammenhängen ein würdevolles, weil stets lernendes Leben zu führen.

So das in eine Geschichtsphilosophie mündende Panorama des Buchs. Die Pointe dieser Idee ist es, sie durch Buchstaben zu vermitteln. Tauchen sie in den Texten doch eher zufällig auf und selten für das jeweilige Thema besonders sinnfällige Worte bezeichnend, macht Wolf Erlbruch den Versuch, die Zeichen der Buchstaben sinnfällig mit ins Bild einzubinden und so aus ihrer Form heraus einen Beitrag zum bildhaft wahrnehmbaren Sinn der Bilder zu entwerfen. Warum also, so könnte man fragen, heißen Räder Räder? Erlbruchs Bild-Antwort könnte als Gegenfrage lauten: Wie machen denn Räder? Und schon hören wir das knarrende Geräusch der abgebildeten Zahnräder, sodass ganz klar ist, dass darunter „Rr" steht. Ähnliches ließe sich herausfinden für das „F" *(Abb. 4.7)*: Gewiss kann auch das im Text gemeinte Feuer dieses „fff"-Geräusch erzeugen, in Lu„f"t findet sich das „f" ebenfalls wieder, und wir können Luft sogar hören, wenn wir nachahmen, was das Kind im Bild uns vormacht: „Die Luft kann ich fühlen, wenn ich die Hand in der Luft hin und her bewege", so Moritz. Erlbruch zeichnet diese Bewegung nicht nur nach, sondern setzt in sie lautmalerisch jenes zu suchende „f" ein. Nicht immer ist eine solche direkte Verbindung möglich, doch selbst dann gelingt es Erlbruch zuweilen, verblüffende Zusammenhänge herzustellen; so werden wir beim 19. Bild schnell auf die Frage gestoßen, warum wohl das Kreuz als Todessymbol in der Tat so aussieht wie ein „t". Dass auf vielen Bildern über den jeweils gemeinten Begriff hinaus viele Dinge und Verhältnisse abgebildet sind, zu deren Benennung wir den jeweilig thematischen Buchstaben benötigen, braucht kaum erläutert zu werden. Mit diesem Buch also wird sinnliche Lust auf Sprache gemacht, auf Sprache als Modus zur Erkenntnis und zur Interpretation von Welt.

Welches Panorama sich in einem einzelnen Bild auftut, vorausgesetzt, wir schauen genau hin, habe ich bereits am ersten Buchstabenbild eingangs dieses Kapitels deutlich gemacht: Nicht nur der Vers „Das offne Auge sieht ins Buch", gewinnt durch Erlbruchs Bild-Gestaltung, selbst der Prosasatz von Moritz wird von Erlbruch nicht nur

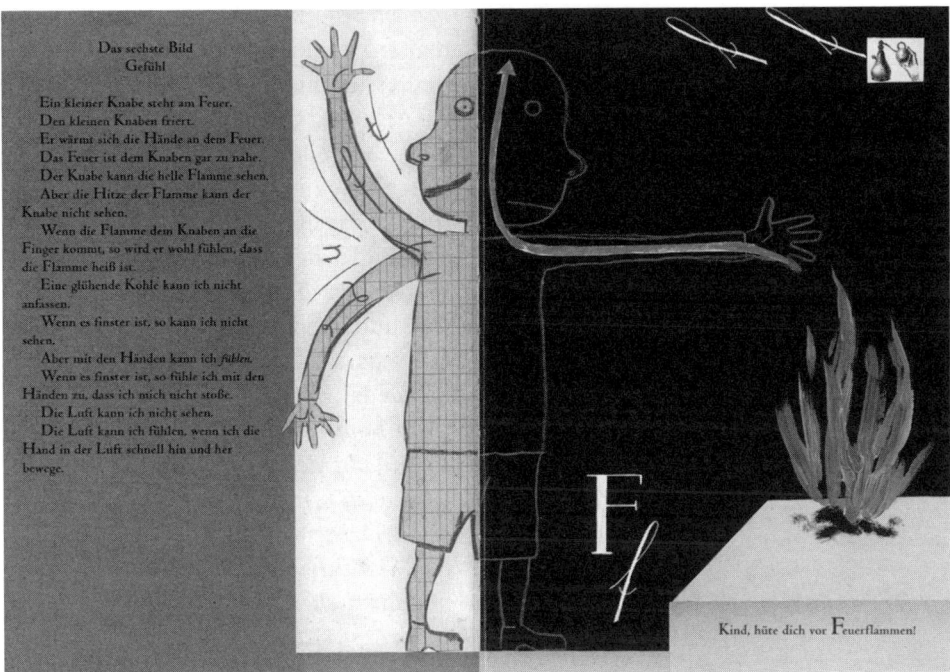

Abb. 4.7

illustriert, sondern auch gedeutet: „Erstes Bild: Gesicht. In diesem Buche stehen Bilder und Buchstaben. Das erste Bild stellt das Auge vor, womit ich Bilder sehe." Bilder also deuten Welt, wie Sprache es auch tut. Das ist ihre wichtigste Funktion. Und diese Einsicht zu vermitteln, gelingt dem Buchgestalter Erlbruch nicht durch schlichte Wiedergabe der Sätze von Karl Philipp Moritz oder den Versuch ihrer „wortwörtlichen" Umsetzung ins Bildhafte, also über eine schlichte Illustration. Vielmehr wird diese Botschaft als eine bildlich erfahrbare Botschaft aufbereitet, die wir erfassen können, wenn wir, wie oben erläutert, einen genauen Blick auf das Bild und in das Bild hinein nehmen. Dass Sprache unser Verhältnis zu Welt so sehr prägt, dass man sie uns gleichsam ansieht, deutet Erlbruch durch das zweite und das letzte Bild an: Die Augen, über die vor allem wir ein Buch wahrnehmen, weil wir seine Buchstaben lesen und so seine Welt sehen können, diese Augen sind unser A bis Z zur Welt als A bis Z: Das erste Auge ist als „A", das letzte als „Z" gezeichnet.

Grenzen sprachlicher Welterschließung

Diese nicht nur logisch-kognitive, sondern an den unmittelbaren sinnlichen Eindruck zurückverweisende Funktion von Sprache wird vielleicht noch sinnlicher, wenngleich eher metaphorisch ins Bild gesetzt von François Place.[7] Zumindest zur Hälfte, auf jeder

7 *Place, François*: Die letzten Riesen. München: Bertelsmann 1995 (Tournai: Casterman 1992).

Abb. 4.8

rechten Seite, ist auch dieser Erzähltext von den letzten Riesen ein Bilderbuch. Uns interessiert hier das Bild S. 47 *(Abb. 4.8):* Als Archibald Leopold Ruthmore nach vielen Abenteuern in der Mitte dieser Geschichte zu den Riesen gelangt ist, entdeckt er das an ihnen, was auch wir auf diesem Bild sehen, ohne den Text lesen zu müssen, was Place aber in eine so poetische und in sich wieder bildhafte Sprache fasst, dass sie als Originalkommentar neben das Bild gestellt werden soll:

„Von Kopf bis Fuß, inclusive Zunge und Zähne, überdeckte ihre Haut ein ungeheuerliches, außerordentlich komplexes Gewirr aus Umrissen, Kreisen, Flechtdekorationen, Spiralen und Strichellinien. In diesem phantastischen Labyrinth konnte man, wenn man sich lange genug hineinvertiefte, verschiedene Bilder ausmachen: Bäume, Pflanzen, Tiere, Blumen, Flüsse, Meere – ein wahrhaftiger Gesang der Erde, deren aufgemalte Partitur der Musik ihrer nächtlichen Anrufungen entsprach. Unvorstellbar, dass ich nur noch zwei Hefte besaß, um dies alles aufzuzeichnen [...].

Sie selbst amüsierten sich enorm, wenn sie mir bei der Arbeit zusahen, [...] wodurch ich alsbald erkannte, dass keiner von ihnen zu zeichnen vermochte. Woher aber stammten dann diese Gravuren, die sie von den Fußsohlen bis zur Schädeldecke schmückten? Unter den Bildern, die den breiten Rücken des Riesen Antala zierten, hatte ich eines Tages auf dem größten neun menschliche Umrisse entdeckt, die ich für eine Darstellung ihres Volkes hielt. Plötzlich tauchte zwischen diesen Umrissen eine zehnte Gestalt auf, zunächst undeutlich, dann immer deutlicher erkennbar; sie war kleiner als die übrigen und trug einen Zylinder. Überhaupt schien ihre Haut auf die kleinsten Veränderungen der Atmosphäre zu reagieren [...]. Endlich verstand ich, warum sie mich bisweilen so mitleidig ansahen. Mehr noch als meine Körpergröße war es meine stumme Haut, die sie bekümmerte: Ich war ein Mensch ohne Worte."

Mit dem letzten Satz ist zugleich ein letzter Reflex auf Sprache zum Ausdruck gebracht, in Sprache wie auch ins Bild gesetzt: Durch die Sprache vermögen wir zwar ein Verhältnis zu Welt aufzubauen, so sehr, dass uns anders als durch Sprache ein solches Verhältnis gar nicht möglich ist, und so sehr weiterhin, dass wir mittels unserer Sprache Welt auch gestalten und verändern können. Doch umgekehrt sind uns durch unsere Sprachlichkeit zugleich unüberbrückbare Grenzen der Erfassung der Welt, wie sie an sich ist, gesetzt. Anders als jene Riesen bei François Place sind wir nämlich keineswegs eins mit dem Seienden, sodass wir mit der höchsten Erkenntnis des Seienden, nämlich der Erkenntnis des Seins des Seienden auch selber uns mit dem Sein vereinigen würden. Dahin zu gelangen, das hatte noch Parmenides als Grund allen Philosophierens angesehen. Heutige Philosophen sind bescheidener geworden, bereits Sokrates und Platon waren es. Denn durch unsere Sprachlichkeit und durch die Möglichkeit, nicht nur zu leben, sondern Leben auch erfassen zu können, nicht nur Welt zu sein, sondern Welt auch erkennen zu können, ist immer schon eine unüberbrückbare Differenz zwischen Sein und Erkenntnis gesetzt: An das Sein selbst reichen wir mit Erkenntnis nie heran, obwohl alle Erkenntnis nie anders möglich sein dürfte als eben durch das Sein. Durch Erkenntnis aber wird nicht nur eine Annäherung an das Sein geleistet, sondern stets auch eine Unterscheidung zum Sein gesetzt, die nicht das Sein selbst ist, sondern „bloß" sein Erfasstwerden. Nur scheinbar gibt uns die Sprache als wichtigstes Mittel von Erkenntnis die Macht über das Sein, in Wirklichkeit sind wir mit dieser Möglichkeit, glauben wir alten Mythen oder auch François Place, aus dem Paradies vertrieben worden, sodass die Entdeckung der Unterscheidung durch die Sprache auch eine ewige Trennung gezeitigt hat. Dieser Begrenztheit unserer Erkenntnis und Sprache müssen wir uns deshalb auch bewusst sein, so die Botschaft von Place und auch die von Erlbruch und Moritz, wenn wir die Welt nicht zerstören wollen. Und das tun wir, wenn wir tiefste Erkenntnis, Einsicht mit funktionaler Beschreibung, technischer Kenntnis und Wissenschaft verwechseln. Davor rettet uns nur die Sprache und ihr bewusster Gebrauch, zu dem bereits Kinder, und sei es über Bilder, angeleitet werden können und müssen.

5 „Im Körper ist es dunkel, und oben schaut man aus ihm heraus."

Die Frage nach dem Ich

Das Ich in meinem „Ich"- und „Mein"-Sagen

IM KÖRPER IST ES DUNKEL, UND OBEN SCHAUT MAN AUS IHM HERAUS.

Abb. 5.1

Was ist das für ein eigenartiges Bild?[1] Auf einer realistischen Ebene kommen wir damit nicht zurecht. Gut, es könnte sich jemand verkleidet haben, mit einer Art Haus-Anzug, in der Mitte aus Sack mit einem Beinkleid und vorn verstärkt mit Pappe, in die ein Fenster geschnitten ist, aus dem man dann herausschauen kann. Doch was ist das für ein Körper hinter der Verkleidung? Zumindest die Arme wollen in den Proportionen nicht recht zum Gesicht passen. Aber einmal angenommen, sie passten, dann bliebe das doch eine höchst eigentümliche Verkleidung, die wohl eher auf etwas anderes hinweist oder etwas anderes ins Bild zu setzen versucht, als bloß eine lustige Verkleidung zu illustrieren. Also schauen wir genauer hin: Und so sehen wir vorn an diesem

---

1 *Berner, Rotraut Susanne*: im Körper ist es dunkel... In: *Schubiger, Jürg*: Mutter, Vater, ich und sie. Erzählung. Bilder v. *Rotraut Susanne Berner*. Weinheim: Beltz & Gelberg 1997. S. 39.

Haus ein rotes Herz. Aber ist es wirklich vorn draufgemalt? Sein Rot greift so komisch über seine Grenzen hinaus, als ob da etwas gezeichnet wäre, was wir eigentlich gar nicht sehen können. Und es ist doch wirklich so: Wenn wir unser Herz fühlen und seinen Schlag spüren, greifen wir uns, wie wir sagen, ans Herz, aber das Herz selbst spüren wir dabei natürlich nicht, sondern nur die Wellen, die der Herzschlag bis an die Haut auf unserer Brust auslöst. Und wenn wir dies dann spüren, werden wir wohl unwillkürlich nicht das Gefühl haben, da ist irgendein Gegenstand in meinem Körper, der pocht, sondern wir finden gleich, ich selbst bin das, was ich damit als etwas Lebendiges erspüre. So unmittelbar ist dieses Gefühl, so sonderbar; denn es ist eher beunruhigend, vom Herz zu erfahren, es sei ein Organ in unserem Körper, etwas, was vielleicht sogar einmal ausgetauscht werden könnte und insofern gar nicht so direkt zu uns gehört, also etwas anderes wäre als wir selbst. Dass das Herz in diesem vagen, nicht klar fassbaren Sinngehalt daher „unscharf" gezeichnet ist, leuchtet ein.

Für das Ohr ist das unkomplizierter, denn das Ohr spüren und sehen wir ja auch im Spiegel, wie es quasi an unserem Körper als etwas Besonderes hängt. Wir können es zuhalten, es kann wehtun, rot und heiß werden, wir können daran ziehen, und vielleicht wissen wir auch, dass es wie ein Trichter aufgebaut ist mit einer Art Kanal, den wir zuweilen auch säubern müssen, wenn auch vorsichtig. Das also scheint ganz richtig gezeichnet. Und doch gilt auch für das Ohr: Wir sagen unmittelbar nicht, mein Ohr habe etwas gehört, sondern *ich* höre etwas, und sogar wenn wir versuchen genau hinzuhören und unsere Ohren spitzen, werden wir doch nicht sagen, unsere Ohren hören zu oder hin, es ist vielmehr ganz *unser* Hören und nicht das Hören des Ohrs, das wir dann hören. Ähnlich verfahren wir mit unseren Gliedmaßen: Meine Arme kann ich bewegen, mit ihnen einiges anstellen und sie formen, als würde ich irgendwelche gelenkigen Stangen halten; und doch weiß ich immer, es sind *meine* Arme, die ich bewege, ja eigentlich bewege *ich* mich mit meinen Armen, wie ich auch mit meinen Händen greife, sie vor die Augen halten kann oder mir, wie im Bild, mit ihnen etwas vor die Augen schieben kann. Stets bin ich selbst es, die oder der handelt, nicht meine Hand unabhängig von mir. Unvorstellbar ist somit das selten aufkommende krankhafte Fehlen eines solchen körperlichen Selbstgefühls, sodass ich das Gefühl hätte, dieser Arm neben mir sei gar nicht mein Arm; nur zuweilen, wenn mir der Arm eingeschlafen ist, erahne ich das Unheimliche eines solch fehlenden Gefühls. Aber eben ein solches Spiel scheint uns die Zeichnung vor Augen zu führen; also stimmen die Proportionen doch, denn unter dieser Voraussetzung sind unsere Arme plötzlich ganz weit weg von uns selbst.

Und das Gehirn? Das sehen wir nicht nur nicht, sondern spüren es auch nicht, auch wenn wir manchmal Kopfschmerzen haben, und doch wird uns gesagt, dort komme alles zusammen, unser Sehen, unser Hören, aber auch unser Fühlen, sogar unser Gefühl und unser Denken. Befindet sich dann dort das, was wir unser Ich nennen? Auch das ist eine letztlich unvorstellbare Vorstellung, zumindest eine sehr künstliche und theoretische. Darum wohl schaut auch das Kind auf dem Bild gar nicht auf das ins Dach des Körper-Hauses eingemalte Gehirn, kann dort auch gar nicht hinschauen. Aber in sich hinein schauen tut es doch, wenn auch mit eher geschlossenen, zumindest nach unten gerichteten Augen. So wie wenn wir den Versuch machen können, einmal quasi innerlich in uns hineinzuschauen und uns dann im Innern vorzustellen oder uns unser Inneres vorzustellen. Wir wissen, dass Menschen durch solche Übungen, psychische Übungen, ein sehr genaues Gefühl für ihr Inneres bekommen können, Organe erspüren können, den Atem und den Herzschlag ohnehin, aber vielleicht auch den Blutfluss und möglicherweise auch mentale Ereignisse.

Nie werden wir deshalb aber ohne Probleme in den Zustand geraten, als sei unser Körper oder als seien Teile unseres Körpers etwas anderes als wir selbst. Und daran geht uns nicht nur die Schwierigkeit auf, einzelne Körperteile als etwas Gesondertes, von uns Unabhängiges zu erfahren, sondern auch das umgekehrte Problem, das Ich als etwas von unserem Körper Loslösbares oder gar Losgelöstes zu begreifen. Was meint das überhaupt, wenn wir von uns, unserem „Ich" reden, das wir in allem Reden und Fühlen und Handeln fast selbstverständlich voraussetzen, das wir als ein Etwas zu beschreiben gleichwohl nicht in der Lage sind, denn ganz unmittelbar ist es mit einzelnen Körperteilen, auch mit unserem gesamten Körper nicht identisch, aber auch nichts davon Getrenntes.

Weitere Spekulationen darüber würden Erwachsene eher ins Surreale einordnen, möglicherweise geben sie Auskunft über eine psychische Störung, denn zuweilen mag es ja vorkommen, dass Menschen nicht mehr wissen, dass ihr Ohr *ihr* Ohr ist und nicht nur an ihren Körper angeheftet ist, ja dass Menschen nicht mehr wissen, dass sie sie *selbst* sind. Und doch ist eine solche Frage etwas ganz Natürliches. Denn viele Erwachsene werden sich auch an eine Situation ihrer früheren Kindheit erinnern, als ihnen intuitiv und manchmal mit einem Schock verbunden klar wurde, was sie vorher nicht wussten, dass sie nämlich sie selbst sind. Und in diesem Zusammenhang mag Kinder auch der Schrecken ereilen, plötzlich etwas in der Brust schlagen zu fühlen und dann erfahren zu müssen, dass es das eigene Herz ist, oder umgekehrt auf einmal vor der Frage zu stehen, was denn das ist, was da durch meine Augen schaut, die ich im Spiegel erblickt habe, und dann macht sich ein Kind vielleicht ein ähnliches Bild, so als würde es selbst im eigenen Körper drinstecken und oben aus ihm herausschauen. Also ein Bild von einer ganz realen, wenn auch seltenen, dafür umso elementareren Erfahrung.

Das Bild von Rotraut Susanne Berner ist keinem Bilderbuch im engeren Sinn entnommen; man kann sogar darüber streiten, ob es sich um ein Kinderbuch handelt. Und doch bringt sie hier eine kindliche Vorstellungswelt ins Bild, die ihre Vorlage hat in der Hauptperson von Jürg Schubigers Buch „Mutter, Vater, ich und sie"; und dieser „Ich" setzt sich an der Stelle, zu der dieses Bild passt, gerade mit der schwer leberkranken Großmutter auseinander und fragt sich: „Was weiß sie von dem, was in ihr passiert? Sie sieht es ja nicht und sie spürt es auch kaum. Aber es passiert in ihrer nächsten Nähe." Und dann folgt das Reflexionsbild: „Im Körper ist es dunkel, und oben schaut man aus ihm heraus."

Aspekte des Ich-Seins

Was in der kleinen Szene aus Schubigers kindlichen Reflexionen angesprochen wird –
für dieses Thema ist es schwer, ein ganzes Bilderbuch zu finden, nicht nur aufgrund
der Schwierigkeit und Komplexität des Problems, sondern auch, weil dieses Problem
sich darstellen lässt nur in einer recht umfangreichen Differenzierung der Verhältnisse, nach denen eigentlich gefragt wird. Das Bild von Rotraut Susanne Berner ist eines
der ganz wenigen, vielleicht gar das einzige, das so viele Aspekte der komplexen Frage
nach dem Ich aufwirft:

- So wird zunächst die Fragen nach dem *Person*sein gestellt, also danach, was mich
  unverwechselbar zu dem macht, der oder die ich bin, was hinter der Maske (griech.:
  prosopon, lat.: persona) steckt, denn eben dies wird mit der Verkleidung für das
  Kind ja zum Problem.
- Das Bild wirft sodann die Frage nach dem *Selbst* auf, indem wir als Betrachter notwendig auf das Problem gestoßen werden, wer denn jenes „man" ist, das aus dem
  Körper herausschaut; der Körper oder auch bestimmte Körperteile sind es wohl
  nicht, aber auch das Herz (im metaphorischen Sinn) und das Gesicht, das aus der
  Hülle herausschaut, sind nur äußere Hinweise auf jenes Selbst, das Grundlage für
  jenen Menschen darstellt.
- Ebenso können wir mit dem Bild nach dem *Subjekt* fragen, also der Steuerungsin-
  stanz für unser Ich; ähnlich wie beim Selbst können wir es weder mit dem Gehirn
  noch mit dem gemalten Herzen noch mit dem Gesicht identifizieren und wahrscheinlich gar nicht sagen, das da ist das Subjekt, obwohl es so etwas wie eine für
  all unser Tun, Handeln, Fühlen, Denken verantwortliche Instanz geben muss; die
  Antwort der Kognitionsforschung, es seien Gehirnstrukturen, befriedigt nur technisch, die Antwort der Philosophie, das sei der Geist, rettet sich mit einem Begriff,
  dem ein klarer Bezugsgegenstand fehlt und dessen Sinn erst erläutert werden muss.
- Jedenfalls indirekt sehen wir in dem Bild das Problem, dass es einen augenblicklichen Zustand festhält, dem aber andere Zustände vorausgehen und dem andere
  Veränderungen aufgrund eines unsichtbar inneren Prozesses folgen werden – das
  Problem der *Identität.*
- Und schließlich drängt sich die Frage nach uns als *Individuen* auf: Was eigentlich
  gehört zu mir wesentlich dazu, was ist eher nur zufällig beigefügt, worauf könnte
  ich verzichten? Diese Problematik wollen wir als erste ein wenig genauer erläutern:

Ich gehöre zusammen – Individualität

Gehört dies alles, was wir sehen, zusammen, das Herz, die Arme, die Füße, das Ohr,
das Gehirn, der Kopf, das Körperhaus, das Fenster zur Welt? Oder was davon haben
wir quasi nur angeheftet, angezogen, könnten es aber auch entbehren, ohne uns selbst
zu verlieren? Wie steht es vor allem um das Verhältnis zu unserem Körper? Gewiss, ohne
Körper könnten wir nicht sein, aber gehört alles an unserem Körper wesentlich dazu?

Die Haare etwa sicher nicht in gleichem Maße wie die Arme, und die Füße wiederum nicht in gleichem Maße wie der Kopf. Aber wann erleiden wir nur einen vielleicht schmerzhaften, vielleicht auch notwendigen Verlust, und wann würden wir unsere *Individualität* verlieren? Ich selbst habe ein Kindheitserlebnis im Gedächtnis, das in seiner Komik verdeutlicht, dass diese Frage keineswegs so klar zu beantworten ist: Eines Tages merkte ich, wie sich zunehmend einer meiner Schneidezähne lockerte und schließlich auszufallen drohte; ich schloss mich ins Badezimmer ein, schaute in den Spiegel, fühlte ganz vorsichtig an dem lockeren Zahn, sah schon ein wenig Blut und kam so unmittelbar zu der Einsicht, das müsse das Ende sein oder der Anfang vom Ende, dem ich nun durch zunehmenden Zerfall sicher entgegensehen müsse; nur das intensive Nachfragen der Mutter an der Badezimmertür und die langsam Vertrauen erweckende Versicherung, dass jedem Menschen die ersten Zähne ausfallen und wir gleich nachschauen könnten auf den sicher schon zu fühlenden, neu nachwachsenden Zahn, nur diese Zusicherungen retteten mich allmählich vor dem Gefühl des Verlusts meiner selbst, das mir durch Infragestellung meiner Individualität zum Problem wurde.

Komisch ist diese Situation, weil ernst und lächerlich zugleich: Lächerlich erscheint sie, weil etwas, so sagen wir, ganz Natürliches als nicht natürlich erfahren wird, und ernst ist sie, weil gerade diese selbstverständliche Unterstellung des Natürlichen durch die unmittelbare Erfahrung infrage gestellt wird. Nach Aristoteles geben uns zwei Verhältnisse Anlass zu lachen; entweder wird das Lachen ausgelöst in Konfrontation mit Fragen, die zu lösen wir prinzipiell nicht in der Lage sind, also durch die Einsicht in die Begrenztheit unserer Möglichkeiten, deren Horizont wir durch die Fragen gleichwohl sprengen, dies die göttliche Komödie; oder das Lachen wird ausgelöst durch offenkundig unangemessene Vorschläge, auf Herausforderungen, die unangemessen sind nicht aufgrund von Inkompetenz, sondern zufälliger Nichtkommunikation oder eines Missverständnisses – die menschliche Komödie. Eine dritte Sorte von Lachanlässen gehört eigentlich nicht in die Kategorie des Witzes, sondern ist als Häme, Lächerlichmachen oder gar Verunglimpfung einzuordnen, über die zu lachen nur die psychologisch verständliche Ersatzreaktion ist, sich auf den Ernst nicht einlassen zu müssen.

Wie die skizzierte eigene Erinnerung gehört auch der jüdische Witz meist in die erste Kategorie. Viele Geschichten kreisen um das Verhältnis zu sich selbst. So zum Beispiel die von zwei Gelehrten, die sich vor dem Bethaus treffen und sich gegenseitig ihr Leid klagen, bis der eine seinen ganzen Jammer in die Worte zusammenfasst: Ich habe Kopfschmerzen, mein Bauch drückt mich, die Füße sind geschwollen, und vor allem ich selbst fühle mich nicht wohl. Damit rücken wir dem philosophischen Problem näher, an das wir uns über Rotraut Susanne Berners Bild bisher nur herangetastet haben. In der Tat bleibt uns wohl nur die Verzweiflung, die Verdrängung oder aber das Schmunzeln, wenn wir den Versuch machen wollen, das bezeichnen zu wollen, was wir als unser Selbst, als unser Ich, als unsere Individualität voraussetzen, bereits wenn wir in unseren sprachlichen Äußerungen „ich" sagen.

Es gibt ein Mädchen in einem Bilderbuch, das etwas ganz ähnliches erlebt[2]: Dodo nämlich liegt im Bett. *„Sie schläft nicht mehr, aber wach ist sie auch nicht. Dodo weiß*

---

2 *Johansen, Hanna/Berner, Rotraut Susanne:* Bist du schon wach? München: Hanser 1998.

nicht, ob es draußen hell oder dunkel ist. Sie weiß nicht, dass sie im Bett liegt. Sie weiß auch nicht, dass sie wach ist. Sie weiß nicht einmal, dass sie Dodo ist. Und sie weiß erst recht nicht, dass sie nicht weiß, dass sie Dodo ist." Doch das ist eine komplexe und auch komplizierte Situation, eine, deren Formulierung bereits voraussetzt, wonach wir zuerst einmal suchen, jenes Bewusstsein von sich selbst als Selbst. Darum sei dieses Buch hier nur kurz erwähnt. Und wir begeben uns auf die Suche nach etwas konkreter Fassbarem.

Ich weiß, wer ich bin – Selbstsein

Für Kinder äußert sich die Schwierigkeit, sich als sich selbst zu wissen, anfangs auch darin, dass sie sich noch nicht mit dem eigenen Namen bezeichnen und identifizieren können. Hier fehlt eine andere Ebene des Ich-Seins: Zwar wird das Gefühl von Individualität bereits da sein, denn zumindest unbewusst bildet sich recht bald innerhalb des ersten Lebensjahres die Vorstellung, etwas gegenüber der Lebenswelt Gesondertes zu sein. Doch damit ist noch nicht gleich die Vorstellung von sich als *Selbst* verbunden. Das Selbstsein, dass ich Ich bin, muss erst erworben werden. Und dann hat man eben auch noch keinen Namen, sondern heißt so, wie es sich aus gerade akuten Lebenssituationen ergibt. Und in denen sind entsprechend auch die Gegenstände und auch die Lebewesen, selbst die anderen Menschen nicht uns gegenüber eigenständige Personen, sondern nur „Dasda" oder „Duda".

In eben dieser Lage befindet sich auch das Kaninchen „He Duda"; auch *„He Duda wusste nicht, was er war"*[3], wohl weil er nicht einmal wusste, wer er ist, dass er er selbst ist (*Abb. 5.2*). Axel Scheffler bringt diese Frage ins Bild, zunächst ihre Form, lustig-karikierend, He Duda in fragender und doch sich des Fragens nicht bewusster, also fragloser Haltung, den Mund zusammengepresst, den rechten Zeigefinger an die Lippen gelegt, das linke Ohr leicht zur Seite fallend. Noch deutlicher freilich wird auch der Inhalt dieser Frage ins Bild gesetzt, und zwar durch die innere Umschlagsseite (*Abb. 5.3*).

Wir sehen eine Wiese, kleine Blümchen, einige sind besetzt von Käferchen, alle mit lustiger Knubbelnase, einige Käferchen fliegen auch umher, ebenso wie die gepunkteten Schmetterlinge, auch ein Vogel fliegt, ein anderer hat gerade einen Wurm aus der Erde gepickt und im Schnabel; eine Schnecke schlurft unten durch die Wiese; und wir sehen aufgeworfene Erde in der Mitte und auch drei

Abb. 5.2

---

3 *Blake, Jon/Scheffler, Axel*: He Duda. Weinheim: Beltz & Gelberg 1992.

Abb. 5.3

Erdlöcher; aus einem schaut eine Maus heraus, in eines hüpft ein Kaninchen hinein, aus dem anderen taucht gerade eines auf, es ist He Duda. Doch ist er es wirklich, oder ist er es nicht? Woran sehen wir, dass dies ein Tier ist und nicht eine Blume oder ein Grashalm, die auf der Wiese wachsen? Woran erkennen wir: Das ist ein Kaninchen, wie auch das andere, das in die Erde taucht, und nicht eine Maus? Woher wissen wir, dass es ein ganzes Kaninchen ist, obwohl wir es nur halb sehen, ebenso wie das andere Kaninchen, von dem wir nur das Hinterteil sehen? Woher erkennen wir es als Kaninchen, obwohl es nur ein Bild eines Kaninchens ist? Und vor allem: Warum werden wir gleich sagen: Jawohl, das Kaninchen links, das ist He Duda?

He Duda muss genau das erst lernen, was wir gerade in Frage gestellt haben, alltäglich aber immer schon voraussetzen, wenn wir etwas als etwas bezeichnen (vgl. oben Kapitel 3). Er muss es lernen, indem er erfährt, dass er kein Affe oder kein Stachelschwein ist, denn Affe, Koala-Bär und Stachelschwein ..., ja was? Wir Betrachter sind herausgefordert, das auszusprechen und zu beschreiben, warum He Duda kein Affe ist: ... sieht anders aus, nämlich ..., spricht sich anders aus, nämlich ..., schreibt sich anders, nämlich... He Duda lernt weiter, dass er nicht in einer Höhle wohnt wie Fledermäuse oder im Spinnennetz wie die Spinne, dass er nicht Fisch isst oder Würmer wie andere Tiere, dass seine Füße kein Mäusesitz sind oder ein Regenschutz oder Hilfen zum Wasserskifahren. (*Abb. 5.4*) Und warum nicht? Erneut liefern die Bilder den Anstoß, illustrieren nicht nur Irritationen und komische Verdrehungen, sondern sprechen auch Gründe aus, warum etwas so ist und nicht anders, bringen uns aber vor allem weiter auf die Spur zu sagen, warum ich eigentlich ich bin und nicht irgendetwas anderes: Aufgrund meiner Eigenschaften, meiner Anlagen, meiner Fähigkeiten ...?

Und weil He Duda so dumm ist, dass er all dies nicht beantworten kann (doch im Gespräch werden wir merken, dass wir so viel schlauer auch nicht sind), so erkennt er auch Lange Luda nicht als das was es ist, ein Kaninchen fressendes Wiesel. Treuherzig verwickelt He Duda das Wiesel vielmehr in ein Gespräch über Ele-

Abb. 5.4

fanten, Dammbauten, Hundehütten, Kohl-, Obst-, und auch Kaninchen-Essen, und das alles auf einem Baum sitzend. Denn er weiß ja nicht, dass er Kaninchen ist. Das merkt er erst, als er als Kaninchen angesprochen und angegriffen wird, vielmehr er scheint es zu merken. Denn faktisch passiert etwas anderes: Die langen Füße von He Duda bringen ganz intuitiv, ja unwillentlich das Wiesel zur Strecke, und so weiß He Duda wohl noch nicht, dass es ein Kaninchen ist, aber plötzlich erfährt es den Sinn seiner langen Füße. Das Plötzliche und Intuitive dieser Einsicht seiner selbst kann man eigentlich nicht ins Bild bringen. Axel Scheffler versucht es trotzdem, denn das große Bild, auf dem Lange Luda mit einem Riesensatz über die ganze Seite auf He Duda zustürzt (*Abb. 5.5*) evoziert unmittelbar Reaktionen, die bereits in der Dynamik des Bilds aufgebaut werden: Tu doch was, spring ihr entgegen, hau sie weg! Und das tut He Duda denn auch und wird so plötzlich ein Held. Doch das versteht He Duda ja nicht, hatte es doch gerade gelernt, es sei ein Kaninchen.

Komisch ist dieses Nichtverständnis, aber komisch ist es auch, dass He Duda es komisch findet, ein Held zu sein. Er kann ja nicht wissen, dass die Erfahrung, die er gemacht hat, nicht mit seinem Kaninchensein zusammenhängt, im Gegenteil, wir mei-

Abb. 5.5

nen ja, Kaninchen seien eher ängstlich, sondern mit dem Namen, den ihm die anderen geben: Held. He Duda kann das noch nicht wissen, weil er noch immer nicht die Erfahrung seiner selbst als Person gemacht hat, und er hat noch keinen Begriff davon, dass Namen nicht nur etwas als etwas bezeichnen, sondern auch Eigenschaften meinen. Er hat nur erst ein ganz elementares Gefühl davon, er *selbst* zu sein, aber dieses Gefühl bildet die Voraussetzung für alle weiteren Erfahrungen seiner selbst. Erst in der Erfahrung seines Personseins wird er sich dann auch seiner Fähigkeiten und der Zugehörigkeit zur Gattung der Kaninchen bewusst werden können. Doch dazu später.

Ich kann zu mir stehen – Subjektivität

Wir sehen immerhin, dass die Frage nach dem Ich trotz scheinbarer Ergebnisse eine schwierige und wohl auch immer problematische bleibt. Darum versuchen wir weiterzusuchen. Eine neue Dimension der Frage nach dem „Ich" wird durch das folgende Bild angesprochen (*Abb. 5.6*).

Wir sehen ein Mädchen, leicht nach vorn gebeugt, der Körperhaltung und dem Gesichtsausdruck nach zu urteilen, liebevoll oder doch eher nur interessiert oder aber auch sehnsüchtig zugewandt dem, was sie in der rechten Hand hält, einem Spiegel, besser dem, was in dem Spiegel zu sehen ist: Der Spiegel zeigt uns das ganze Gesicht des Mädchens. Doch ist es wirklich das gleiche Mädchen? Ebenfalls freundlich blickt dieses, dem „realen" Mädchen zugewandt, aber irgendwie eher in sich ruhend, weil der Kopf nicht so neugierig nach vorn gestreckt ist. So gerät das Spiegelbild mit dem „realen" Gegenüber in eine Art Dialog, scheint der neugierigen, erwartungsoffenen kleinen Barbara sagen zu wollen: „So trau dich doch!", während die reale Barbara zu fragen scheint: „Ich soll das sein; will ich so sein?" oder auch „Was sollte ich denn sein?"

Das Bild bietet den Einstieg für ein Buch, dessen Thema eher in ein späteres Kapitel zu passen scheint, die Frage nach Glück (Kapitel 9). „Die kleine Barbara war unzufrieden", lautet der erste Satz. Und so überlegt sie sich manchmal, wie es wäre, wenn sie sich „etwas wünschen könnte".[4] Sie muss diesen Wunsch äußern, denn nichts gelingt ihr so recht, vor allem nicht das, was wichtig zu sein scheint. Diese Überlegung nimmt eine Wendung hin zu unserer Frage nach dem Ich, insofern sich als Lösung für dieses ungute Leben ein zweiter Blick in den Spiegel bietet: Der erste Blick

Abb. 5.6

4 *Hohler, Franz/Berner, Rotraut Susanne*: Wenn ich mir etwas wünschen könnte. München: Hanser 2000.

war noch unabhängig vom Text gestaltet, der zweite wird ebenfalls im Text nicht ausdrücklich erwähnt, findet hier jedoch seine Grundlage: „Wenn ich mir etwas wünschen könnte, dachte Barbara manchmal, dann möchte ich aussehen wie eine Prinzessin …" Dazu sehen wir nun einen ganz offenkundigen Gegensatz zwischen der kleinen Barbara und ihrem Spiegelbild *(Abb. 5.7)*: Ganz missmutig, eingefallen dasitzend, die Mundwinkel nach unten gezogen, die rechte Hand den grübelnden Kopf stützend, auch die Augen zwar groß und offen in den Spiegel gerichtet, aber mit den herunterfallenden Augenbrauen skeptisch verunsichert schauend, so sieht die

Abb. 5.7

kleine Barbara im Spiegel eine Prinzessin mit runden, blühenden Lippen und Augen, strahlendem Gesicht und Haaren und sogar einer Krone auf dem Kopf.

Und sie versinkt so sehr in dieses wunderschöne Spiegelbild, dass sie plötzlich „großes Glück" hat, eines Nachts zu erwachen und sich einer Fee gegenüberzusehen, der sie nach erstem Erschrecken die Frage stellt: „Wer bist du?" – Wir erwachsenen Betrachter wissen natürlich, dass solche träumenden Begegnungen Formen der Auseinandersetzungen mit eigenen Wunschbildern sind und dass die kleine Barbara mit ihrer Frage letztlich sich selbst die Frage stellt: Wer bin *ich* eigentlich? Genauer: Wer ist das eigentlich, die/der mich zu der/dem macht, der ich bin? Das ist nicht mehr die Frage nach unserer Individualität, auch nicht mehr die nach unserem Selbst, sondern nach dem Grund unseres Selbst, nach unserem *Subjektsein*. Aber weil wir uns noch ganz auf der Ebene der unmittelbaren Erfahrung befinden, noch nicht zur Reflexion solcher Erfahrung oder gar zur begrifflichen Artikulation vorgestoßen sind, müssen wir, was diese Frage angeht wie auch tragfähige Antworten, ganz auf der Ebene der Erfahrungs-Bilder bleiben:

Auf dem nächtlichen Feen-Erscheinungsbild sehen wir an der Wand ein

Abb. 5.8

Bild vom Traumprinzen und hinter dem Fenster die Rosenhecke, so als hätten wir hier nicht Barbara, sondern Dornröschen vor uns, die ja ebenfalls ganz in den Schlaf gebannt ist, nicht sie selbst zu sein und zu sich selbst erst erweckt werden muss.

Dieses Erwecken geht nun, nach der Konfrontation mit dem personalisierten Akteur ihrer selbst, ihrer Subjektivität, wie von selbst: Plötzlich kann die kleine Barbara sagen: „Ich will." Und da sind es dann nicht mehr die braunen, sondern wirklich die blauen Schuhe, die sich Barbara auch gewünscht hat, denn nur diese Schuhe sind *ihre* Schuhe, und nur auf eigenen Beinen, mit eigenen Schuhen kann man auch richtig laufen, so gut, dass sie zum Erstaunen aller auf einmal mit dem schnellen Erich mithalten kann. Sofort geht auch der nächste Wunsch in Erfüllung: Mit einem roten Kugelschreiber schreibt es sich viel besser als mit einem schwarzen, denn den roten wollte Barbara haben, den schwarzen nicht. Und mit der Verwirklichung der eigenen Wünsche schreibt Barbara natürlich auch in der Schule alles richtig.

Und dann kommt, wie bei Wünschen üblich, der dritte Wunsch. Der kann natürlich nichts anderes sein als die Personifikation des neu gewonnenen Selbstbewusstseins, ein wenig verdreht zwar, quasi per Gegenteil, etwas nämlich, das ganz unmittelbar es selbst zu sein scheint, dem aber nun völlig Subjektivität, Eigensinn abgeht, sondern was das alles bloß imitiert: ein Papagei. Der nimmt Barbara die letzte Angst vorm Selbstsein. Und so schaut sie am Ende wieder in den Spiegel, auf dem der Papagei sie und ihre Mutter mit den Worten begrüßt: „Guten Morgen, ihr Schönen!" *(Abb. 5.8)* Aber das ist eigentlich gar nicht mehr nötig, denn Barbara hat nun ein Gefühl dafür bekommen, was sie gut kann und was sie weniger gut kann, was sie sich zutraut und weniger zutraut, sie ist aufgewacht, kann auf eigenen Beinen stehen, kennt ihre Schrift, hört ihre Stimme, kurz sie ist selbstbewusst geworden, weil sie sich selbst als Subjekt ihrer Wünsche und ihres Verhaltens erfahren hat.

Ich erfahre meine Würde – Persönlichkeit

Was fehlt jetzt noch? Mit der Entdeckung ihrer Subjektivität kann Barbara sich nun auf sich selbst verlassen, weiß, dass es von ihr abhängt, dass es ihr gut geht, und damit vermag sie zugleich Selbstbewusstsein aufzubauen. Und doch kann es geschehen, dass wir auch mit der Durchsetzung unseres Willens, mit unserem Selbstbewusstsein an Grenzen stoßen, ja dass uns Hindernisse in den Weg gestellt werden. Denn das sichere Gefühl für sich selbst als Selbst bedeutet noch nicht, dass ich dieses Selbst auch überall und durchweg zur Entfaltung bringen kann. Zuweilen wird dieses Streben sogar durch andere Menschen behindert oder gar besetzt, sodass mir nicht das Gefühl für mich selbst fehlt, sondern dass andere mich nicht recht oder gar nicht zur Entfaltung kommen lassen. So ergeht es der schönen Königstochter, die sich gegen die Obsessionen ihres Vaters zur Wehr setzen muss, um ihr eigenes Leben führen zu können.[5] Die philosophische Frage nach dem Ich artikuliert sich damit deutlich als eine auch psychologische, wie es bereits bei der Entwicklung von Selbstbewusstsein bei der kleinen Barbara der Fall

5 *Brüder Grimm/Sauvant, Henriette*: Allerleirauh. Gossau: Nord-Süd 1997.

Abb. 5.9

war. Ebenso wie wir dort jedoch nach den Voraussetzungen auf der Ebene des Ichseins gefragt haben, also philosophisch, müssen wir dies nun für die Frage nach der Entwicklung zur *Persönlichkeit* tun, denn darum geht es jetzt.

Doch wieder soll dies weniger über Begriffe, sondern vielmehr über Bilder gelingen. Märchen bieten dazu die geeignete Grundlage bereits aufgrund des Bilderreichtums ihrer inhaltlichen und sprachlichen Gestaltung. Ein Risiko mag es deshalb sein, solche inneren Bilder auch in äußerlich sicht- und wahrnehmbare umzusetzen und uns als Betrachtern damit einen ganz bestimmten Blick auf die Innenwelt eines Märchens vor Augen zu führen. Die zweite Doppelseite unseres Buchs liefert gleich ein Beispiel, dass dies gleichwohl sehr gut gelingen kann *(Abb. 5.9)*. Der vereinsamte König greift hinüber über die Mauer, die zwischen ihm und der Tochter steht, vorsichtig und doch mit verbotenem Begehren. Übergroß beugt er sich der Tochter zu, die ihrerseits dem unsicheren, verstohlenen Blick des Vaters mit klaren und reinen Augen begegnet, völlig in sich selbst ruhend, und doch noch nicht selbstbewusst genug, um über die kindliche Naivität hinweg das dunkle Ansinnen des Vaters wirklich erkennen zu können. Das wird erst auf dem nächsten Bild deutlich. Die Kleider, die sie sich gewünscht hat, sind nicht nur nahezu unerfüllbare Wünsche gewesen, sondern haben sich jetzt zu übermächtigen Ansprüchen ausgewachsen, denen sie hilflos gegenübersteht: Wie soll ich, kann ich, will ich überhaupt dort hineinwachsen? Und der Schatten des Königs am rechten Bildrand lastet auf diesem Erwartungsdruck.

Erwachsen werden kann die Königstochter nur durch völlige Veränderung, durch Entfremdung auch von sich selbst durch eine Verkleidung, die es ihr ermöglicht, sich

Da ergriff er sie an der Hand und hielt sie fest; und als sie sich losmachen und fortspringen wollte, tat sich der Pelzmantel ein wenig auf, und das Sternenkleid schimmerte hervor. Der König faßte den Mantel und riß ihn ab. Da kamen die goldenen Haare hervor, und sie stand da in voller Pracht und konnte sich nicht länger verbergen. Und als sie Ruß und Asche aus ihrem Gesicht gewischt hatte, da war sie schöner, als man noch jemand auf Erden gesehen hat. Der König aber sprach: Du bist meine liebe Braut, und wir scheiden nimmermehr voneinander. Darauf ward die Hochzeit gefeiert, und sie lebten vergnügt bis an ihren Tod.

Abb. 5.10

hinter etwas zu verstecken, das den Blick auf sie selbst, ihre Person, nicht zulässt. Und so wird sie zu Allerleirauh, ein Wesen mit vielerlei, allerlei Gesichtern, Masken, Gestalten, und zwar rohen, groben, noch nicht zu sich selbst gestalteten Formen, ja Hüllen, hinter denen unerkannt ihr ureigenes Personsein sich noch verstecken muss. Die psychologische Frage, ob der Grund dafür eher im Schutz vor äußeren Besetzungen, besonders vor den Obsessionen des Vaters liegt, von denen sie sich befreien und emanzipieren muss, oder ob der Grund in ihr selbst zu suchen ist, dass sie ihre Persönlichkeit, ihre Besonderheit und Autonomie in der Welt, in die sie hineinwächst, erst entdecken muss, diese Frage kann hier nur gestellt, nicht weiter erörtert werden.

Im Zusammenhang unserer Frage nach dem Ich ist wichtiger die Frage nach den Ebenen des Ichseins, die die Kompetenzen und Kräfte enthalten, sich zu sich selbst zu befreien. Im Märchen wird diese Frage beantwortet über das Bild, wie die Lösung von Kleidern, Gesten, kleinen Fetischen, wie den drei goldenen Dingen, die die Königstochter als Zeichen ihrer Würde mit sich trägt, geschehen kann. Die Antwort: Die Lösung kann nur geschehen in der offenen, nicht mehr verstellten Begegnung von Person zu Person. Und das gelingt nicht automatisch oder mit einem Schlag: Der junge König, der sie im Wald gefunden hat, lässt sie zuerst einmal binden und mitnehmen – der erste Akt einer Faszination ist getan, doch gilt er noch gar nicht der Königstochter selbst, darum wohl finden wir dafür auch kein Bild im Text. Und auch die erste Begegnung beim Tanz ist noch keine Begegnung von Personen. Auch das sehen wir hier deutlich als Bild. Der König ist ganz hinter der Tafel mit vielen Speisen und Getränken verborgen, sein Auge ist in Wahrheit an Allerleirauh vorbei auf das Festgeschehen und in die Ferne gerichtet, und Allerleirauh muss sich die Ohren zuhalten und die Augen schließen, um sich vorerst noch zu schützen vor der Unmittelbarkeit einer Begegnung. Und darum muss sie diesmal wie jedes Mal verschwinden, wenn der junge König, fasziniert von ihrer Anmut, mit ihr getanzt hat, und sie muss auch verleugnen, dass die goldenen Dinge in der Suppe, die dem jungen König so köstlich schmeckt, von ihr kommen. Von diesen weiteren Begegnungen sehen wir nur die zweite, auf welcher der König mit durchaus offenem Blick Allerleirauh nach dem Ring in der Suppe fragt. Doch Allerleirauhs Blick ist noch blind, noch nicht bereit für jene Offenheit, die sie dem König verfallen lassen würde.

Erst bei der letzten Begegnung zielt der junge König auf sie selbst, will sie entdecken und steckt ihr einen Ring an, an dem er sie bald wiedererkennt. So kann er ihr die Masken abreißen, um sie zu sich selbst zu befreien. Dafür hat Henriette Sauvant wiederum ein eher vorsichtiges, keineswegs überschwänglich auf Vereinigung abzielendes Bild geschaffen *(Abb. 5.10)*. Die wilden Tiere können nun von Allerleirauh fliehen, indem der König ihren Mantel hebt. Aber dieses Heben ist weder ein gewalttätiges Fortreißen, was der Text nahe legt, noch ein verbotener Eingriff in die Persönlichkeit, mit der ihr Vater sie hatte vergewaltigen wollen, sondern ein vorsichtig zugewandter, eine Einladung. Vielleicht sind wir verwirrt, nicht die einladende rechte Hand des jungen Königs zu sehen, doch mag dies mit gutem Grund nicht zu sehen sein, denn an ihr, an Allerleirauh liegt es nun, auf den jungen König zuzugehen, und entsprechend sehen wir, wie ihre rechte Hand und auch ihr Kopf und ihre Augen schon die Richtung andeuten, in die sie selbst, mit freiem Willen sich nun wenden kann, ihm zu, sodass bald ihrer beiden Augen sich begegnen werden. Wer so selbstbewusst und doch dem anderen zugewandt, auf den anderen gerichtet und doch von ihm nicht besetzt, ins Leben und in die Begegnung mit einem anderen Menschen gehen kann, der ist *Person* geworden.

Ich verändere mich – Identität

Eine weitere und für uns letzte Frage betrifft das Problem, ob und inwiefern wir unser Leben lang auch dieselben bleiben, die wir sind, und inwieweit Veränderungen uns selbst verändern. Eine solche Erfahrung von *Identität* machen der Elefant und der Löwe in ihrer mehrmaligen, ihr Leben durchziehenden Begegnung.[6]

Am Anfang der Geschichte ist der Elefant nämlich ganz klein und, wie wir deutlich sehen, ganz allein *(Abb. 5.11)*.

Abb. 5.11

6 *Solotareff, Grégoire*: Du groß, und ich klein. Frankfurt/M.: Moritz 1996 [Paris 1996].

Zurückgreifend auf unsere ersten Betrachtungen zum Ichsein hat er sich ganz offensichtlich gerade erst herausgepellt aus der Mutterwelt, in die er bislang ganz und gar geborgen und eingebettet war. Nun sehen wir ihn vor uns, die großen Augen offen und doch ängstlich über den Horizont ins dunkle und ungewisse Dunkelblau des Himmels hinausschauend, das linke Beinchen entlastet, so als würde es gerade ein wenig nach vorn auf uns zu gehen wollen, und auch der Rüssel schwenkt bereits nach hinten, als ob der Kleine sich schon in Bewegung gesetzt hätte, aus der geborgenen Welt in eine neue und ungewisse Zukunft hinaus. Der Löwe dagegen, der König der Tiere, ist auf dem folgenden Bild zwar „auch nicht besonders groß", aber auf seinem Thron deutlich erhoben, doch das wiederum so sehr, dass er es fast gar nicht mehr bemerkt. Die Augen geschlossen, scheint er eingeschlafen zu sein und ganz zusammengesunken in seinen Thron, sodass er keineswegs als stattliche Person, als alles, auch seinen Thron beherrschender König der Tiere erscheint, so als wäre er fast wieder entindividualisiert nur noch die Rolle des Königs und nicht mehr er selbst. Und darum ist auch er, wie der kleine Elefant trotz seines Königseins letztlich sehr allein. Wir sehen das auch, aber er selbst, der Löwe, weiß es noch nicht, sondern muss es erst in der Begegnung mit dem kleinen Elefanten erfahren, der anfangs nur sagen kann „Ich, klein", und dann ein wenig später zum Löwen „Du, groß".

Abb. 5.12

Die Bücher, die der König dem kleinen Elefanten vorliest, bringen Bewegung in die Einsamkeit: Nun darf der kleine Elefant erfahren, dass der große Löwe schon ein gutes Stück Leben hinter sich hat und das, was er ist, auch erst geworden ist. Im Vorlesen zeigt er sich als Personifikation seiner Geschichte, darum kann der kleine Elefant ihn dabei die ganze Zeit bewundernd ansehen. Das fordert auf dem nächsten Bild, so ruhig es scheinen mag, Bewegung auch auf Seiten des kleinen Elefanten heraus: Er singt die Lieder, die er von seiner Mutter gelernt hat, und mit dieser sinnlich höchst eigentümlichen Gestaltung von Zeit und Geschichte können sich beide, Elefant und Löwe, auf den nicht mehr bewussten Zeitablauf im Schlaf einlassen. Und so laufen sie beide, uns den Rücken zugekehrt *(Abb. 5.12)*, auf eine ihnen offen stehende helle Zukunft zu, mit der Sicherheit ausgestattet, sich ihr ganzes Leben erzählen zu können. Daran können sie festhalten, das gibt Halt.

Doch das Spiel, das Leben, auf das beide sich einlassen, zerbricht; es zerbricht, als ihnen bewusst wird, dass „die Zeit vergeht", wie es zu Beginn einer der folgenden Seiten heißt. Und wir sehen auch, was wir gar nicht mehr lesen müssen: Der kleine Elefant ist „immer größer" geworden, so groß, dass er für den Löwen riesengroß, ja zu groß geworden ist. „Da ist was nicht in Ordnung!", meint der Löwe, denn niemand wird jetzt noch glauben, dass er, der nun deutlich kleinere, noch der König der Tiere sein soll. Und die altvertrauten Sätze „Du groß, ich klein" oder „Ich groß, du klein" wollen nicht mehr passen. Da muss der kleine Elefant, der groß geworden ist, aber nun wieder ganz klein erscheint, gehen, und wir sehen als Horizont, auf den er sich zu bewegt, wieder einen ganz dunklen, nun fast schwarzen Himmel, aber mit einem kleinen, (noch) nicht ganz sichtbaren silbernen Mond, vielleicht als hoffnungsvollem Silberstreif.

Erst viele Jahre später geschieht es, dass beide sich doch wieder begegnen. Ganz unmittelbar werden ihre Erinnerungen wach, Erinnerungen, die sie zu dem machen, was sie sind, die ihr Leben bestimmen und zusammenhalten, die ihnen Identität geben. Und sie spielen wieder das alte Spiel „Du groß, ich klein", in dem der alte Löwe, obwohl nun sichtbar zusammengeschrumpft, sich wieder ganz groß fühlen darf, wenn er wie ein König mit dem Elefanten als Baldachin, als Raum der Erinnerung ausgestatten, spazieren geht *(Abb. 5.13)*.

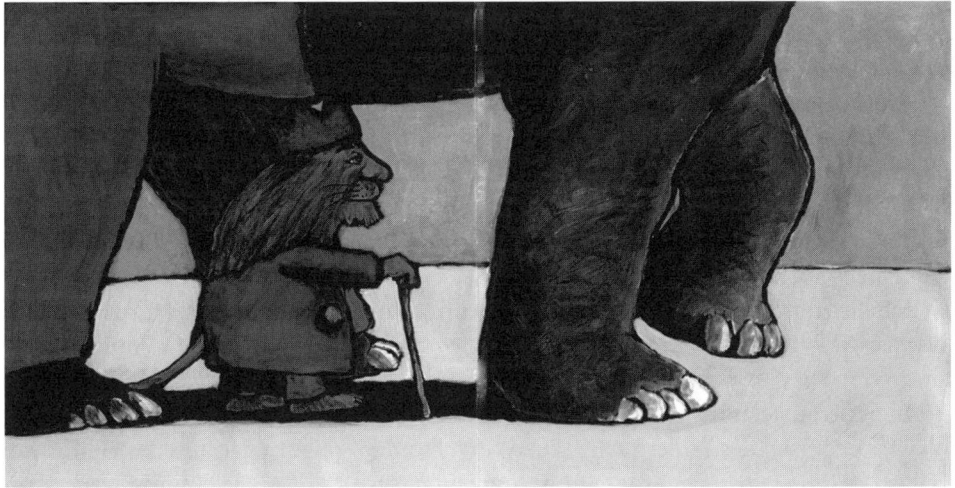

Abb. 5.13

6 „Der ewige Kreislauf"

Welt und Lebensraum

Natur als lebendiger Organismus – ein Mythos?

Wir leben. So selbstverständlich, wie wir diesen Satz aussprechen, ist er nicht. Wir unterstellen dabei, dass wir selbst nicht nur irgendetwas sind, sondern etwas Lebendiges, ein einheitlicher, für sich bestehender, zusammengehöriger Organismus, der als Ganzheit unserer sinnlichen Wahrnehmung zugänglich ist, und ein Organismus, der selbsttätig sich ständig entwickelt, wächst und vergeht, nie ganz derselbe bleibt. Und damit unterstellen wir weiter, dass wir als Lebendige eingebettet sind in einen lebendigen Zusammenhang, den wir Lebensraum, Natur, Welt nennen, der durch Wachstums-, Zerstörungs-, Sammlungs- und Vergehens-Kräfte ausgezeichnet ist, die ihrerseits unseren individuellen Organismus bestimmen. Wir fühlen, konzentrieren uns, denken, handeln, essen, verdauen, werden müde, schlafen ein, wachen wieder auf ..., alles animalische Funktionen. Und auch die Welt um uns herum ist in dauerndem Entstehen und Vergehen begriffen. Wir beobachten, dass zum Beispiel Käfer im Erdreich wohnen, wie sie sich in die Erde verkriechen und auch wieder aus ihr hervorkommen. Aus Erdreich sprießen auch die Pflanzen hervor, entfalten ihre Blüten, und wenn sie verwelkt sind, vermodern sie langsam wieder zu Erde. Sie verändern dabei ihre Farbe: Vor der Blüte sind sie meist grün, erfreuen uns dann durch die vielfältigen Farben ihrer Blütenblätter und werden schließlich wieder grau und braun wie die Erde. So wächst alles und vergeht auch wieder. All dies können wir unmittelbar mit unseren Sinnen beobachten.

Warum aber sind einige Blumen rot, andere gelb, andere blau, warum haben einige Käfer grün schimmernde Flügel, andere rote mit schwarzen Punkten? Was ist es für eine Substanz oder Kraft, woraus Lebendiges entsteht? Und wenn etwas stirbt, ist es dann einfach fort? Was für Kräfte versammelt die Erde in sich, um die Vielfalt ihrer Erscheinungen hervorbringen zu können? Und woher der Rhythmus des regelmäßigen Wachsens und Vergehens?

Sibylle von Olfers hat für diese Beobachtungen und Fragen vor 100 Jahren eine aus heutiger Sicht möglicherweise befremdliche Antwort vorgelegt[1] *(Abb. 6.1)*. Wurzelkinder sitzen mit Bürsten, Farbtöpfen und Pinseln unter der Erde und putzen die Käfer und Blumen heraus, damit sie im Frühjahr auf die Erde kommen und unser Auge erfreuen. Der erste Teil des Bilderbuchs „Die Wurzelkinder" zeigt in der unteren Hälfte der Bilder das Innenleben der Erde, eine bräunliche getönte Erde, mit viel Wurzelwerk, aber auch Höhlen mit eigenartigen Fensteröffnungen, hinein ins Irgendwo des tieferen Erdinneren. Und darin bewegen sich wie in Behausungen die Mutter Erde und ihre vie-

---

1 *von Olfers, Sibylle*: Etwas von den Wurzelkindern [1906]. Esslingen: Schreiber o. J.

len Wurzelkinder mit ihren verschiedensten Utensilien, Leuchten, Stoffen, Nähzeug, Farben, Pinseln, Schwämmen. Am Anfang haben sie geschlafen, dann werden sie aufgeweckt und machen sich ans Werk. Tätige Kräfte halten die Erde in ihrem Innern lebendig. Und dann, wenn es Frühling wird, „ziehn gleich einem bunten Band, die Käfer, Blumen, Gräser klein, frohlockend in die Welt hinein". Die Kinder der Mutter Erde erweisen sich nun tatsächlich als die Wurzeln der verschiedensten Pflanzen, die der Erde ihre Farben geben, sie bunt machen. Auch sie also sind Lebewesen, wie die Erde insgesamt natürlich auch ein Lebewesen ist. Es sind Lebewesen, die wie wir dem Prozess des Lebens ausgesetzt sind: Wer genau hinschaut, wird beim Umschlagsbild *(Abb. 6.2)* den Eindruck eines Uterus gewinnen, und das Frühlings-Bild, auf dem die Kinder „frohlockend in die Welt hineinziehn", sieht aus wie ein Geburtsvorgang mit Bauchdecke, Uterus, Geburtskanal im Querschnitt. Die Erde ist eine lebendige Mutter, aus der alles Lebendige geboren wird und zu der am Ende alles auch wieder „heim"kehrt.

Unser Lebensraum wird uns hier nicht als eine chaotische und zufällige Ansammlung von Kräften und Substanzen vor Augen geführt, sondern als ein in sich geschlossener, alles Leben, ja ein die ganze Welt bewirkender Organismus. Darum auch ist allen Bildern eine klare Symmetrie in der An-

Abb. 6.1

Abb. 6.2

Abb. 6.3

ordnung eigen: Die Frühlingsbilder begrenzen jeweils links und rechts einander spiegelförmig mit ihren Ästen zugeneigte Bäume, und die vier Sommer und Herbst-Bilder sind in einen Rahmen eingebunden, der durch verschiedene Pflanzen wiederum spiegelförmig links und rechts ausgestaltet ist *(Abb. 6.3)*.

Welche Erfahrungen und Fragen hinter diesem Buch stehen, haben wir eingangs angedeutet. Doch welche genauere Sinnsetzung verbirgt sich in der Gestaltung des Buchs? Sicher soll uns durch anmutiges Erzählen und eingängige Bilder zunächst einmal die uns umgebende Natur nahe gebracht werden. Dazu versucht Olfers, Vorgänge in der Natur kindgemäß, nämlich in Analogie zur unmittelbaren Erfahrung unserer selbst darzustellen: Wir erleben uns selbst ganz unwillkürlich als lebendigen Organismus, also ist auch die uns umgebende Welt ein lebendiger Organismus. Zudem spricht die Autorin darin ein Lob gegenüber der Vielfalt der lebendigen Natur aus, sensibilisiert für die Rhythmen der Natur, ihr Wachsen und Vergehen, stellt uns bildhaft Natur als gegliederte Ordnung vor.

Wer so vorgeht, beschreibt weniger, sondern interpretiert und deutet zugleich, unterstellt der Vielfalt der Erscheinungen eine Einheit, einen Zusammenhang. Dafür muss man nicht notwendig das Wort „animistisch" verwenden. Die hier unterstellten Begriffe wie „Welt", „Leben", „Natur" stiften vielmehr für die uns umgebende Vielfalt der Erscheinungen einen Sinnzusammenhang, und den brauchen wir, wollen wir in Welt, mit Leben zurechtkommen. Solche Begriffe leisten demnach Orientierung.

Doch tun sie das wirklich? Bei weiterem Nachdenken mag sich die grundlegendere Frage auftun: Wir wissen zwar, dass Begriffe wie Welt, Leben, Natur, auch Organismus, selbst „das Ganze" nur Namen, Begriffe sind; aber eines wird dabei selbstverständlich vorausgesetzt, nämlich dass sie sich auf etwas beziehen, was es wirklich gibt? Denn da „ist" doch „die" Natur, „das" Leben, „die" Welt, das Ganze gibt es doch? Oder etwa nicht? Inwiefern können wir diese Frage wirklich mit „Ja!" beantworten? Können wir wirklich genau sagen, auf welchen Gegenstand sich solche Begriffe beziehen? Und wenn wir nicht nur die Skepsis in diesen Nachfragen eingesehen haben, sondern auch die Problematik möglicher Antworten, müssen wir weiter fragen: Warum unternehmen wir gleichwohl den Versuch, solche Fragen zu beantworten, sinnstiftende Begriffe zu finden?

Wenden wir uns mit dieser Frage nochmals an das Buch von den Wurzelkindern, so werden wir bemerken, dass nirgends „die" Welt oder „das" Leben insgesamt dargestellt werden und dass der Text Begriffe kaum gebraucht. Und trotzdem vermittelt das Buch jene hinter den Texten, Bildern, Begriffen stehende Botschaft von einem sinnstiftenden Zusammenhang. Wie? Nun, zum einen wird von der Mutter Erde und ihren Wurzelkindern eine Geschichte erzählt, eine Geschichte in einfachsten und einprägsamsten, da konkret nachvollziehbaren und bildhaft fasslichen Worten und Zusammenhängen. Und zum andern bilden auch die Bilder Wirklichkeit nicht so sehr detailliert oder differenzierend ab, sondern führen, wir sehen das auch an den abgebildeten Beispielen, Wirklichkeit zusammen, fügen mit ihren Rahmungen, ihrem inneren Aufbau, und auch dem Zusammenspiel der einzelnen Elemente jeweils Wirklichkeit zusammen, zu einem Panorama, einer vereinfachten Schau auf Wirklichkeit als Gesamtzusammenhang.

Natur-Organismus und -Entwicklung – logisch-wissenschaftlich

Wer so spricht und zeichnet, tut dies in *mythischer* Form. Unsere heute gewohnte Sicht von Welt und Leben und auch Natur freilich äußert sich anders. Die genannten Fragen und auch ihre mögliche Beantwortung werden wir am ehesten in den Bereich der Biologie, als deren Grundlage vielleicht auch in die Chemie und Physik verweisen. Und dabei glauben wir nicht selten, diese Wissenschaften würden uns tatsächlich, nämlich an Tatsachen orientiert, darüber aufklären, wie es um Welt, Natur, Leben bestellt sei. Alte Weltbilder, die bildhaft Geschichten vom Zusammenhang der Welt erzählen, werden demgegenüber als kindlich-naiv, vorläufig-unwissenschaftlich, bloß bildhaft deutend eingestuft, eben mythisch. Das Weltbild der Naturwissenschaften dagegen gilt als *logisch*, als empirisch nachweisbar, wissenschaftlich, objektiv beschreibend. Und in einen weiteren Gegensatz gebracht, wird schnell deutlich, dass das naturwissenschaftliche Weltbild auch faktisch sehr viel höhere Klarheit, Verlässlichkeit schafft, selbst hinsichtlich der Orientierungsleistung für die Deutung des eigenen Lebens; denn darauf wollen wir uns doch wohl verlassen, dass alles auch tatsächlich so ist, wie es ist.

Ist deswegen die logische Sicht richtiger? Eine Antwort dürfen wir erwarten von der Philosophie. Sie ist weder eindeutig dem Mythos noch eindeutig dem Logos zuzurechnen, sondern fragt grundsätzlicher: Was sind es für Fragen, die überhaupt zur Herausbildung von Weltbildern führen, seien es mythische, seien es (natur-)wissenschaftliche, und warum arbeiten bestimmte Weltbilder mit ganz bestimmten Begriffen oder auch Bildern, welcher Sinn verbirgt sich darin? Mit dieser grundsätzlichen Frage wird zunächst keine Antwort geliefert, doch werden plötzlich Bilder wie „lebendige Erde", „Mutter-Erde", „Lebenskräfte", aber auch „Natur", „Organismus", „Gesetze" wieder flüssig und aussagekräftig.

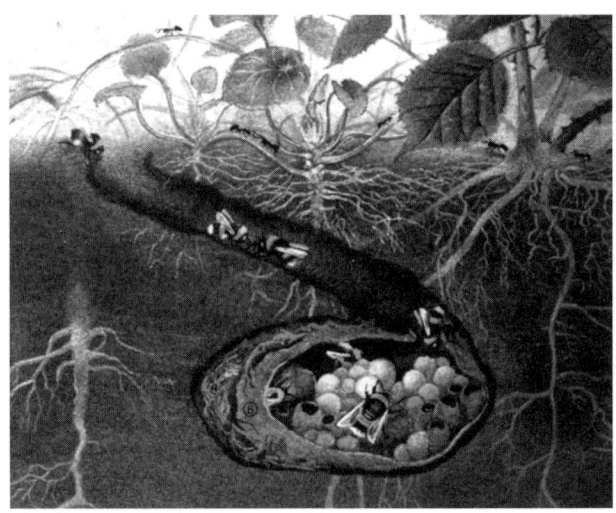

Abb. 6.4

Eine solche Verflüssigung gelingt auch einem anderen Bilderbuch, das sich gut mit den Wurzelkindern vergleichen lässt, weil es letztlich in eine ähnliche Richtung zielt, obwohl es nicht mythisierend, sondern eher analytisch-logisch arbeitet.[2]

Das Bild 6.4 scheint auf den ersten Blick ganz ähnlich wie Olfers eher mythologisierend mit dem Motiv der Erde als lebendigem Lebensraum zu arbeiten: Wir sehen unterirdische Höhlen und Wurzelwerk, die sich als Verbindungskanäle aus dem Innern der Erde an die Oberfläche ziehen, welche mit wenigen bunten Farben im kleinen oberen Teil des Bildes als unsere uns unmittelbar zugängliche Lebenswelt zu sehen ist. Doch im Unterschied zu den „Wurzelkindern" finden sich hier im Erdinnern keine vermenschlichten Wesen, sondern ganz realistisch-detailgetreu gezeichnete Tiere. Was bedeutet dieser Fund? Die Erde kann wie eine gebärende Mutter mit Geburtskanal nicht nur mythisch gedeutet werden, nein, so etwas findet sich auch für den analytisch naturwissenschaftlichen Blick als ganz reales Phänomen wie etwa der Erdbau der Erdhummel. Gibt es also doch eine Vereinbarkeit von Mythos und Logos als möglicher Rede von Welt in einer Art Einheitstheorie?

Abb. 6.5

Wir sollten dazu genauer hinschauen und fragen, was wir tun müssten, um Welt und Leben möglichst logisch und genau darzustellen. Vielleicht ist das gelungen in den Blumendarstellungen: Wie in einem Sachbuch, weniger nach Art eines Bilderbuchs, sehen wir auf engem Raum verschiedenste Sommerblumen ganz „naturgetreu" abgebildet. Wir können lernen: So sieht tatsächlich der Klatsch-Mohn aus (*Abb. 6.5*), so das

2 *Jacobs, Una*: Die Erd-Uhr. Mit Pflanzen und Tieren durch das Erdenjahr. München: Ellermann 1985.

Zittergras, und dieses ist wiederum deutlich zu unterscheiden vom Wiesensalbei, wie auch jener vom Stiefmütterchen, denn wir können sehr genau den unterschiedlichen Wuchs, die unterschiedliche Blattform, den unterschiedlichen Blütenstand, die unterschiedliche Farbe ausmachen und als Unterscheidungskriterien benennen. Und doch stellt auch dieses Buch diese unterschiedlichen Blumen nicht willkürlich nebeneinander: Das gesamte Blatt mit vier Abbildungen ist bewusst in den Regenbogenfarben von links nach rechts aufgebaut, mit tiefem Rot beginnend, über Gelb zu Grüntönen in den Mittelbildern übergehend und ganz rechts mit Blautönen endend. Gibt es eine Logik also auch im Aufbau der Naturerscheinungen, und ergibt sich möglicherweise der Sinn von irgendetwas einzelnem nur durch seinen faktischen Zusammenhang im Ganzen? Die Blumenbilder deuten durch die Farbpalette wie auch durch die eingezeichneten Insekten und Schmetterlinge einen solchen tieferen Sinnzusammenhang an.

Abb. 6.6

Noch deutlicher wird dieser Zusammenhang bei einem Bild, das in Verbindung steht mit dem zuerst gezeigten Höhlenbild *(Abb. 6.6)*. Auch hier entdecken wir Höhlungen und Wurzelwerk unter der Erde, ganz rechts am deutlichsten. Und doch werden die uns bekannten Phänomene mit einer anderen Sinngebung vorgestellt: Es sind unterschiedliche Wurzeln, mal dickes Wurzelwerk, Wurzelstöcke, mal Keimlinge, mal Zwiebeln, und aus ihnen wachsen auch je unterschiedliche Pflanzen heraus, mit einem botanisch-wissenschaftlichen Blick sehr genau mit Blüten und Blättern über der Erde und Wurzeln unter der Erde gezeichnet. Im Zusammenhang mit den beiden Skizzen auf der gegenüberliegenden linken Seite wird für diese Details aber noch mehr gezeigt, dass nämlich alles so, wie es ist, auch *geworden* ist: Der Märzenbecher auf unserem Bild ganz links ist entstanden aus anfangs ganz unscheinbaren Zwiebeln, aus denen allmählich Grün herausgebrochen ist, die Erde durchstoßen hat und sich nun zu einer Blume entfaltet. Und diese Entwicklung geht weiter. Rechts sehen wir auch einige Regenwürmer, die dann auf einem der nächsten Bilder vergrößert herausgehoben werden. Oberflächlich sehen wir im oberen Teil einige Tiere, Amseln, den Igel, den Maulwurf, die Maus, die Kröte und einen Käfer beim Fressen von Regenwürmern, und das untere Bild zeigt Regenwürmer im Erdinnern. Auf einer tieferen Ebene wird durch die von den Pflanzen in die Erde herabfallenden Tautropfen oder auch die Kothäufchen der Regenwürmer ganz offen zugleich der Prozess vom Kreislauf des Lebens angedeutet. Dieser Kreislauf gibt dem ganzen Buch den gesuchten inneren Zusammenhang: Die Vielfalt des Lebens ist eingebunden in die kleine Zone unserer Erde, auf der Leben möglich ist, und dieser Mikrokosmos ist möglich nur als Baustein in dem Gesamtkosmos des Weltalls, der auf dem Anfangsbild angedeutet wird.

Über detailgetreue Abbildungsversuche von Lebens- und Welt-Formen wird uns vorgeführt, dass wir also auch für die logische Sicht einen Begriff von Ganzheit, Organismus, Welt, Kosmos unterstellen, den wir für sich nie werden zeigen können, den darzustellen möglich ist, aber auch nicht über die Gesamtheit seiner Bestandteile, sondern den wir höchstens erahnen als einen Sinn-Rahmen in der möglichst detaillierten Darstellung von etwas Einzelnem als gerade diesem, als etwas Besonderem, der mithin eine Art Voraussetzung bietet, um von Welt oder Leben überhaupt reden zu können. Die naturwissenschaftlich-logische Sicht nähert sich diesem Begriff über möglichst genaue und differenzierte Beschreibungen, die mythische Sicht über Bilder und sinnstiftende Geschichten vom Gesamtzusammenhang. Insofern jedenfalls haben beide Sichtweisen ihr Recht.

Kosmologische Differenzierungen

Sind auf dieser Grundlage weitere Differenzierungen möglich? In der Kosmologie, so wollen wir mit einem traditionellen philosophischen Begriff diesen Bereich der Fragen nach dem uns umgebenden Ganzen, der Welt und dem Leben, bezeichnen, können wir nach Kant in grundlegend vier Richtungen fragen: Erstens nach der Möglichkeit der *Zusammensetzung* der einzelnen Erscheinungen in einer sukzessiven, also zeitlich aufeinander folgenden Reihe, zweitens nach der Möglichkeit ihrer *Teilung* in einfachste Elemente, drittens nach der Möglichkeit und dem Prinzip ihrer *Entstehung*, viertens nach der Möglichkeit und dem Prinzip ihrer *Veränderung*.

Wenn wir mit diesem Schema in der Hand weitersuchen, sehen wir schnell, dass sich die Fragestellung aus dem Kapitel 3 verändert hat: Wir fragen nun nicht mehr grundsätzlich und allgemein nach der Wirklichkeit des Wirklichen, philosophisch ausgedrückt nach dem Sein des Seienden, sondern genauer nach dem Warum seines Soseins.

a) Ordnung in der Veränderung – ein ewiger Kreislauf?
Welcher Blick auf Lebenswelt mag eben solche Fragen auslösen? Im Anschluss an das eben verhandelte Buch „Die Erd-Uhr" beginnen wir mit der vierten Fragerichtung. An den Bildern von den aus Erdwurzeln wachsenden Waldblumen (*Abb. 6.6*) hat sich gezeigt, dass wir auf ihnen nie (wie auf den anderen eben abgebildeten im Übrigen auch nicht) „die" Natur vor uns haben. Auch die sehr detailgetreue Abbildung zeigt etwas, das so als Ganzes und auf einmal in „der" Natur nicht ohne weiteres zu beobachten sein wird, nämlich das Gewordensein von Etwas aus einem Zustand, der in diesem Etwas enthalten ist. Unmittelbar können wir das Gewordensein nicht sehen, brauchen es aber als notwendige Voraussetzung, um ein Phänomen als das zu verstehen, was es ist. Insofern arbeiten wir in der Beobachtung von Leben und Welt immer schon mit dem Begriff der *Veränderung* von etwas Gewesenem her und auf etwas Werdendes hin. Noch deut-

Abb. 6.7

licher wird das im Bild von der Entstehung neuer Erde. *(Abb. 6.7)* Die Vögel etwa, die sich von Würmern ernähren, werden ihrerseits zur Speise von Würmern im Erdinnern beim Verrottungsvorgang. Auch die Frage, wo und wie all die in den vergangenen Jahrtausenden gestorbenen Lebewesen und Pflanzen bleiben, ist somit zumindest empirisch leicht zu beantworten: In der Verrottung des Abgestorbenen wird Organisches wieder zu Humus, zu nährstoffreicher Erde, die die Nahrung wiederum für die organischen Wesen darstellt, die Pflanzen, von denen wir oder auch die Tiere, die wir essen, uns ernähren. Für die Deutung dieses Sachverhalts ist nicht nur nützlich, sondern auch Voraussetzung die Kategorie der Veränderung, dem alles sinnlich Fassbare unterworfen ist: Der ewige Kreislauf, von dem Una Jacobs in diesem Zusammenhang ganz explizit spricht, schafft so Platz für viele und für die Vielfalt, die wir als Grundlage zum Leben brauchen.

b) Ordnung im zeitlichen Zusammenhang – Schöpfung?

Welt und Leben scheinen einer eigentümlichen Ordnung des Wechsels und der Veränderung von Zuständen zu gehorchen. Zumindest setzen wir zur Orientierung in der Welt einen solchen Ordnungszusammenhang voraus, stillschweigend oder durch Nachdenken bewusst gemacht. Das gilt auch für einen anderen Ordnungszusammenhang, der eng mit diesem zusammenhängt, der Frage nämlich nach dem ersten Ursprung von allem:

Jane Ray beginnt ihr Buch über den Sinn von Schöpfung keineswegs mit einem irgendwie gearteten Urzustand, sondern mit unserer realen Lebenswelt[3] *(Abb. 6.8)*. Diese Welt ist zufällig, aber keinesfalls beliebig dargestellt, und damit werden wir zu einem ganz bestimmten Blick auf Wirklichkeit geführt: Wir sehen eine Stadt am Ufer eines Meeres, dahinter eine hügelige Landschaft, die im Hintergrund in ein Felsgebirge übergeht; das Ganze ist begrenzt vom Himmel. Doch schnell führt diese Idylle zu Irritationen. Die unmittelbarste mag der Himmel auslösen: Ist es nun Nacht oder Tag? Im rechten Himmelsteil sehen wir die Mondsichel und Sterne, doch ist das Bild taghell erleuchtet, und diesen Eindruck erweckt auch eher der linke Himmelsteil, auch wenn wir die Sonne, die wohl gerade hinter Wolken verborgen ist, nicht direkt erblicken. Damit ist

---

3 Erstes Bild aus: *Ray, Jane*: Die Schöpfungsgeschichte. In Bildern erzählt von Jane Ray. Freiburg/Brsg. u. a.: Kerle 1993 (London: Orion Publishing 1992).

Abb. 6.8

zugleich eine weitere Frage formuliert: Das hier Abgebildete kann doch nicht gleichzeitig sein; zwar gehören beide zur Wirklichkeit, Tag wie Nacht, aber für uns in zeitlich auseinander gezogener Reihenfolge. Der Tag ist der Tag, weil er aus der Nacht entsprungen ist, und die Nacht wiederum folgt dem Tag. Das Einzelne, das uns gerade jetzt erscheint, ist also, was es ist, weil es in einen zeitlichen Zusammenhang eingebunden ist. In unserem Bild ist das bloße zeitliche Nacheinander nicht von Interesse, sehr wohl aber der Zusammenhang aller zeitlichen Abfolge in der Idee einer einheitlichen Zeit.

Mit dieser Einsicht beobachten wir weiter: Die Stadt liegt an einem Meer oder einem großen See, in dem Fische schwimmen, die möglicherweise von dem Boot aus, das gerade in den Hafen zurückkommt, gefangen werden. Und schon stellt sich die Frage, dass Fische nicht einfach Fische sind, sondern dass wir sie angeln und verspeisen, dass wir sie also zu einem ganz bestimmten Zweck gebrauchen. Und zu diesem müssen sie wiederum sich erst entwickeln, müssen wachsen, damit es sich lohnt, sie zu angeln.

Wir schauen weiter: Die Kaimauern haben Menschen als zusätzliche Begrenzung von Wasser und Land angelegt, um ihre Boote festmachen und ab- und aufladen zu können. Andere Menschen ernähren sich von Feldfrüchten, jedenfalls sehen wir in der Mitte des Bildes eine Gestalt mit einer Sense bei der Ernte. Das Korn ist bereits gestapelt, vielleicht wird es gerade in der Fabrik unten zu Brot gebacken. Aber war dieses Feld immer ein Feld, oder war es früher, wie weiter oben zu sehen, eher eine Weide fürs Vieh, von dem offensichtlich wieder andere Menschen sich ernähren, oder war noch früher das ganze Wald oder Dschungel mit wilden Tieren, von denen wir auch ein paar entdecken? Und wie steht es mit den Pyramiden im oberen Teil? Befinden wir uns wiederum gleichzeitig in einer anderen Zeit? Oder erinnert uns das nur daran, dass dort Menschen in früherer Zeit gelebt haben? Und gab es dort früher auch Wiesen, Weiden, Felder, oder wie ist es zu dieser eher sandigen Erde gekommen? Und die noch tiefer in die Zeitgeschichte sich eingrabende Frage mag sich dann dem Steingebirge am

Horizont zuwenden und nach der Geschichte der Erde fragen, wann alles so geworden ist, wie es sich jetzt uns darstellt.

Wir können hier unseren Blick auf das erste Bild abbrechen. Um es zu verstehen und zu deuten, hat sich als Verständnis-Schlüssel die Frage nach dem *zeitlichen Zusammenhang* all dessen, was wir sehen, aufgedrängt. Die Unterstellung eines Nacheinander lässt uns leichter damit zurechtkommen, dass alles so ist, wie es ist, dass alles zusammengehört, dass eine verlässliche Ordnung hinter dem steht, was uns als Wirklichkeit erscheint. Der religiöse Glaube nennt eben dies *Schöpfung*. Für das Denken ist das die Frage nach dem Anfang, nach dem Grund von Welt; damit fragen wir nicht notwendig nach einem zeitlichen Beginn von Welt, sondern grundsätzlicher eben nach dem Grund ihres Soseins. Die Aussage, diesen Grund in einem zeitlichen Beginn zu finden, unternimmt bereits eine keineswegs selbstverständliche Deutung. Auch neueren, zum Teil populär verbreiteten Theorien aus der Physik, die uns suggerieren, mit einer kurzen Geschichte der Zeit eine umfassende Theorie für alles gefunden zu haben, muss die Philosophie skeptisch begegnen: Hier drohen Physiker ihr naturwissenschaftliches Beschreibungs-Paradigma zu überschreiten – ein ebenso problematischer Schritt wie die unreflektierte Übernahme mythischer Weltbilder in die faktisch beschreibende Sprache. Nicht nur philosophisches Nachdenken, auch ein Buch wie das gerade vorgestellte kann mit seinen deutungsoffenen Ordnungsbildern vor solchen Irrtümern bewahren.

Wenn wir im Buch weiterblättern, werden wir diesen Ordnungszusammenhang immer wieder entdecken: Wir sehen Häuser, in denen alles ganz ordentlich seinen Platz, quasi sein Zimmer hat, so in dem Doppelbild vom Vieh und den Kriechtieren. Und wie zur Bestätigung unserer ersten Deutung einer zeitlichen Ordnung sehen wir im unteren Teil stammesgeschichtlich eher ältere Tierarten. Noch deutlicher gilt dieses Ordnungsprinzip für die Seite zuvor von den Vögeln (*Abb. 6.9*): Von den Eiern im unteren Teil führt ein entwicklungsgeschichtlicher Gang zu den vielen verschiedenen Vögeln am Himmel. Und auch die Tiere im Wasser sind auf den Seiten zuvor in einer nicht zufälligen Reihenfolge abgebildet. Die Biologie hat für diese Beobachtungen verschiedener Wirklichkeiten die Theorie der Evolution gefunden. Doch ist damit keineswegs alles

Abb. 6.9

erklärt, erklärt wird damit nur z. B. die Tatsache der zeitlichen Verdrängung und Veränderung von Lebensformen, nicht aber der tiefere Grund dafür, dass es überhaupt eine Abfolge der Lebensformen gibt. Ein Grund für diese tiefere Ordnung mag der rhythmische Wechsel der Jahreszeiten sein, der im Frühling offenkundig alles erwachen und wachsen lässt, im Sommer zur Entfaltung führt, im Herbst zur Alterung und im Winter zu Schlaf und Tod. In diese Zeitenentwicklung scheint auch die Entwicklung von Leben eingebunden. Damit haben wir das Gebiet biologischer Aussagen verlassen und uns zu allgemeineren, eher physikalischen, besser kosmologischen und weltgeschichtlichen Prinzipien geäußert.

Abb. 6.10

Das ist Voraussetzung auch zum Verständnis eines der letzten Bilder zur Erschaffung des Menschen (*Abb. 6.10*). Neben den Menschen sehen wir in den kleinen Kästchen allerlei Schriftzeichen und Zeichnungen zu unterschiedlichen Zusammenhängen. Was soll das? Der Mensch wird hier offensichtlich nicht einfach so genommen, wie er uns hier und heute unmittelbar erscheint (das genau zu sagen, wäre vielleicht auch sehr schwer), sondern wie er sich im Laufe von Geschichte entwickelt. Und damit unterstellen wir wiederum: Wir leben in einem geschichtlichen Zusammenhang. Vielleicht selber zuallererst eine Art Tier, beginnen die Menschen allmählich miteinander zu reden (die Münder der beiden Menschen sind offen einander zugewandt), nicht nur Laute zu äußern, sondern sich Mitteilungen zu machen, was dann auch schriftlich festgelegt werden kann. Es sind Messungen über die Welt, in der wir leben, ebenso Sternbilder und Karten, dann Schriften aus verschiedenen Kulturen, die Einsichten festhalten, bis hin zu Noten, die einen wohl weniger deutenden, vielmehr betrachtenden, feiernden oder beklagenden Bezug zur Welt einnehmen. Mit Sprache aber und Musik und auch Messungen ordnen wir die Welt, um in ihr zurechtzukommen und uns in ihr wohl zu fühlen.

Erst jetzt verstehen wir besser auch die Bilder und Aussagen zu den beiden ersten Schöpfungstagen: Wir sehen hier elementare Strukturen ins Bild gebracht, die so genannten Urelemente Wasser, Licht, Luft und Erde. Auf den ersten Blick mag es so klingen, als seien früher nur diese Urelemente da gewesen, Welt und Leben hätten sich erst allmählich aus ihnen entwickelt. Das ist so nicht gemeint. Vielmehr wird erneut der Versuch gemacht, von der alten biblischen Quelle ebenso wie von der Zeichnerin Jane Ray heute, alle Wirklichkeit auf Strukturen zurückzuführen, sodass das Zusammengesetzte aller Wirklichkeit als eine Zusammensetzung und Mischung klar abgrenzbarer Elemente erscheint, also als eine nachvollziehbar teilbare Wirklichkeit.

c) Ordnung in der Teilung – Elemente?

Damit sind wir schon beim nächsten Problem der Kosmologie angelangt, eben der Möglichkeit der vollständigen *Teilung* von allem. Die Sinnfrage dahinter lautet: Ist alles in einfachste Teile teilbar, aus denen es geordnet ist, oder ist alles letztlich diffus, in- und auseinander laufend, sodass nichts geordnet ist, nichts aber auch als irgendwie Einfaches zu fixieren wäre?

Diese Frage würden wir heute ebenfalls eher an die Naturwissenschaften richten: Die Physik und die anorganische Chemie forschen nach Atomen, den kleinsten nicht mehr teilbaren Einheiten. Dummerweise lassen diese (physikalischen) Atome sich, wie wir heute wissen, trotzdem noch teilen, wie auch Elektronen, noch kleinere Teile der Atome, sich beschleunigen, also verändern lassen.

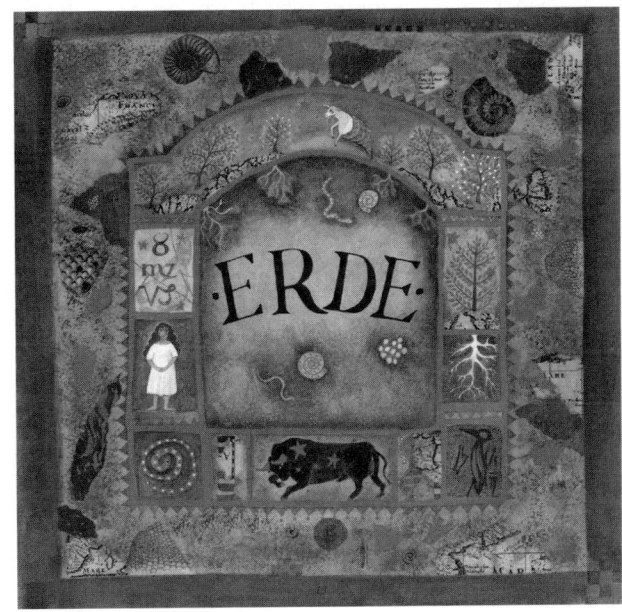

Abb. 6.11

Darum fragen wir vielleicht besser mathematisch nach Ordnungen im vordergründigen Chaos und entdecken darin möglicherweise strukturell stets Gleiches, zumindest vergleichbare Gesetzlichkeiten. Wiederum stellt sich in solchen Versuchen ein grundlegendes Problem: Inwiefern wissen wir mehr von Wirklichkeit, wenn wir atomare Strukturen oder Chaostheorie kennen? Die mythische Philosophie hat in früherer Zeit nach Elementen gefragt. Das ist eigentlich nur ein anderes Wort für „Atome", das, was nicht mehr aus anderem geworden und insofern zusammengesetzt ist, sondern was erste Urstoffe sind, aus denen alles, was ist, sich seinerseits zusammensetzt.

Auch zu der Frage nach solchen Urstoffen, Elementen, liegt ein keineswegs nur Mythen reproduzierendes, sondern zum philosophischen Nachdenken geeignetes Bilderbuch vor.[4] Für jedes Ur-Element, Erde, Feuer, Wasser, Luft, versammelt das Buch auf je 16 Seiten sehr knapp referiert wichtige Mythen zu den vier Elementen wie auch einige grundlegende Informationen. Das Ganze ist gestaltet wiederum von Jane Ray. Ich konzentriere mich nachfolgend auf das Element „Erde". Das erste Bild auf S. 13 *(Abb. 6.11)* versammelt ein ganzes Panorama zum Thema „Erde": Ganz in Brauntöne gefasst, entdecken wir im innersten Feld mit wenigen Strichen skizzierte kleinste Lebewesen, die die Erde als Boden lebendig machen. Als Wurzeln etwa bieten sie Grundlage und Nahrung für die Bäume mit ihren Blättern und Blüten, die wir im darüberliegenden Fries

---

4 *Hoffman, Mary/Ray, Jane*: Erde Feuer, Wasser, Luft. Hildesheim: Gerstenberg 1995.

sehen. Dazwischen sind einige Landkartenfetzen eingelassen: Die Erde ist zugleich Boden, auf dem wir stehen und den wir über Wege begehen können. Ähnliche Landkartenteile befinden sich im zweiten Feld von außen. Darin lesen wir einige Male das Wort „mare": Vom Meer abgerungen, stellt sich Erde somit als das Element des Trockenen dar, wiederum ein anderer Begriff, mit dem wir die Erscheinungen unserer Welt aufteilen und so in eine Ordnung bringen können. In die Erde können wir aber auch graben und hinabsteigen und finden dann darin, wie abgebildet, Schnecken, Versteinerungen oder auch Mineralien wie Gold. Erde ist somit etwas wie Bergungsraum für Schätze und Reichtum. Und schließlich machen wir im inneren Fries die drei Erd-Sternzeichen Steinbock, Stier und Jungfrau aus: Auch das luftige Element, der Himmel, ist also mittels der Gestirne in sich wiederum zu unterteilen in klar voneinander unterscheidbare Teile, die uns aufgrund ihrer Unterscheidbarkeit Orientierung liefern (sei es als Orientierungspunkte für die Seefahrt, sei es als Projektionsfolie für metaphysische Spekulationen, sei es als Bilder für persönliche Lebenswege); auch zu ihnen, den Himmelsteilen, gehören wieder erdartige Teile.

Die Folgebilder differenzieren und teilen dann weiter. In eindrucksvoller Parallele zu den Erdbildern der bislang in diesem Kapitel vorgestellten Bücher sehen wir auf S. 14f. die Mutter Erde abgebildet. Erneut handelt es sich natürlich nicht um eine deckungsgleiche Abbildung von Wirklichkeit, wie sie uns zufällig in einem Augenblick erscheinen mag, sondern um ihren gedeuteten Zusammenhang. Wie in dem Buch über Schöpfung erkennen wir eine zeitliche Abfolge: Von links nach rechts bestimmen die Jahreszeiten vom Frühling über Sommer, Herbst zum Winter das Bild, noch klarer aber als im Schöpfungsbild auch die Ordnung der Welt durch die klare Aufteilung. Von einer Ordnung mit Räumen ist nach Vorstellung dieses Buchs die Erde auch unter der Erde durchzogen. Auf den Folgeseiten sehen wir Höhlen, von Tieren gegraben, durch Wasser entstanden, von Menschen gebaut. Diese Ordnung kann freilich auch zerstört werden, das Gesamtgefüge zerfällt durch Erdbeben wieder in Teile.

Das interessanteste Bild vielleicht gilt dem menschlichen Begräbnis. Hier wird nicht nur informiert über unterschiedliche Begräbniskulte (in Fortsetzung auch beim Element „Feuer" die Feuerbestattung) (*Abb. 6.12*). Vielmehr wird unser menschliches Leben

Abb. 6.12

eingegliedert in den organischen Zusammenhang der Welt: Zur Erde, zum Humus kehrt der Mensch zurück, weil er, so eine uralte mythische Überlieferung, zwar einen Körper hat und einen Geist und sein Leben in täglicher Sorge führt, aber letztlich vom Humus genommen ist, und so heißt er auch „homo" (= der Mensch). Die Bibel arbeitet mit dem gleichen Wortspiel, wenn Adam (= Mensch) der aus Adamah (= Ackerboden) gewonnen ist.

Auf der gegenüberliegenden Seite erzählt das Buch die griechische Sage von Kadmos, dem aus Drachenzähnen Krieger aus der Erde wuchsen. Indianische Traditionen überliefern, die Menschen seien aus der Erde entstanden, indem sie aus sumpfigen Weiden langsam aus der Erde hervorgewachsen sind. Indem wir uns solcher Traditionen vergewissern, erzählen wir uns nicht nur irgendwie unterhaltsame Geschichten und Märchen, sondern deuten Menschsein als Leben in einem Kontext von größeren Lebenszusammenhängen. An dieser Stelle treten Kosmologie, die Frage des vorliegenden Kapitels, und Anthropologie, die Lehre vom Menschen, die als eine der wichtigen Frage hinter dem letzten Kapitel stand, zusammen.

d) Ordnung in den Ursachen – Determination oder Freiheit?

Mit dem Blick auf die letzte Richtung der kosmologischen Probleme wird der Zusammenhang von Kosmologie und Anthropologie noch enger: Eingebunden sind wir in einen Zusammenhang, gleich ob wir ihn Leben, organischen Prozess, Natur oder Welt nennen. Ist dann aber nicht alles durch diesen Zusammenhang determiniert, vorherbestimmt? Oder wird das, was uns als Welt und Leben erscheint, zumindest zuweilen auch durch spontane Ereignisse „gesteuert", ohne Gesetzlichkeit, in völliger Willkür?

Das folgende Bild wirft diese Frage in ganz unmittelbarer, vorerst gar nicht hintergründiger Weise auf[5] (Abb. 6.13).

Mit nur wenigen Flächen und Strichen ist dieses Bild völlig geordnet und ruhig und doch zugleich in Bewegung und Auflösung begriffen: Fast genau in der Mitte des Bildes am linken Rand berühren sich Himmel und Erde. Im unteren Teil imaginieren wir eine gelb-weiße Fläche wie Sand, nur durch wenige Farbschattierungen weiter strukturiert, die je-

Abb. 6.13

5 *Yoh, Shomei*: Drachen fliegen. Deutsch v. *M.-L. Huster*. Hamburg: Wittig 1989 [Tokyo 1988].

doch Bewegung und damit Formen in das Sandgebilde bringen; wir sehen die Sonne, nicht, aber vielleicht dringt sie durch die Wolken und hinterlässt Schatten auf bestimmten Bereichen der Sandoberfläche stärker als auf anderen; oder es handelt sich um Verwehungen, die Leben in das stets Gleiche bringen. Zwischen Himmel und Erde ist im rechten Bildteil ein kleiner Streifen blaues Meer gezeichnet. Er trennt von der Erde den Himmel, der mit feinen Strichen ein wenig diagonal von rechts oben nach links unten durchzogen ist, Hinweise auf das Element, das am meisten dem Himmel eigen ist, den Wind.

Es fehlt auf diesem Bild neben Erde, Wasser und Luft eigentlich nur das Element des Feuers. Aber fehlt es wirklich? Wir sagten schon, vielleicht können wir die Sonne, das Urfeuer, bloß nicht sehen. Und wir wissen ja, dass Winde durch Wärmeunterschiede entstehen, auch hier mag das Element Feuer im Hintergrund stehen. Doch befriedigt diese Antwort nicht. Denn wir entdecken noch weitere Details auf dem Bild, die sich nicht schlicht in die Elemente einbinden lassen: Ziemlich genau in der Mitte läuft ein Kind mit einem Flugdrachen über den Rücken, offensichtlich sich gegen den Wind stemmend. Und im oberen rechten Teil des Himmels sehen wir schematisch

Abb. 6.14

einen Vogel, der auch nicht einfach Spielball des Windes ist, sondern seinerseits mit dem Wind zu spielen scheint und so in den Lüften fliegt, wie es auf den Seiten später auch der Drachen tun wird, wenn das Kind ihn hat steigen lassen.

Eines ist klar dabei: Ohne den Wind als Naturkraft könnte der Vogel nicht fliegen und der Drachen nicht steigen. Aber trotzdem stellt sich die Frage: Tun sie dies (nur) durch den Wind? Oder werden sie gesteuert durch eine vom Wind und anderen Elementen unabhängige Kraft? Das Bilderbuch gibt keine eindeutige Antwort, führt uns aber in einer sanften und doch dramatischen Form direkt zu dieser Frage. In sechs weiteren Bildern schildert Yoh das allmähliche Steigenlassen und Steigen des Drachen durch das Kind, bis der Drachen schließlich vom Wind gefasst wird und sich losreißt. Oder hat der Drachen seinerseits den Wind erfasst und sich so von ihm losgemacht? Bevor diese Frage auch ausdrücklich gestellt wird, sehen wir auf dem siebten Bild *(Abb. 6.14)* die Welt ganz aus den Fugen gebracht: Oben links erkennen wir, wenn auch klein, den

Drachen, inzwischen ohne Drachenleine. Wir sehen, wie er in der Mitte des uns sichtbaren Himmels tanzt. Darunter zieht sich, nun größer im Bild, das blaue Band des Meeres. Und im kleinen Eck rechts unten erahnen wir wie aus der Vogelperspektive den Sandstrand mit dem Kind und seiner roten Jacke, wie es die Arme in die Höhe wirft, dem Drachen entgegen. Ist das Kind traurig, weil es den Drachen verloren hat, oder grüßt es den Drachen freudig, weil er wie das Kind die Naturkräfte überwunden hat? Das Bild jedenfalls ist aus dem Lot geraten und zeigt sich uns in der Diagonale. Doch wer ist dafür verantwortlich? Ist das der Wind, der dem Kind den Drachen aus der Hand gerissen und uns als Buchbetrachtern das Buch verdreht hat? Oder war es unser Wille, der zuletzt sich als Kraft über die Naturgesetze zeigte?

Zur Frage nach den *Ursachen* von Welt und Leben oder zum Prinzip ihrer Entstehung, unserer dritten kosmologischen Frage, sagt uns das Buch nicht mehr, belässt es bei diesem ganz elementaren Anstoß. Aber dass alles so sei, wie es ist, dass unser ganzes Leben durch klar definierbare und analysierbare Naturgesetze beherrscht würde, das ist nicht die Ansicht des Buchs. Was aber ist dann eine sinnvolle Antwort, wenn wir doch andererseits nicht leugnen können und wollen, dass wir festen Naturgesetzen unterworfen sind? Yohs Buch gibt darauf eine ebenso wenig definitive Antwort wie Kant in seinen philosophischen Überlegungen zur Freiheit. Immerhin so viel aber lässt sich sagen, dass die Unterstellung von Freiheit und freiem Willen in unseren menschlichen Handlungen der Annahme von Naturgesetzlichkeit in der uns umgebenden Lebenswelt nicht widerspricht, also auf einer anderen Ebene gesehen werden muss als über die Klärung der Frage nach den (logisch-wissenschaftlichen) Ursachen einer Erscheinung. Dazu werden wir mehr im Folgekapitel über die Moral erfahren.

Yoh „löst" dieses Problem des Entstehungsprinzips von allem auf seine eigene, ganz bildhaft-ästhetische Weise, er zeigt uns nur den Drachen am Himmel, doch nun nicht mehr gelb gefärbt, wie bislang, sondern in einem blassen, im Kontext aber klaren Rot am nun seinerseits gelb erleuchteten Himmel dahinfliegen. Damit haben wir im Drachen und in seiner Ausstrahlung auf den Himmel das vorhin vermisste Element des Feuers ausgemacht. Solch ein Bild bildet nicht irgendwelche Naturgesetze ab, sondern versucht das Empfinden des Schönen, der Freude ins Bild zu fassen, vielleicht als Sinnbild von Kräften, die hinter dem stehen, was wir als Naturgesetze zu begreifen in der Lage sind, die uns eine definitive Antwort auf das Ganze von Welt und Leben und wie bei der Frage nach Zeit und Urstoffen so auch nun bei der nach Ursachen nicht möglich machen, auch wenn die Fragen notwendig bleiben. Vielleicht darum „fehlt" Yohs Buch das letzte Bild: Die letzte Seite ist völlig weiß, ein bildloses Bild. Und auf der linken Seite lesen wir als Erklärung nur den Satz „Du bist jetzt frei". Das Weiße im Sinne jener Farbe, die alle Farben vereinigt, und die deswegen als eigene Farbe nicht mehr auszumachen ist, sondern nur als Licht, auch dieses Weiße verdeutlicht, dass das Ganze, wie Aristoteles meinte, mehr ist als die Summe seiner Teile. Teile und Summen lassen sich darstellen, für das Ganze können wir nur Bilder und Ideen entwickeln, es damit aber nie fassen.

7 „Ich will aber nicht!"

Die Frage der Moral

Der Umgang mit Vorschriften, Regeln, Normen – Kann man Moral lernen?

Abb. 7.1

Lassen wir bei diesem Bild[1] zunächst einmal den Text beiseite, denn wir sehen auf den ersten Blick, um was es geht: Ein fröhliches Fest wird gefeiert. Eine Menge Tiere, größere und kleinere, sitzt um den Tisch und verspeist das Lieblingsessen aller Kinder: Spaghetti mit roter Tomatensoße. Ein Lieblingsessen ist das nicht nur, weil es so gut schmeckt, sondern weil es auch so viel Spaß macht. Denn Spaghetti kann man sorgsam um die Gabel wickeln, wie der Wolf, oder es zumindest versuchen, wie die Eule, auch wenn das noch nicht ganz gelingt. Manchmal verwickelt man sich dabei, wie das Eichkätzchen vorn rechts. Aber zur Not lassen sich die Nudeln ausnahmsweise auch mal einzeln in die Hand nehmen und in den Mund „hineinschlotzen", das Schaf probiert das gerade. Gut, zuweilen bleibt eine Nudel, aus dem Mund hängend, an der Backe kleben – das Schweinchen am Kopfende hat das wohl noch gar nicht gemerkt –, aber dafür gibt es dann Servietten, mit denen man sich ordentlich wie der Dachs vorn in der Mitte den Mund wieder abwischen kann. Ärgerlich ist es nur, wenn die Nudeln nicht richtig abgeschreckt sind, sodass sie aneinander kleben und sich nicht ordentlich aus der Schüssel herausziehen lassen; die Maus kämpft eben damit. Da bleibt es nicht aus, dass

1 *Moost, Nele/Rudolph, Annet*: Alles erlaubt? oder: Immer brav sein – das schafft keiner! Esslingen: Esslinger Verlag J. F. Schreiber 1997.

einiges daneben geht, besonders wenn man die Nudeln noch mit Soße garnieren will. Nur der kleine Rabe vorn links hat dabei schon ein wenig zu viel gekleckert, aber der scheint ohnehin noch nicht so ganz aufzupassen, – eine Socke hat er auch schon verloren. Vielleicht ist er auch dafür verantwortlich, dass eine Gabel bereits vom Tisch geflogen ist, ins Loch des Maulwurfs hinein, aus dem sie gerade eben wieder herausgeworfen wird. Und sollten wirklich ein paar Nudeln vom Tisch fallen, dann wartet vorn rechts ja schon die Schlange auf die Reste.

Eine nette Gesellschaft also. Wo ist da das Problem? Und was soll das zu tun haben mit philosophischen Fragen? Wir blättern weiter und erhalten Antwort: Warum auch immer hat der kleine Rabe inzwischen, nun von der anderen Seite gesehen, die Soßenschüssel an sich gerissen, so weit, als wolle er direkt aus der Schüssel essen. Jedenfalls ist der Schnabel schon halb in der Schüssel drin, und – ja wirklich – ein wenig Spucke auch schon. Das geht dann doch zu weit! Das Schaf lacht noch, aber die andern Tiere schauen recht entsetzt, das Schweinchen will dem Raben die Schüssel fortziehen, und die kleine Maus kommt quer über den Tisch gelaufen, um Schlimmeres zu verhindern.

Was ist passiert? Da hat der kleine Rabe etwas getan, was er nicht hätte tun sollen, obwohl er schon gemerkt hat, dass wir das, was wir so täglich tun und lassen, zum Beispiel essen, gestalten können, so oder so oder auch ganz anders. Und genau da wird unser Tun zum Problem, und die Frage entsteht: Wie sollen wir das tun, was wir tun? Warum tut „man" bestimmte Dinge nicht, etwa aus der Schüssel schlecken? Gehört sich das nicht? Wer hat das gesagt, dass sich das nicht gehört? Oder darf man das auch nicht? Und warum? Aus Rücksicht den anderen gegenüber? Muss ich die dann um Erlaubnis fragen? Oder darf ich grundsätzlich nicht alles tun, was ich will? Aber warum darf ich das nicht? Und woher soll ich wissen, dass ich bestimmte Dinge tun darf, andere nicht? Lernt man das oder steckt das in uns drin? Und macht es einen Unterschied, ob ich etwas nicht tun darf oder ob sich eine bestimmte Handlung bloß nicht gehört? Und wenn ich so etwas dann doch tue, bin ich dann böse oder schlecht oder „bloß" nicht brav? Und haben die anderen dann ein Recht zu sagen: „Jetzt reicht's!", so wie Frau Dachs es tut? Oder ist sie dann gemein, wie der kleine Rabe meint, weil sie ihm seinen Willen nimmt? Oder kann man seinen Willen auch ändern und zum Bravsein erzogen werden; und ist das schwer?

Fragen über Fragen, die in die anfängliche Idylle eingebrochen sind. Und: der kleine Rabe wird bei ganz alltäglichen Lebensverrichtungen damit konfrontiert, dass diese Fragen keineswegs selbstverständlich sind, aber wohl doch unvermeidlich. Und darum versucht er in der Folge, das Bravsein zu lernen, weil er gemerkt hat, dass er mit seinen Verhaltensweisen Anstoß erregt. Nach einigen vergeblichen Ansätzen geht er schließlich beim Hasen in die Schule. Dass das eine zumindest schwere, vielleicht auch problematische, weil unzureichende Schule ist, das zeigt uns eines der folgenden Bilder: Der arme kleine Rabe liegt mehr, als dass er hockte, und schreibt und schreibt und schreibt (*Abb. 7.2*). Er schreibt eine ewig lange Liste von Geboten und Verboten auf, nicht weil er sich dabei etwas gedacht hat, sondern weil der Hase sie ihm mit erhobenem Zeigefinger diktiert. Dabei scheinen sich auch einige Überraschungen, unpassende Regeln eingeschlichen zu haben, jedenfalls für die kleine Maus und auch für den Igel. Aber

Abb. 7.2

der Hase muss ja wissen, was zu tun und zu lassen ist, denn um sein Baumhaus herum sehen wir eine ganze Reihe weiterer Regeln, symbolisiert durch Schilder: Ein Parkschild erlaubt es einer anderen Maus, das Auto festzumachen, ein kleines Eichhörnchen winkt mit einer Fahne „freie Fahrt" aus dem Baumloch, der Igel hat beim Arbeiten einen Helm auf, man könnte sich sonst weh tun, der Maulwurf eine Brille, um richtig buddeln zu können, und die ganze Baustelle ist mit einem Schild gekennzeichnet und abgesperrt.

So wird der arme Rabe, statt etwas zu lernen, mit noch mehr Problemen konfrontiert: Da finden sich Regeln, Verbote, Gebote, Erlaubnisse, Fehler, Wünsche, Hinweise, Verkehrsschilder und sicher noch einiges mehr, was eher die Erwachsenen kennen, wie Gesetze, Normen, Rechte, Ansprüche usw. Die Frage erhebt sich: Wozu das alles, warum gibt es so viele unterschiedliche Formulierungen, nur um das ganz einfache Problem zu lösen, wie man Bravsein lernen kann? Wenn wir nämlich all jene Sätze lernen wie der Rabe, wissen wir dann wirklich, was zu tun und was zu lassen ist? Und nützt es etwas, wenn wir diese Sätze auch aufschreiben? Für den kleinen Raben wohl kaum, so erschöpft ist er vom vielen Schreiben, aber auch nicht für das Schaf, das mit seinem Skateboard gerade einige Regeln überfahren hat, nein nicht die Regeln, aber den Aufschrieb der Regeln (ist das einen Unterschied?), und das, als gerade der Wolf dazukommt, der ja doch eigentlich Schafe jagt und frisst.

Das alles sind Fragen, die dieses Buch in spielerischer und vor allem sehr konkreter, selbstverständlich-alltäglicher Form aufwirft. Und diese Fragen stellen uns, wenn wir die Bilder genau beobachten, vor ganz neue, bislang nicht berührte philosophische Probleme. Die anfängliche Frage „Alles erlaubt?" hat sich gewandelt in die Frage nach dem Sinn von Ordnungen, Regeln, Geboten, Gesetzen, wohinter sich die allgemeine Frage verbirgt: Was sollen wir tun? Und warum sollen wir tun, was wir tun? Und dies wiederum hat ein Verständnis von Gutsein und Bravsein zur Voraussetzung. All das sind Themen der philosophischen Ethik. Mit ihnen werden moralische Probleme verhandelt. Und was das ist, ein moralisches Problem oder eine Moral, und was Moralität ist, die Ebene, auf der wir moralische Fragen zu unseren Problemen machen, und wann und wie ein moralisches Problem zu einer ethischen Frage wird, und ob und wie wir Moralität und Ethik lernen können, darum dreht sich dieses Kapitel.

Ob der kleine Rabe am Ende des Buchs entdeckt hat, was Moral ist, bleibt leider offen. Er hat sich zwar ein ganzes Buch lang mit Regeln auseinander gesetzt, deren Einhaltung gemeinhin oder zumindest bei den anderen Tieren als moralisch gilt. Doch wenn am Ende ein Geburtstagsfest gefeiert wird, an dem fast alle, jedenfalls viele Regeln wieder außer Kraft gesetzt werden, hat er wohl eher gelernt, wie man am geschicktesten im Umgang mit Regeln zurechtkommt, besser sich durchlaviert. Aber ist er dabei ein moralischer Rabe geworden, sprich: jemand, der seine Moral gespürt hat und sich als moralisches Wesen ernst nimmt? Wohl eher nicht, vielleicht weil auch die Autorinnen des Buchs sich über diesen Zusammenhang nicht klar geworden sind. Allenfalls wird der kleine Rabe gemerkt haben, dass auswendig gelernte Regeln uns noch nicht moralisch machen.

Gefühle und der Wille zum Guten – Voraussetzungen der Moral

Anders geht es da Robbi, obwohl (vielleicht auch weil) für ihn umgekehrt die Frage, was erlaubt sei und welche Regeln wir haben, gar nicht das Problem ist. Er hat einfach nur „einen ganz blöden Tag hinter sich". Und das sehen wir ihm auch ganz deutlich an[2]. *(Abb. 7.3)* Die Haare stehen so merkwürdig in die Luft, das rechte Auge ist entschlossen, fast ein wenig grimmig offen, das linke halb geschlossen, der Tennisschläger hat ein Loch in der Bespannung, ein Schnürsenkel hat sich gelöst, und die Schuhe sind offensichtlich sehr dreckig, denn hinter Robbi ahnen wir eine ganze Lache Dreck. Wie gesagt, es geht für

Abb. 7.3

---

2 *d'Allancé, Mireille*: Robbi regt sich auf. Frankfurt/M.: Moritz 2000.

- UUUAAAAHHH -
... es ganz plötzlich aus ihm rauskommt.

Abb. 7.4

Robbi nicht darum, dass er nicht wüsste, was zu tun sei, er hält sich sogar an Regeln, als der Vater ihm auf dem nächsten Bild streng nachruft „Schuhe ausziehen!". Das Problem dabei ist nicht, dass Robbi schon die halbe Wohnung mit seinen dreckigen Schuhen durchlaufen hat und sie dann blind durch die Gegend schmeißt, sondern das Problem ist sein Missmut. Oder nein, es ist noch etwas anderes, es ist dieses gelbe Licht hinter ihm, als der Spinat vor ihm auf dem Tisch steht, es ist die dunkle Wolke, die ihn begleitet, als er zur Abregung auf sein Zimmer geschickt wird, und es ist vor allem dieses „schreckliche Ding", das Robbi nun allein auf seinem Zimmer in sich hochsteigen spürt, „bis es ganz plötzlich aus ihm rauskommt" *(Abb. 7.4)*. Das ist wahrlich mehr als schlechte Laune, mehr als Aufregung, das ist die blanke Wut, der Zorn, der wie ein Feuer über Robbi gekommen ist: Es ist ein ganz fürchterliches rotes, gewaltiges, speiendes „UUU-AAAAHHH". Doch nun, als dieses Ding zum Glück herausgebrüllt, aus ihm heraus ist, schaut es sogar ganz niedlich aus. Robbi sieht es verdattert und stotternd an: Aber dann beginnt das Ding mit Kissen zu werfen, Lampe und Nachtkästchen umzuschmeißen, sogar das Büchergestell mit allen Büchern, Schreibzeug, Globus, selbst die Briefmarkensammlung niederzureißen, die Spielkiste auf den Kopf zu stellen und die Sachen kaputt zu machen. Das geht zu weit, auch für Robbi, das kann er nicht wollen, und er muss das Ding bändigen, seine Spielsachen, die Bücher, die Lampe, das Kopfkissen einsammeln und das Ding in die Kiste sperren *(Abb. 7.5)*. Erst dann kann er wieder nach unten gehen und seinen Papa ganz freundlich um Nachtisch bitten.

Das Problem ist hier ein ganz anderes als beim kleinen Raben. Es geht nicht ums Bravsein, eher müssten wir sagen: Robbi war böse, und jetzt ist er wieder gut. Damit hätten wir zwei wichtige Begriffe genannt, deren Unterscheidung zu wissen uns moralisch macht. Vielleicht sagen wir auch: Ja, so ist das manchmal, da steigt so eine Wut in uns hoch, und wir tun dann etwas, was wir gar nicht tun wollen, und dann beherrschen wir unsere Wut, und es geht wieder. Möglicherweise vermittelt auch dieses Buch wie das vom kleinen Raben eine Art Moral: Benimm dich ordentlich, dann kriegst du deinen Nachtisch, sonst musst du halt auf dein Zimmer gehen ohne Essen und zusehen, dass du dich abregst. Doch wichtiger an dem Buch scheint mir etwas anderes zu sein; und darum ist es auch gelungener: Robbi lernt in ihm ja wirklich sich zu beherrschen, und er hat es gelernt, weil er seiner Wut begegnet ist, Auge in Auge. Er hat

Abb. 7.5

sie zu fassen bekommen, hat es selber gemerkt und nicht beigebracht bekommen, dass es ihm gut geht, wenn er nicht tut, was die Wut ihn tun lässt, sondern wenn er tut, was *er* eigentlich will. Darum lässt er sich jetzt und künftig von irgendeinem Ding, das in ihm hochsteigt, nicht mehr so einfach überwältigen. Wer so etwas erfahren hat, hat eingesehen, dass er zu seinem Tun und Lassen stehen kann, dafür Verantwortung übernehmen kann, er nimmt sich in seinem Tun ernst, und so jemand ist moralisch. Und wer moralisch ist, ist in der Lage, ein besseres Leben oder besser, sein Leben besser, zufriedener zu führen.

Der kleine Rabe konnte nur sagen „Ich will aber nicht!" und hat am Ende eher zufällig gelernt (und so wahrscheinlich gar nicht eingesehen), dass es sich stressfreier leben lässt, wenn man einige Regeln einhält. Robbi dagegen hat erfahren, dass er Gutgehen vom eigenen Wollen abhängig machen kann, und das wird er Gewinn bringend auch in Zukunft anwenden können. Damit hat er eine wichtige Bedingung für Moralität begriffen, die zugleich ein wichtiger Maßstab ist, uns auch konkret moralisch verhalten zu können, es ist der *Wille* als Grund von Moral, das moralische Gefühl als wichtiger Maßstab moralischen Verhaltens und möglicherweise so etwas wie das Gewissen als letzte Entscheidungsinstanz. In diesem Sinne ist die Regel „Tu, was du willst", die Fernando Savater in Abwandlung eines Augustinus-Zitats provokativ als Titel für sein Ethik-Buch gewählt hat, durchaus fundamental für Moral.

Dagegen kann man einwenden: So einfach geht es nicht, denn da sind ja noch andere Menschen, und das ist noch einmal etwas anderes, sich mit anderen zu arrangieren als bloß mit sich selbst ins Reine zu kommen. Natürlich kommt dieser Einwand zu Recht. Das Gebiet der Moral ist umfangreich, mit vielen Fragen, Perspektiven, Bezügen. Wir sprechen von einer persönlichen Moral, durch die ich weiß, was gut für mich selbst ist und was ich dafür zu tun und zu lassen habe. Und es gibt die soziale Dimension der

Moral; durch sie bin ich in der Lage, mich mit meinem Tun und Lassen auch auf andere zu beziehen und sie ihrerseits als moralische Wesen anzuerkennen. Und natürlich hängen beide Dimensionen zusammen, ist die eine von der anderen abhängig; erst darin gewinnt Moral einen allgemeinen, universalen Anspruch.

Das Bedürfnis nach Anerkennung – ein Grund für Moral

Dieses Bedenken verstärkt allerdings die Frage, woher eigentlich Moral kommt. Denn wenn wir mit Robbi sagen können, dass es keine Moral gibt, ohne dass wir selbst sie für uns entwickeln, meint das ja keineswegs, dass sie (nur) aus uns selbst auch entstehe. Woher und warum also dann gibt es Moral? Eine wichtige Erklärung liefern die Phänomene Neid und Bedürfnis nach Anerkennung. Erzeugt werden sie bei den Freunden des kleinen Biber Biba[3] und auch bei Biba selbst. Helme Heine erzählt, auf die anschauliche Welt des kleinen Biber übertragen, die alte Parabel von der Perle. Sie glaubt man verborgen in der Muschel. Also gilt es, möglichst viele Muscheln zu sammeln. Doch das erzeugt den Neid der anderen, die diesen Schatz auch haben wollen. Und allmählich wird alles zerstört, um die verborgenen Schätze zu fördern. Da hilft am Ende nur, die Muschel wieder ins Wasser zurückzuwerfen, jenes fließende, stets in Bewegung befindliche Gefilde, in dem wir uns alle bewegen als Raum ständiger Auseinandersetzung.

Der Reihe nach: Eigentlich geht es Biba schon anfangs sehr gut, er hat den See in seiner ganzen Weite und Vielfalt der Stimmungen, Farben, Orte, mit der kleinen Insel, auf der sein Häuschen steht, er kennt Offenheit und auch Heimat, zwei elementare Bedingungen, um glücklich zu sein. Und dann hat er noch die Muschel gefunden; wir sehen sie zwar noch nicht auf diesem ersten Bild, doch das ist es ja gerade, er hat etwas, das ganz für ihn allein sein Glück symbolisiert. In den nächsten Bildern des Buchs erfahren wir, wie intensiv Biba dieses Glück genießt, manchmal mit wachen offenen Augen, die sich ganz in die noch verschlossene Muschel hinein zu sehen scheinen, manchmal mit geschlossenen Augen, die Muschel ans Herz drückend, um ihrer träumend ganz inne zu werden.

Das geht gut, bis Biba seine Entdeckung voller Stolz den Freunden mitteilt *(Abb. 7.6)*. Wir sehen es, Biba steht aufrecht mit geschwollener Brust und breitem Lächeln da, die Freunde aber sind unsicher, sie wissen nicht, sollen sie lachen und sich mit Biba freuen oder weinen. Sie halten sich an den Bäumen fest oder auch an sich selbst, aber nicht, weil sie damit auch etwas hätten, sondern weil sie verlegen sind, das nicht zu haben, was Biba hat. Und sie werden, so erzählt Helme Heine, „blass vor Neid". Und schon geht es los, wie wir es aus uralten Geschichten kennen, Lüge, Betrug, Kampf, Gewalt, Zerstörung machen zunehmend die ganze Welt der Freunde kaputt. Zuerst leugnet Biba selbst die Herkunft der Perle, daraufhin machen sich die Freunde über sein Reich, den See her. Doch ist das überhaupt sein See? Der eigentliche Streit beginnt mit Bibas kläglichem Schrei „mein!", denn nicht ganz zu Unrecht muss er prompt die Entgegnung des Bären hören, schließlich sei der See mit dem Holz des Waldes gestaut, also gehöre

3 *Heine, Helme*: Die Perle. Köln: Middelhauve 1984.

Seine Freundinnen und Freunde bestaunten
und bewunderten ihn.
„Biba ist der größte Schatz im Wald", dachten sie
und wurden blass vor Neid.

Abb. 7.6

er allen Tieren. Das Entscheidende dieser Auseinandersetzung aber ist nicht der Versuch der Klärung, wem was gehört, sondern die Drohgebärde, mit der nun seinerseits der Bär mit seinen riesigen Pranken und den gefletschten Zähnen und der rot angelaufenen Nase sich den kleinen Biba ganz wörtlich vornimmt: Auge in Auge sind sich die beiden nun gegenüber, nein entgegen, sie sind nicht mehr Freunde, sondern Gegner und Feinde geworden (*Abb. 7.7*).

Beide wissen gar nicht, warum eigentlich, aber wir können uns das fragen und merken dann auch, was die Freunde alle nicht gemerkt haben: Keiner ist eigentlich auf den anderen zugegangen. Auch Biba hat, wir sollten noch einmal auf dieses Bild zurückschauen, den Freunden seinen Schatz nicht eigentlich zugewandt gezeigt, sondern in stolzer, eher angeberischer Pose. Und die anderen lachen verkrampft auch nicht über Biba, sondern über sich selbst. Bei der allgemeinen Schatzsuche wird es dann noch deutlicher: Jeder sucht für sich allein. Und auch die Konfrontation zwischen Biba und Bär erfolgt zwar Auge in Auge, aber nicht von Angesicht zu Angesicht, denn die beiden schauen sich nicht wirklich an, zu schwarz sind ihre Augen bereits unterlaufen von all dem Zorn und der Wut, als dass sie den anderen sehen könnten.

Und so kommt es, wie es kommen muss, der See wird zerstört, der Damm wird eingerissen, das Wasser läuft ab, angeblich, um so besser Muscheln finden zu können. Doch eigentümlich, bald ist der eigentliche Gegenstand der Auseinandersetzung vergessen, es geht nur noch um die Auseinandersetzung, die Tiere bewerfen sich sinnlos mit Dreck, ärgern, zanken und streiten sich nur noch. Und dafür liefert uns Helme Heine im Fol-

Abb. 7.7

gebild ein ganz wichtiges Motiv: Die Angst geht um, sie steht den Tieren so sehr ins Gesicht geschrieben, dass wir sie gar nicht mehr wieder erkennen, die Augen stechen richtig aus den Gesichtern heraus, gelb sind sie angelaufen in Folge des Neids, der in ihnen allen frisst, Ausdruck der Angst, die sie sich trotz aller Feindschaft plötzlich eigentümlich aneinander klammern lässt, um der Dunkelheit des Bösen, das ihnen entgegenkommt, widerstehen zu können. Doch dieses Böse ist irgendwie unfassbar, darum ist es *Angst* und keine Furcht, die sie überwältigt hat.

Zum Glück aber ist, jedenfalls in der Geschichte, das alles nur ein Traum gewesen, vielleicht ein Hinweis darauf, dass Träume uns nicht nur Ängste bringen, sondern uns manchmal auch von der Angst lösen können, weil wir ihr in der Vorstellung begegnet sind und sie so haben bannen können. Zumindest liefert der Traum für Biba eine solche Lösung: Die Muschel wird ungeöffnet in den See geflippt, sieben Mal tanzt sie über das Wasser, bis sie versinkt. Damit hat Biba erkannt: Leugnen oder erledigen kann er Angst und Neid nicht, aber er hat sich ihr stellen können und kann sie so auch wieder fortwerfen, um nun voller Vertrauen und Zuwendung zu seinen Freunden zu schwimmen, die schon lange auf ihn warten und ihm tatsächlich sehnsüchtig zugewandt entgegenschauen aus dem See, der ihnen allen gemeinsam Lebensraum gibt.

Abb. 7.8

Das Grundproblem, das Heine mit seinem Buch ganz mythisch aufrollt, wird schon im Innentitel deutlich *(Abb. 7.8)*. Der kleine Biber steht vor dem Globus, in dem er sich widerspiegelt. Das mag ein Sinnbild sein für die Welt, die uns entgegensteht, aber als Raum, der sich für uns weitet, um unser Leben zu führen. Die Ärmchen des Bibers sind der Welt und dem Spiegelbild entgegengestreckt. Das ist die Frage, die dieses Buch stellt: In der Konfrontation mit anderem werde ich mir selbst zur Frage. Und nun kommt das Entscheidende: Will ich auf dieses andere einfach zugehen, freue ich mich schlicht über das andere, oder will ich es haben, ja mir zum privaten Eigentum nehmen? In all diesen Ausrichtungen steckt das gleiche Bedürfnis, das *Bedürfnis nach Anerkennung.* Es gehört zum Menschsein offensichtlich wesentlich dazu, und es ist ein Kern unserer Moralität; denn zum Problem wird nun, wie wir dieses Bedürfnis deuten und vor allem wie wir darauf antworten. Angst, Neid, Eigentum, Gewalt, Zerstörung entstehen, wenn Anerkennung in Gefahr ist oder verweigert wird. Dass sie täglich entstehen, zeigt uns, dass es das Böse wirklich gibt. Leugnen können wir es nicht. Aber es steht in unseren Möglichkeiten, damit umzugehen, sodass es uns gut geht, oder so, dass es uns schlecht geht. Denn Anerkennung ist ein kommunikativer Prozess, der Gestalt gewinnt, wenn Menschen sich aufeinander zu bewegen.

Das Gute tun, das Böse lassen – moralisch handeln

Der kleine Biber hat uns erste Hinweise gegeben, wie wir etwas dafür tun können, moralische Menschen zu werden. Doch damit erst bricht die eigentliche Frage der Moral auf. Wir wissen, dass es das Gute und das Böse gibt, und wir wissen, dass wir vom Bedürfnis nach Anerkennung getrieben sind, das uns zuweilen einengen, ängstigen und so zum Bösen führen kann, und wir wissen auch, dass wir durch unseren Willen und unser Gewissen die Kraft haben, uns zu bemühen, das Gute zu tun. Doch wie können wir es nun ganz konkret anstellen, wirklich das Gute zu tun und das Böse zu lassen?

Auf drei Ebenen ist der Versuch einer Antwort möglich, und für alle drei Ebenen gibt es ein Bilderbuch: Es ist zunächst der Umgang mit uns selbst, dann der Umgang mit anderen und schließlich der Umgang mit Welt, die moralisch bewältigt werden wollen. Und die Kompetenzen, die wir dazu brauchen, sind Einfühlungsvermögen (Sensibilität), tätiges Mitleiden (Empathie) und Bemühen um gerechte Ordnung (Eunomie).

a) Sensibilität – der Umgang mit mir selbst

Das alte schweizerische Märchen der Brüder Leo und Meo[4] eignet sich gut als Impuls auch für die letzte Ebene, einen achtsamen Umgang mit der Natur: Der hilfsbereite und offene Leo macht sich im Herbst auf den schwierigen Weg zur Alphütte, um das Dach zu flicken. Und weil er unterwegs so liebevoll auf seine Mitwelt eingeht, wird ihm der Buckel genommen, den er seit je mit sich herumträgt. Sein Bruder Meo ist anders, geizig und übel gelaunt bewegt er sich durchs Leben, doch will auch er, mit einem Buckel geschlagen wie sein Bruder, den Makel loswerden. Aber er zertritt alles und schimpft auf Tiere und Pflanzen, die sich ihm in den Weg stellen. Wie nicht anders zu erwarten, kehrt er mit einem noch größer gewordenen Buckel nach Hause zurück. Eine stark moralisierende Geschichte auf den ersten Eindruck, doch interessant wird sie, weil sie in Wort und Bild sehr genau die Stimmungen auslotet, die zu diesem gegenpoligen Verhalten führen. Der Umgang mit der Mitwelt erweist sich als Spiegel des Umgangs mit sich selbst. Und so führt das Buch eher in unsere erste Frage hinein, den Umgang mit uns selbst,

---

4 *Hasler, Eveline/Bhend, Käthi:* So ein Sausen ist in der Luft. Ravensburg: Ravensburger 1992.

Abb. 7.9

und zwar über die Erfahrung: Warum nur kommen alle Tiere auf Leo zu, und warum nur muss Meo mit seinem schwarzen Stock alle vertreiben?

Was Leo auszeichnet, ist nicht allein sein liebevoller Umgang mit allem, er teilt sein Brot mit dem Hund, macht den Ameisen Platz und weicht sogar den Dornen im Gestrüpp aus. Entscheidend dabei ist sein offener Blick. Der lässt ihn in allem, was ihn umgibt,

Abb. 7.10

lebendige Mitwelt sehen, es leben nicht nur die Vögel, Schlangen und Mäuse im Gebüsch, auch die Bäume scheinen Augen zu haben *(Abb. 7.9)*, ja selbst die Anordnung der Fliegenpilze auf der Wiese gehorchen einem „geheimnisvollen" Lebensprinzip. Mit offenen Sinnen erfahren, wird alles schön, das Echo, die Kröte, selbst die nun gar nicht unheimliche Dämmerung. Und so kann Leo mitten im

Abb. 7.11

Wald „getrost die Augen zumachen und schlafen", denn die Gestalten, die ihn beobachten und ihm im Traum begegnen, spiegeln ihm sein heiteres, weltoffenes und zugleich sensibles Wesen wider. Und so meint er, im Wasser sein Gesicht ganz heiter zu erblicken, er selbst glaubt, bloß als Spiegel des blauen Himmels, in Wahrheit ist es der Spiegel seiner Seele, die ihn ebenso fröhlich das Hüttendach reparieren lässt wie schwingend und leicht, ja fliegend nach Hause zurückträgt. Zur Offenheit geläutert, kann er seine heitere Natur nun auch nach außen tragen, der Buckel ist verschwunden, klar und aufrecht blickt er in seine Welt.

Gewiss sollte grundsätzlich gelten: „Was für meinen Bruder gut ist, gilt auch für mich." Das meint jedenfalls Leos Bruder Meo. Doch bestätigt sich hier unsere Einsicht: Wie es kein vorgeordnetes Leben gibt, so auch kein vorherbestimmtes Glück und auch keine nur vorgegebene Moral. Sondern gleich muss Meo die Erfahrung machen: „Wie einer etwas anschaut, schaut es zurück." Und so sehen wir einen garstigen Baumstrunk, zertretene Fliegenpilze, auf die Bäume geflüchtete Mäuschen und einen abgebrochenen Stock. Auch das Echo ist bei Meo finster, wie auch die Nacht, die erneut mit unheimlichen Gestalten gefüllt ist *(Abb. 7.10)*. Die recken nun gefährlich die Hälse, machen Meo Angst und bringen ihm schlechte Träume und üble Laune. Im Bach erkennt er nur ein fremdes verzerrtes Gesicht. Aber er ahnt nicht, dass all dies Üble aus ihm selbst kommt. Erst die Konfrontation mit dem Bruder und dem Hund, der knurrend vor ihm zurückweicht, bringt ihn zur Besinnung. Und die tröstende Hand des Bruders auf seiner gebeugten Schulter *(Abb. 7.11)* gibt ihm den Mut, den Weg im Frühling noch einmal zu gehen.

Welchen Schluss können wir ziehen aus dieser Geschichte? Nahe läge die konstruktivistische Lesart, die Übel, die uns quälen, kämen zu uns nicht durch die Dinge selbst, sondern durch die Meinungen, die wir von ihnen haben. Doch so weit muss man nicht gehen, um anzuerkennen, wie sehr von unserer Befindlichkeit, unserem Gemüt, unserer Offenheit für die Dinge und so von der Ver-antwortung, die wir in uns als Antwort auf Herausforderungen realisieren, es abhängt, dass wir tatsächlich das Gute zu tun in der Lage sind. Noch elementarer ist es die Sensibilität für uns und die uns umgebende Welt, das Hinsehen, Hinhören, Erfühlen, Kosten, Eratmen und das innere Ersinnen, was auszuüben ein erster Garant für das Tun des Guten sein kann. *Sensibilität* ist mithin die Kompetenz, die elementar ist für die erste Herausforderung zum Guten, den Umgang mit sich selbst.

b) Empathie – der Umgang mit anderen

Auch Jamina hat diese Offenheit der Sinne, wir sehen es bereits im Titelbild[5] *(Abb. 7.12)*. Ihre Augen sehen nicht nur, sondern versuchen zu erblicken, auch das Ohr Jaminas ist offen hinzuhören, ihre rechte Hand ertastet und fühlt mit, ja, ihr ganzer Körper ist mitfühlend, empathisch, zugewandt einer Situation und einem Mitwesen, das wir noch nicht kennen und Jamina auch noch nicht.

Dabei ist Jamina im Gegensatz zu ihrem Großvater gänzlich unbesorgt. Dem Großvater dagegen stehen die Erfahrungen, gute wie schlechte, schon ins faltige Gesicht geschrieben, in den skeptischen Blick, in die Haltung, die fest umfasst, was Sicherheit gibt. Jamina dagegen ist offen für alle Farben, Geräusche, Stimmungen der Savanne, und deshalb möchte sie gern die geheimnisvollen mächtigen Elefanten sehen, und sie will Jägerin werden, weil das eine besondere Nähe zu den Tieren verheißt. Dabei macht sie sich los von der Hand des Großvaters und geht prompt im Busch verloren. Doch Angst hat sie dabei nicht, ja, sie übersieht sogar die Gefahren, die auf sie lauern. Denn sie fühlt sich von einem leisen Wimmern angezogen, das sie letztlich als Weinen eines kleinen Elefantenbabys erkennt, dem die Jäger die Mutter getötet haben. Und nun kann die zuvor implizite Empathie Gestalt werden in offener Zuwendung. Das Bild macht Jaminas Haltung sehr eindrücklich: Sie ist zwar dem kleinen Elefanten ganz zugewandt, um ihn zu

Abb. 7.12

5 *Geraghty, Paul*: Jamina. Kinder der Savanne. Mödling: St. Gabriel 1994.

Doch was sie vor sich sah, das waren Elefanten. Ihre Gedanken waren erfüllt von den großen Herden längst vergangener Tage. Die mächtigen Stoßzähne, die ihr Großvater gesehen hatte, als er jung war. Riesige Elefantenschatten, die sich über das Grasland bewegten. Ihr sanftes, dumpfes Gemurmel klang ganz nahe.

Abb. 7.13

beruhigen, doch nimmt sie selbst sich völlig zurück und vermag gerade dadurch die Ruhe auszustrahlen, die das Baby jetzt braucht, um seinerseits ein wenig zu sich zu finden, Vertrauen aufzubauen, Jamina zuerst zu beschnuppern, um letztlich sich ihr anzuschließen, weil es ahnt, dass es allein nicht überleben würde. Und in stets zugewandter Haltung, durch Regengüsse, ewige Steppenwanderungen, gefährliche Flussbegegnungen hindurch gelingt es Jamina tatsächlich, bei dem kleinen Elefanten jene Aufmerksamkeit aufzubauen, die ihm ein Überleben sichern wird. Mit offenen Äuglein, aufgestellten Ohren und schon ein wenig mutigem Schritt kann nun seinerseits der Elefant die bunte und vielfältige Welt bestaunen. Das schützt beide sogar, als sie müde werden und nicht mehr weiter können und trotz des Jammerns von den vorbeihuschenden Jägern unentdeckt bleiben. Doch irgendwann müssen sich beide völlig erschöpft hinlegen, und da geschieht ihnen jene so sehnsüchtig erwartete Einsicht: Die geheimnisvollen Elefanten kommen, nein, sie erscheinen eher wie im Traum, weil Jamina ihrer ganz inne geworden ist *(Abb. 7.13)*. Sie sieht sie „vor sich", wie es sensibel im Text heißt, und die Elefanten nehmen den Kleinen mit sich in die Herde, und Jamina weiß, dass er so überleben wird.

Sie selbst wird am nächsten Morgen von der Mutter schlafend im Steppengras gefunden; aber viel wichtiger als ihre eigene Rettung ist, dass sie um eine elementare moralische Erfahrung reicher geworden ist: „Ich werde niemals ein Jäger", sagt sie leise, aber das sagt sie nicht nur, weil sie die Jäger als Zerstörer der Mitwelt erfahren hat und ihnen mit dem kleinen Elefanten gleichwohl entrinnen konnte, sondern sie sagt es, weil sie in der Begegnung mit dem kleinen Elefanten von einer beobachtenden, sinnenoffenen Jägerin zu Einfühlungsvermögen und tätigem Mitgefühl, ja Mitleiden gefunden hat. *Diese Empathiefähigkeit* ist ein zweiter wichtiger Garant, wirklich das Gute tun zu können, die Kompetenz, die wir im Umgang mit anderen brauchen.

c) Ordnung – der Umgang mit Welt

Eine uralte mythische Geschichte erzählt davon, wie sowohl Sensibilität als auch Empathie uns wieder verloren gehen können oder auch von anderen zerstört werden. Und so entsteht die Frage, wie dieser Feind der Moral, das Böse, das sich verbreitet, gestoppt, ja zum Verschwinden gebracht werden kann. Der Mythos erzählt von einer großen Flut, die alles Böse wegschwemmt und uns, wenn wir uns nur ordentlich sammeln, zu neuen Ufern hinüberrettet. Es ist der Mythos von der Arche Noah. In vielen Bildern und Bilderbüchern ist er dargestellt, doch nur wenige können als wirklich gelungen und die moralischen Botschaften der Geschichte wirklich auslotend bezeichnet werden. Eines davon bringt gleich zu Beginn ins Bild, um was es geht[6] *(Abb. 7.14)*. Diese Menschen stehen eng beisammen, auf einem eigenartig diffusen Untergrund, der dunkel und grau, von Schatten durchzogen, nicht mehr recht Halt zu geben scheint, vor einem hellen Hintergrund, der ihnen aber auch kein Licht gewährt, und sie schauen in einer Haltung zwischen Abwarten, Skepsis, Erwartung, Hoffnung und Zuversicht, die Körper leicht nach hinten gebeugt, nach oben: Wir von dort Rettung kommen? Einige sind im Gesicht und im oberen Körperbereich wie von einer anderen Helligkeit angestrahlt. Gibt es also Hoffnung?

Diese Frage stellt sich stets angesichts der Erfahrung von Ungerechtigkeit, Versagen und Bosheit. Und die Antwort ist einfach und doch anstrengend: *Ordnung* muss her. Und so wird gebaut, mit viel Technik und Konstruktion, und vor allem wird sortiert, systematisiert, geordnet, alle Tiere. Und Tafeln werden angefertigt zur Dokumentation *(Abb. 7.15)*. Dieses Bild hat etwas Dialektisches: Die überpointiert genaue Wiedergabe verschiedener Tiergattungen löst einerseits unmittelbar das Bedürfnis aus, sich noch detaillierter mit den Eigenheiten der lebendigen Mitwelt vertraut zu machen, konfrontiert aber andererseits durch die lexikalischen Bezifferungen zugleich mit dem Makel, dass wir alles stets nummerieren, katalogisieren, messen, ordnen und kategorisieren müssen. Warum

Abb. 7.14

6 Die Arche Noah. Nacherz. v. *Hein Janisch*, illustr. v. *Lisbeth Zwerger*. Gossau/Zürich: Neugebauer/ Nord-Süd 1997.

Abb. 7.15

können wir die Vielfalt der Verschiedenheiten in ihrer Buntheit nicht schlicht bestaunen und bewundern? Harmonie erscheint uns Menschen nur über Ausdifferenzierung, den unterteilenden Zugriff möglich, nicht über die Einsicht in die Schönheit der Schöpfung. Die Tiere finden, so lautet der zugehörige Text, dadurch Schutz. Vielleicht sind diese Einteilungen als der uns mögliche Beitrag zum Bewahren der Schöpfung zu verstehen. Kindern mag im Betrachten und Befragen dieser Bilder der eigenartige menschliche Schöpfungsbezug aufgehen: Bewahren können wir nur als Eingreifende, über tätiges Mitwirken, was den Bestand der Schöpfung aber immer auch zu gefährden droht. Menschliches Handeln muss also stets auf seine Grundlagen wie Ziele reflektieren, will es nicht seine Orientierung verlieren.

Damit genau ist das dritte Element angesprochen, das wir suchten, um Wege gelingender Moral zu beschreiben. Bei der Frage des rechten Umgangs mit Welt kommt stärker als die bisher genannten Elemente der Sensibilität und der Empathie das Element der Ordnung zum Tragen, einer Ordnung, die über die konkrete Situation hinaus *Gerechtigkeit* verbürgt. Die Frage der Moral geht damit über in die Frage des Politischen und Ökologischen, die uns im nächsten Kapitel beschäftigen wird. Ursprünglich freilich gehören diese Dinge zusammen, weil nicht gut sein kann, wer nicht auch gerecht ist, und Gerechtigkeit umgekehrt auf Moral der Einzelnen angewiesen ist. Der Mythos von der Arche trennt ebenfalls nicht zwischen Ethik und Politik, zwischen Moral und Gerechtigkeit, und sein stärkstes Bild einer gerechten Ordnung ist die Arche, die den wohl gesammelten Tieren einen Raum gerechten Überlebens gibt.

Im folgenden Bild ist die Sammlung der Tiere bereits erfolgt, die Arche hat vierzig Tage und Nächte im Dauerregen verbracht, und die Flut hat begonnen, wieder abzufließen *(Abb. 7.16)*. Die Arche hat auf einem hohen Berge aufgesetzt, die Wasser haben sich beruhigt, auch der Himmel, an dem im rechten Teil immerhin schon einige helle Wolken auszumachen sind, wenn er sich auch noch nicht recht gelichtet hat. Und doch vermittelt dieses Bild bei aller Ruhe eine eigentümlich unklare Stimmung. Der Reihe nach: Keine andere Illustratorin der Arche hat zunächst das Kastenartige so suggestiv ins Bild gesetzt wie Zwerger.

Abb. 7.16

Faszination und Ehrfurcht gehen gleichermaßen von diesem Schiff aus. Die kleinen Fenster deuten auf die riesigen Ausmaße hin, und doch wirkt das ganze tatsächlich eher wie ein Kasten denn wie ein Schiff. Besonders auffällig ist der ungewöhnlich hoch über mehrere Stockwerke aufstrebende Aufbau, ein riesiges Holzhaus, das nicht nur aufgrund der Perspektive die Arche insgesamt in eine Schräglage bringt, ja labil macht. Zu sehr, so hat man den Eindruck, sollte man das Gewicht nicht verlagern, sonst stürzt die Arche um, denn sicher ist es nicht, dass sie auf dem harten, fast schwarzen Untergrund nicht zerbräche mit ihrer immerhin doch filigranen Reling und dem gewiss auch nur relativ stabilen Holzbau. Verunsichernd wirkt auch der Spiegel von Arche und Berg im fast völlig ruhig gewordenen Wasser. Er kann auch den Schatten meinen, der nach wie vor auf dem Geschehen lastet, obwohl er mit der Flut hinweggespült ist: Diesen Berg, auf dem die Arche aufsitzt, werden ihre Insassen weiterhin zu tragen haben. Und auch die Windstille scheint nicht nur auf Frieden hinzudeuten, der Himmel bleibt trotz der hellen Wölkchen und einigen Lichtungen am Horizont dunkel, die Bedrohung ist noch nicht verflogen. Erneut der Berg, vor allem in seinem Spiegelbild, scheint eher toter Stein als fruchtbare Erde zu sein. Und doch ist die Situation nicht hoffnungslos: Die Arche zumindest scheint in ihrem noch ganz aquarelligen Rosarot angestrahlt von einem hellen Licht, das leicht auch in den nächsten Wolken zu sehen ist. Vor ihm scheint sich die Arche nach hinten zu beugen, auch wenn es nur zu ahnen ist. So wirkt die Arche wie eine gerade aus dem Dunkel hervorsprießende Blüte, von der man hofft, sie möge sich zu einer schönen und vielfarbigen Blume entfalten. Uns als Betrachtern aber überlässt das Bild das Problem, wie diese Blume sich weiter wird entwickeln können. Ganz im Sinne mythischer Sinngebungen wirft Zwerger mit diesem Bild also eher Fragen auf. Wir sind gefordert, sie zu stellen und so gut wie möglich auch zu beantworten.

Eben diese Aufgabe aber haben auch menschliche Ordnungen, wenn sie sich um das Gute bemühen wollen. Im Bewusstsein des Horizonts letzter Gerechtigkeit und vollkommenen Glücks, was durch Tun des Guten nie vollkommen zu erreichen oder gar sich herstellen lässt, stellen Ordnungen einen dritten Garanten dar, die das Tun des Guten sinnvoll machen und als Prüfsteine zur Beurteilung des rechten Tuns geeignet sind.

8 „Wir können noch viel zusammen machen!"

Der andere Mensch

Freunde haben

Wer kennt nicht die These vom Menschen als *zoon politikon*, als *animal sociale*? Manchen gilt sie als Auszeichnung von Menschsein. Doch in Zeiten des modernen Massenmenschen einerseits und einer um sich greifenden Individualisierung andererseits erscheint sie zuweilen eher als Makel. Vielerorts jedenfalls wird sie als Standard immer wieder zitiert, Aristoteles etwa hat sie uns an

Abb. 8.1

prominenter Stelle gleich auf der dritten Seite seiner „Politik" überliefert: Der Mensch sei von Natur aus ein gemeinschaftliches, soziales, politisches Wesen. In der Tat, wir leben nicht nur irgendwie immer mit anderen Menschen zusammen, wir brauchen die Beziehung zu anderen Menschen auch notwendig zum Leben, und zwar von kleinsten Beziehungen angefangen bis hin zu kaum noch überschaubaren Verflechtungen. Um solche Zusammenhänge genauer fassen zu können, fragt die Philosophie nach dem besonderen Sinn von Freundschaft, Liebe, Familie, Gesellschaft, staatlicher Gemeinschaft, Menschheit.

Beginnen wir im Kleinsten. Alleinsein ist eine, streng genommen, gar nicht mögliche Lebensform, und wenn Menschen einmal eine lange Zeit allein sind, gilt dies entweder als extreme Überlebensprobe oder als Strafe. Darum ist es ganz schlimm, allein sein zu müssen, für Kinder ist es kaum vorstellbar. Da bleibt nur, zunächst laut und dann ganz still vor sich hin zu weinen, wie jener kleine Biber, der völlig allein ohne Geschwister und ohne Freunde an einem großen See wohnte.[1] Und was genau dieses Alleinsein bedeutet, ja andeutungsweise auch, welche Gründe es haben mag, dass jemand allein ist, veranschaulicht das erste Bild *(Abb. 8.1)*. Wir sehen zwar eine wunderschöne Gegend, romantisch mit vielen Farben und Landschaften, den großen See, im Hin-

---

1 *MacDonald, Amy/Fox-Davies, Sarah*: Der kleine Biber findet Freunde. Aarau u. a.: Sauerländer 1991.

tergrund wilde Berge, davor reicher Mischwald, und im See eine kleine Halbinsel, zwischen den hohen Tannen üppiges Gras und vorn, aus dem Wasser herausragend, blank gewaschene große Steine, auf denen der kleine Biber hockt. Doch freuen kann er sich nicht über seine idyllische Umwelt, der Blick ist nach unten gerichtet, eher in sich hinein als hinaus in die Welt. Denn all die Schönheiten um ihn herum sind ihm nicht, was er braucht: ein Freund. Die so genannte Natur bietet dem kleinen Biber zwar seinen Lebensraum, doch Pflanzen und Stoffe sind etwas ganz anderes als er selbst. Ein Freund dagegen müsste ihm ähnlich sein, in ihm müsste er sich wieder erkennen können. Aber wiederum nicht so sehr, dass er ein reines Spiegelbild wäre, wie wir es vorn auf der ruhigen Seeoberfläche entdecken: Völlig gleich darf ein Freund nicht sein, er soll Widerpart bieten können, an ihm muss etwas sein, was man selbst nicht hat, sodass man darüber zu einem Austausch kommen kann. Und vielleicht war das bislang der Fehler des kleinen Bibers, dass er zu sehr auf Gleiches fixiert war.

Wie also kann der kleine Biber zu einem Freund kommen? Mühe gibt er sich, das sehen wir auf dem übernächsten Bild. Er ruft hinaus über den See. In der Tat gilt auch dies als Kriterium für Freundschaft: Ein richtiger Freund muss ein Ansprechpartner sein, das heißt, in welcher Form auch immer muss ich mit ihm sprechen, mich unterhalten können. Sprache ist der entscheidende Kitt für jede Sozialbeziehung. Und scheinbar hat der kleine Biber damit auch Erfolg. Tatsächlich hört er eine Stimme zurückrufen. So ruft er noch einmal und hört wieder etwas. Eine Unterhaltung scheint sich zu entwickeln, denn ein guter Freund kann immer auch antworten.

Doch einem Freund will man auch begegnen. Auseinandersetzung hat etwas mit Bewegung zu tun, vollzieht sich nicht im Stillstand. Also klettert der kleine Biber in sein Boot und paddelt in den See hinaus. Nach langer Zeit entdeckt er eine Ente. Die hatte zwar nicht geweint und gerufen, aber Freundin für den kleinen Biber kann sie trotzdem sein, zumindest vorläufig, und so klettert sie zu ihm mit ins Boot. So geht die Geschichte weiter: Die beiden finden einen Otter, dann eine Schildkröte. Schließlich kommen sie ans andere Ufer des Sees und begegnen dort einem alten einsamen Biber. Der klärt die vier darüber auf, dass der kleine Biber sein eigenes Echo gehört hat und so vergeblich nur diesem Echo nachgejagt war. Der kleine Biber aber wollte die Stimme auch als Gegenüber finden, um endlich einen Freund zu haben. Am augenblicklichen Protest von Ente, Otter und Schildkröte *(Abb. 8.2)* merkt er, dass er ja schon drei gute Freunde hat, gute Freunde, weil sie nicht wie das Echo das bloß Gleiche widerspiegeln, sondern jeweils andere sind, jedes Tier mit seinen Besonderheiten. Und das sieht er, und wir sehen es: In aller Lebendigkeit, detailliert mit einem je eigentümlichen Ausdruck stehen die drei Freunde da, nein bewegen sich auf den kleinen Biber zu. Nur aus dem Austausch von Eigenheiten kann sich wahre Freundschaft ergeben.

Anerkennung finden

Manchmal aber geht es nicht so leicht, Freunde zu finden, wie sie dem kleinen Biber ja eher zufällig über den Weg gelaufen sind. Denn der andere kann auch ein Fremder

«Aber wie kann ich es denn finden und
sein Freund sein?» fragte der kleine Biber.
«Es hat keine Freunde, und ich auch nicht.»

«Und was ist mit mir?» sagte die Ente. «Und was ist mit
mir?» sagte der Otter. «Und was ist
mit mir?» sagte die Schildkröte.

Abb. 8.2

sein, vielleicht ist er gar der Feind, vor dem man Angst haben und weglaufen muss.
Doch wenn es gelingt, diese Angst zu überwinden, kann sich eine ganz wunderbare
Freundschaft entwickeln, denn mit der Überwindung von Angst lernen wir ein weiteres wichtiges Element für gute Freundschaft kennen.

Es kann nämlich passieren, dass man ganz allein ist oder meint, ganz allein zu sein,
und sich dabei doch pudelwohl fühlt, jedenfalls denkt man das. So geht es Strippenhals, dem Dinosaurier mit dem langen Hals.[2] Den ganzen See hat er für sich allein, sodass
er sich der Länge nach ausstrecken und vor sich hindösen und die Sterne beobachten
kann. Da kommt ihm nichts in die Quere, er genügt ganz sich selbst. Die beiden Frösche, die sich auf seinem Bauch und seinem Schwanz ausruhen, beachtet er gar nicht,
so klein sind sie. Darum scheint ihm auch nichts zu fehlen. Oder doch? Auf den anderen Dinosaurier, riesig an Gestalt und riesig auch im Lärm, den er verursacht, wenn
seine Füße beim Laufen aneinander schlagen, und deswegen Donnerfuß heißend, auf
diesen Donnerfuß kann Strippenhals jedenfalls verzichten. Wir sehen warum: Donnerfuß macht sich so breit im Strippenhals' Revier, dass es mit der Ruhe vorbei ist. Die
Frösche springen erschrocken davon, die Schmetterlinge ergreifen die Flucht. Und dann
sieht man noch die scharfen Zähne und Hörner. Wehe, wenn man mit denen in Berührung käme! Außerdem wird er fürchterlich stinken, so unansehnlich und dreckig, wie
er schon aussieht. Das alles löst „mordsgroße Angst" aus bei Strippenhals.

Das ist umgekehrt im Übrigen nicht anders: Als Donnerfuß den vor Angst schlotternden Strippenhals entdeckt *(Abb. 8.3)*, hält er ihn für ein „furchterregendes Monster", massiger als die ganze Insel, auf der er steht, während die Bäume neben ihm wie
Grashalme wirken; und giftig wird er sein, so giftgrün, schnaubend und mit stechendem Blick reckt er seinen Hals dem armen Donnerfuß entgegen. Donnerfuß also ist
mächtig erschrocken, auch weil er das Schwanzschlagen von Strippenhals nicht als Angstreaktion deutet, sondern als Imponiergehabe. Ebenso ergeht es natürlich Strippenhals,
der ordentlich zusammenzuckt und schwitzt angesichts des angstvollen Schuppen-

2 *Piers, Helen/Foreman, Michael*: Strippenhals und Donnerfuß. Frankfurt/M.: AliBaba 1983.

Abb. 8.3

klapperns bei Donnerfuß. Beide haben also großen Respekt, nein Angst voreinander und wollen doch nur eins (wir wissen es, aber sie selbst wissen es noch nicht, sondern müssen es erst in Erfahrung bringen): Sie wollen Anerkennung, Anerkennung für sich selbst. Doch dazu würden sie jemand anderen benötigen. Und weil sie das noch nicht wissen oder auch nicht wissen wollen, zeigen sie statt Interesse am andern Angst. Und so verharren sie ehrfurchtsvoll am Platz, überspielen ihre Angst mit gewaltigen Posen wie zwei Westernhelden, die sich mit geladenen Pistolen beäugen und warten, wer wohl als erster zieht.

Es kommt, wie es kommen muss: Bei der ersten kleinen Bewegung springen beide zugleich auf und rennen schreckerfüllt in entgegengesetzte Richtungen davon. Diese Niederlage können sie natürlich nicht auf sich sitzen lassen. Eine List muss her, den jeweils anderen hereinzulegen. Und so üben beide an ihren Stärken, um sie gezielt gegen den anderen einsetzen zu können. Donnerfuß gräbt eine entsetzlich tiefe Grube, in die Strippenhals hineinfallen soll, Strippenhals baut eine Falle, legt sich auf einen großen Baumast, um Donnerfuß aufzulauern. Aber dann, ja dann passiert das Malheur:

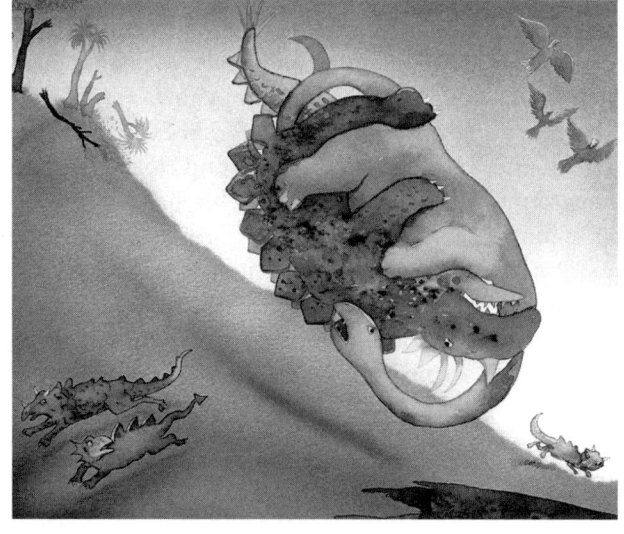

Abb. 8.4

Donnerfuß stolpert gar nicht über Strippenhals' Schwanz, sondern setzt sich, ja wirklich, mitten drauf, so lange und schmerzvoll, bis der sich nicht mehr halten kann, der Ast bricht und Strippenhals unter Getöse mit dem Gewicht seiner 20 Tonnen auf Donnerfuß fällt, besser draufdonnert, und beide ineinander verknäult den Abhang hinabrollen *(Abb. 8.4),* hinein selbstverständlich mitten in die von Donnerfuß gegrabene Grube. Da liegen sie nun, plötzlich ganz nah beieinander, kleinlaut vor lauter Schreck. Und bar jeder Imponiermöglichkeit können sie sich endlich gegenseitig ihre grauenhafte Angst voreinander beichten, die doch nur die geheime Sehnsucht nach Anerkennung war. Wie von selbst entwickelt sich, woran beide nie auch nur im Traum gedacht haben, was beide insgeheim aber immer wollten, eine fröhliche Freundschaft, die sie erst mal in einem großen gemeinsamen Musikfest in vollen Zügen austoben und genießen können.

Was haben beide hier entdeckt? Eigentlich wollte jeder nur, dass es ihm gut geht, sich einfach rundherum wohl fühlen. Und dann kommt jemand anderes, und die Angst ergreift einen, dass der andere davon etwas wegnehmen könnte. Doch in der Begegnung machen sie die befreiende Erfahrung, dass gemeinsam zu leben keine Einschränkung des Lebensgenusses zur Folge haben muss, sondern eine Steigerung mit sich bringen kann. Freiheit wird durch Gemeinsamkeit nicht beschnitten, sondern erweitert.

Gemeinschaft pflegen

Daraus ergibt sich schon: Gemeinsamkeit ist nicht einfach da, sondern muss durch gemeinsame Aktivitäten ständig entfaltet und gepflegt werden. Noch deutlicher lernen wir das mit Helme Heines berühmtem Buch „Freunde"[3], das in unserem Zusammenhang natürlich nicht fehlen darf: Echte Freunde überwinden nämlich alle Hindernisse, helfen einander, gehen gemeinsam durch dick und dünn, stellen auch allerlei Unsinn an und träumen sogar voneinander, weil am Ende doch jeder in sein eigenes Bett muss. Aber der Reihe nach, denn das ist ja nur der (vorläufige) Schluss nach vielen Abenteuern, mit denen die drei ihre Freundschaft pflegen und gestalten:

Morgens hatte es begonnen mit dem Aufwecken *(Abb. 8.5).* Da erkennen wir schon, was richtige Freundschaft auszeichnet: Franz von Hahn verrichtet als Wecker seinen ganz normalen Dienst, das ist noch nichts Ungewöhnliches. Und so schauen die Schweine im Gatter ihm wie üblich recht schlaftrunken entgegen; ja, das kennen sie, und allmählich werden sie die Augen öffnen, um ganz allmählich zu sehen, was der neue Tag wohl bringen mag. Nur das Schwein ganz rechts lugt ein wenig irritiert in eine andere Richtung, in die gleiche wie der Kater, der sich oben im Dachstuhl in einem Korb von nächtlichen Streifzügen ausruht: Auf der linken Seite des Stalls sind die Kühe untergebracht, und die sind gar nicht angetan von einer sehr ungewöhnlichen Weckaktion: In das Krähen des Hahns hat sich ein eigentümliches Trompeten gemischt, das bald verstärkt werden wird von einem durchdringenden Glockenschlag, wenn nämlich der

3 *Heine, Helme*: Freunde. Köln: Middelhauve 1985.

Jeden Morgen weckte Franz von Hahn den Bauernhof.
Johnny Mauser und der dicke Waldemar halfen ihm dabei,
denn richtige Freunde helfen einander.
Dann holten sie ihr Fahrrad aus dem Heuschober und
radelten in den Morgen hinein.

Abb. 8.5

kleine Johnny Mauser mit dem Hammer die Milchkanne getroffen haben wird. Die Kuh rechts scheint das Unglück schon zu ahnen und weicht zurück, vielleicht gelingt es ihr gerade noch, die Ohren einzuziehen, ihre Nachbarin dagegen wird wohl eher unsanft aus ihren Träumen aufschrecken und sich dann hoffentlich von dem Schlag erholen. Lustig ist das Bild nicht so sehr, weil die armen Tiere im Stall mit dem Schlag zusammenzucken werden, sondern weil hier zwei um der Freundschaft willen etwas ganz anderes tun, als es sonst für sie üblich ist. Eine Maus ist nun mal nicht verantwortlich für das Aufwecken des Bauernhofs – aber Johnny Mauser ist es, weil er der Freund ist von Franz von Hahn.

Dieses Motiv durchzieht das ganze weitere Buch. So ist das Versteckspiel eigentlich am ehesten für eine kleine Maus geeignet. Doch die Pointe eines freundschaftlichen Spiels besteht darin, dass gerade die anderen auch das zu tun versuchen, wozu sie weniger geeignet sind: Hier muss einmal Johnny Mauser die anderen suchen, das macht viel mehr Spaß, weil sich Waldemar und Franz ungewöhnliche Verstecke ausdenken können: Welches Kind wird sich nicht mit größter Wonne am Suchspiel nach Waldemar und Franz beteiligen. Auch wenn wir dieses Bild schon x mal gesehen haben, bereitet es höchstes Vergnügen, über die kleinen Veränderungen und mehr oder weniger gelungenen Tricks zu lachen.

Einige Sachen sind aber allen dreien fremd. Darum entdecken sie spielerisch, dass sie gemeinsam etwas leisten können, was ihnen allein versagt wäre. Vielleicht ist das die entscheidende Dimension von Sozialität, die dieses Buch vermittelt: Natürlich können ein Hahn, eine Maus oder ein Schweinchen nicht Fahrrad fahren, doch unsere drei Freunde schaffen das, weil sie sich zusammentun: Wenn einer steuert, einer Kraft liefert und der dritte Schwung bringt, können sich vorher nicht für möglich gehaltene Ergebnisse einstellen, da können die Ziegen nur verwirrt vom Weg springen. Ein fast noch besseres Ergebnis wird bei der gemeinsamen Seeräuberfahrt erzielt, wenn die drei das Boot ohne Segel und mit einem Loch im Rumpf dennoch schiffbar machen *(Abb. 8.6)*. Auch an die Kirschen wäre jeder einzeln niemals herangekommen, gemeinsam aber sind die drei groß und stark, auch wenn die nachfolgende Teilung der Beute nach

Abb. 8.6

der eigenartigen Verteilung der Pflückkompetenzen nicht unbedingt überzeugen mag. Immerhin enthält diese Verteilung noch einen kleinen Hinweis auf Gerechtigkeit in sozialen Beziehungen: Der Satz „Jedem das Seine" findet hier eine ganz konkrete Bestätigung, wenn die Kirschkerne, eigentlich nur Abfall, dem Steine pickenden Hahn als gern genommene Beute überlassen werden können. Ist das nicht gerechter, wenn jeder bekommt, was ihm am besten tut, oder sollte doch eher alles gleich verteilt werden?

Und schließlich erfahren wir noch von einem weiteren Freundschaftselement: Gute Freundschaft hält nur, wenn jeder auch das Eigene zu bewahren in der Lage ist. Das mag die Lehre sein aus den vergnüglichen und vergeblichen Versuchen, am Ende des Tages einen gemeinsamen Schlafplatz zu finden. Stets ist einer der drei nicht zufrieden gestellt und kann oder will es bei den andern nicht aushalten. Besonders drastisch ergeht es dabei dem dicken Waldemar, den wir auf der letzten Schlafstatt schon gar nicht mehr entdecken, weil die Hühnerstange unter seinem Gewicht längst eingebrochen ist, zum Glück nicht zum Schaden für Johnny Mauser und Franz von Hahn: Beide haben den Sturz wie auch Waldemar offensichtlich überlebt und dürfen ins eigene Bett schlafen gehen, und das bedeutet, bereichert um die Freundschaft zu den anderen wieder zu sich selbst zurückkehren. Mit der Freiheit, sich von den Freunden zu verabschieden, erhält die Freiheit, sich den anderen am nächsten Tag wieder zuwenden zu können, eine ganz neue Attraktivität.

Fremde achten

Nun funktioniert eine solche Sozialbeziehung fast von selbst, wenn es, wie bei Johnny Mauser, Franz von Hahn und dem dicken Waldemar oder in dem berühmten Vorgängerbuch bei Harald, dem Fischjungen, Inge, dem Schweinemädchen, und Philip, dem kleinen Spatzen[4], und wenigstens am Ende auch bei Donnerfuß und Strippenhals um eine kleine Freundesgruppe geht, darum, dass einige wenige persönlich etwas ganz Besonderes wollen mit ganz besonderen Partnern. Schwieriger gestaltet sich so etwas in größeren Zusammenhängen, offensichtlich weil das freundschaftlich-einigende Band ein so selbstverständliches Merkmal menschlicher Gemeinschaften nicht ist. Vielmehr kommt es zu Kompromissen zwischen verschiedenen und auch auseinanderlaufenden Interessen. Zumindest stehen wir bei der Frage nach dem anderen Menschen auch vor dem Problem, dass nicht jeder Streit und jede Konkurrenz sich letztlich fast von selbst lösen lassen. Im Freunde-Buch haben wir einige Tipps erhalten, die unseren Gemeinschaftssinn stärken können, doch auf Gesellschaften ist das leider nicht ohne weiteres übertragbar.

Abb. 8.7

Das bekommt in ganz übler Weise – und damit ist die Ebene des Humors verlassen, und es wird bitter ernst – ein Schiffbrüchiger zu spüren, der eines Tages mit seinem Floß an eine fremde Insel angespült wird.[5] Hier wird das Problem gegenseitiger Hilfeleistung überschritten hin zur Frage der politischen Durchsetzung von elementaren Ansprüchen. Und damit kommt die Dimension des Politischen ins Spiel. Das erkennen wir nicht nur am Titel, sondern auch schon am Umschlagbild dieses Buchs: Die großformatige Fläche wird zu gut zwei Dritteln überdeckt von einem schwarzgrauen Koloss, einer Festung, die steil in einen farblosen leeren Himmel hinaufragt, nur kalter Stein, ohne dass wir irgendein lebendes Wesen sähen, aber doch von Menschen erbaut, mit Wehrtürmen, von denen aus jeder abgewehrt werden kann, der sich dieser Festung nähert. Da stehen auf einmal nicht mehr nur Menschen einander gegenüber, sondern auch Institutionen. Die bieten zwar Verlässlichkeit, wehren aber auch ab.

Auch einen Schiffbrüchigen? Auf der ersten Seite hat das noch nicht diesen Eindruck. Wir sehen einen Mann ganz nackt *(Abb. 8.7)*, nur seinen Schatten können wir noch erkennen, sonst ist alles um ihn herum leer. Er ist nicht nur all seiner Habe beraubt durch ein Schicksal, das wir nicht kennen, sondern auch ganz und nur Mensch, ohne Etikette, ohne Auszeichnung, ohne ein Korsett aus Gesetzen, Regeln, Ordnungen, Eigentumsverhältnissen, Institutionen, die unser tägliches Leben bestimmen. Und um eine „tägliche Geschichte" geht es in dem Buch, wie uns der Untertitel verrät. Rousseau beginnt seinen berühmten „contrat social", eine der zentralen Schriften zur Philosophie des Poli-

---

4 *Waechter, Friedrich Karl*: Wir können noch viel zusammen machen. München: Parabel 1973.
5 *Greder, Armin*: Die Insel. Aarau/Frankfurt a. M.: Sauerländer 2002.

Sie starrten ihn an. Sie wunderten sich.
Sie fragten sich, warum er hierher gekommen sei.
Was er hier wolle. Was nun zu tun wäre.
Einer sagte, es sei wohl am besten, wenn der Mann gleich wieder
weggeschickt würde – da wo er hingehöre.
«Und überhaupt», sagten sie, «es wird ihm hier sowieso nicht
gefallen. So weit weg von seinen eigenen Leuten.»

Aber der Fischer wusste,
wie es draußen auf dem Meer war.
«Es wäre sein Tod, und den möchte ich
nicht auf dem Gewissen haben», sagte er.
«Wir müssen ihn aufnehmen.»

Abb. 8.8

tischen, mit dem Satz „Der Mensch wird frei geboren, und überall liegt er in Ketten.“ Das Bild vom nackten, noch ganz mit einer Art natürlicher Freiheit ausgestatteten Menschen einerseits und das Bild andererseits von den ihn aufnehmenden Inselbewohnern *(Abb. 8.8)* liefern einen ganz unmittelbaren Kommentar zu diesen Sätzen: Die Gesichter der Inselbewohner sind grimmig und argwöhnisch. Scharf blitzen ihre Augen, auch wenn einige vordergründig eher ratlos oder überlegend dreinblicken. Aber es ist nicht nur der Mann vorn, der mit seiner mächtigen Gestalt die Mistgabel eher drohend als einladend in der Hand hält, es ist vor allem die Körperhaltung der anderen, die verstohlen, nicht nur argwöhnisch mauschelnd, sondern sich abwendend, eine Mauer aufbauend sich dem Fremden entgegenstellen, übergroß über die ganze Fläche des Blatts sich ausbreitend, keineswegs wie wenn man einen Gast oder gar einen Hilfebedürftigen empfängt. Kein Wunder, dass seine Aufnahme auf dem übernächsten Bild eher aussieht wie eine Gefangennahme. Und tatsächlich sperren sie ihn in einen Ziegenstall, vernageln die Stalltüre und kümmern sich nicht weiter um ihn. Das ist ihre Art der Rettung eines Gestrandeten.

Gewiss ist das ein Buch zur weit verbreiteten Fremdenfeindlichkeit. Aber es ist auch mehr. Vor allem, weil es über die Bilder sinnlich erfahrbar die emotionalen Abgründe der Fremdenfeindlichkeit aufdeckt und damit der affektiven Grundlagen der Sozialnatur des Menschen überhaupt. Drastisch ausgedrückt, stellt sich die Frage: Ist der Mensch wesentlich Nächster des anderen oder Wolf gegen ihn? Und warum ist es so oder so? Was passiert vor allem, wie äußert es sich, wenn der andere mit Argwohn und als Geg-

Abb. 8.9

ner angesehen wird? Warum ist es so, dass ein Nackter, Schutzloser, ein Wesen ohne Ansprüche, schlicht nur ein Gegenüber noch ganz ohne Profil und Geschichte, aber mit einem unverstellten Antlitz, nicht selbstverständlich als Mitmensch erkannt wird?

Eine Antwort ist in den Bildern ausgedrückt, mit denen die Inselbewohner in ihren ach so normalen gewohnten Alltag zurückkehren: Zuerst scheinen sie den Fremden ja zu vergessen, aber dann taucht er in eigentümlich irritierender Weise wieder auf. In ihren Träumen drückt er ihnen die Luft ab, nicht nur das Gemüt, Kindern erscheint er als Teufel im Suppenteller, selbst die Lektüre des Wortes „Fremder" in der Zeitung löst Furcht und Entsetzen aus, und der Schulmeister warnt vor Wilden und ihren Sitten. Wie nur kann der Lehrer der Moral, der Gebildete und Kultivierte so zum Zerrbild von Menschlichkeit pervertieren, den offenen Blick versteckt hinter der nur noch als Fassade von Kultur getragenen Brille, unter der das Antlitz jeden Ausdruck von Persönlichkeit verloren hat und zur Fratze geworden ist (*Abb. 8.9*), das bildende Wort pervertiert zum gemeinen, hasserfüllten Ausruf, der eher ihn als den mit den Worten Gemeinten zum wilden Tier macht, sichtbar vorurteilsbeladen durch den zum Buckel hoch gewachsenen Nacken, der nichts mehr an sich herankommen lässt? Wie ist das möglich? Und was macht es, dass die Schulkinder auch prompt das Spiel erfinden: Wir nehmen einen Fremden auf! Und da muss dann der Schwächste dran glauben und wird von den anderen Kindern durch das Dorf gejagt. Wer so agiert, sich anstecken lässt von der so genannten öffentlichen Meinung, das eigene Denken vergisst, sich selbst in der Gruppe immer hinter den anderen versteckt (*Abb. 8.10*), dem bleibt nichts anderes, als den Sonderling, der gar nicht mehr Fremder ist, sondern der lediglich seinen Eigensinn bewahrt hat, wieder zu verjagen, aufs Meer hinaus, und sich selbst einzukapseln, sich zu verinseln, zu isolieren und damit zum Idioten, zum vereinsamten, nicht mehr kommunikationsfähigen Eigenbrötler (griech.: idiótês) zu werden, der Mauern um sich errichten muss, um ja nichts mehr von der Welt zu erfahren und die Welt fern zu halten.

In diesen erschreckenden Bildern werden wir zurückgeworfen auf die tiefsten Abgründe des Moralischen: Wir haben nicht den Mut zum offenen, das Leben selbst verantwortenden Blick, sondern bauen Tafeln und Bilder auf, auf denen angeblich steht, dass doch alles immer schon so gewesen sei, und dass es Zucht und Ordnung geben müsse, und dass da nicht irgendeiner einfach so daher kommen könne. All das sind Mauern, seien es Ängste, Schwächen, Mutlosigkeiten, Indifferenzen, Vorurteile, Ideologien und

Dogmatismen, an die wir uns halten, wenn uns das Zutrauen fehlt, die Neugierde, die Offenheit, uns anderen zu stellen, ja ihnen allererst einmal zu begegnen, ihnen entgegenzukommen als jemandem, der uns irgendetwas zu sagen hat! Aber wir müssen diese Mauern ernst nehmen bei unseren Appellen an die Menschlichkeit, auch das sagen uns diese Bilder, wir müssen mit ihnen rechnen, müssen lernen, uns mit ihnen auseinander zu setzen. Denn Moralität

Abb. 8.10

wie auch Sozialität, das lernen wir hier, ergeben sich nicht schlicht, sondern müssen erprobt, entfaltet und kultiviert werden.

Gerechtigkeit erstreiten

Damit ist das Thema auch in den weiteren Rahmen menschlichen Umgangs mit Mitmenschen eingebaut, reflektiert auf die Menschenwürde und die Bedingungen und Schwierigkeiten ihrer Einhaltung, die gar nicht selbstverständlich ist, sondern täglich erstritten werden muss. Zu bedenken sind auch die politischen Bedingungen und Konsequenzen einer auf Menschenwürde aufgebauten Gesellschaft. Kann man dies lernen? Damit hat sich unsere Frage verschoben, wir fragen nicht mehr nur nach den Bedingungen und Schattierungen des Sozialcharakters des Wesens Mensch, sondern danach, ob und wie wir Wege zur Sicherung und Kultivierung der Sozialität finden und entfalten können. Zwar ist es nicht Aufgabe der Philosophie, politische Aufrufe und Appelle von sich zu geben, aber das Handeln des Menschen um eines *guten Lebens* willen hat die Philosophie mit zu bedenken, weil wir nach Bedingungen und Begründungen und auch Strategien solchen Handelns fragen können.

Darauf unseren Blick zu lenken, das gelingt in zugleich lustiger wie sachlich vorzüglicher Weise Flix, der Hauptperson eines letzten in unserem Kapitel zu verhandelnden Buchs[6]. Die Frage nach unserer Sozialnatur erhält damit zugleich politischen Charakter. Lassen wir Flix am besten selbst zeigen, was er uns als Höhepunkt seiner Geschichte zu bieten hat *(Abb. 8.11)*:

Abb. 8.11

Ohne Kenntnis des Buchs wissen wir natürlich noch nicht, was das sein soll. Also sei ein wenig verraten, ohne zuviel von der Geschichte vorwegzunehmen. Es handelt sich um das Emblem einer Partei; diese Partei hat Flix gegründet; und vielleicht werden ja auch einige Leser am Ende der Vorstellung dieses Buchs dieser Partei beitreten. Ja, wir befinden uns mit diesem Buch sozusagen mitten in einer *politischen* Veranstaltung. Aber bitte nun nicht aufgrund meines möglicherweise plumpen Parteiaufrufs vorschnell die Lektüre der folgenden Seiten überschlagen! Schauen wir lieber, wie Flix uns und älteren Kindern hilft, die viel beschworene Politikverdrossenheit abzulegen.

Zurück also zu Flix' Partei-Zeichen. Ist Ihnen da inzwischen etwas aufgefallen? Ich meine nicht jenen Hahn an der Stange, der ja eher zum Herauslassen allen Politikfrusts aufruft, sondern ganz ernsthaft jenes Emblem selbst. Es führt uns mitten hinein in ein zentrales Thema politischer Philosophie: Wir sehen eine Waage, freilich als Symbol verwendet: Es handelt sich mithin *nicht* um das Wappen einer Händlerzunft, obwohl, wie wir sehen werden, Flix auch damit zu tun hat, sondern um ein Symbol für den gerechten Ausgleich, genauer: um die Frage der Möglichkeit von Gerechtigkeit in real bestehenden Rechtsverhältnissen. Wir kennen dieses Symbol an oder vor oder in Gerichtsgebäuden, zuweilen getragen durch Dikê, der Göttin des Rechts, der manchmal die Augen verbunden sind, um auf die Unbestechlichkeit der alles Recht bestimmenden Gerechtigkeit hinzuweisen. Einigen mag eine solche Waage auch aus einem anderen Kontext bekannt sein, offenen und geraden Blicks gehalten vom Erzengel Michael, der als Gerichtsengel eher *über* alles Recht wacht, indem er die letzte Entscheidung über Recht und Unrecht Gott anheim stellt, dargestellt auf den Westmauern alter Kirchen, um den Menschen beim Verlassen des Gotteshauses die göttliche Gerechtigkeit als Relativierung all des alltäglichen Handelns und Händelns in Erinnerung zu rufen, angesichts des uns alle *gleich* erwartenden letzten Gerichts am jüngsten Tag.

Warum fehlt auf Flix' Parteiemblem ein solcher Träger? Wenn heute die Gerechtigkeit tatsächlich noch personifiziert werden sollte, so höchstens als projizierter Wunsch nach einheitlicher Rechtsordnung, wie sie früher präsent war, zum Beispiel in der Unterstellung eines kosmischen oder auch gesellschaftlichen Ganzen, aber heute eben *nicht* mehr. Und dass wir vom Namen des Erzengels Michael („Wer ist wie Gott?") heute allenfalls noch durch kunsthistorische Erklärungen mittelalterlicher Werke wissen, offenbart ebenso den neuzeitlichen Verlust eines alle *einenden* christlichen Glaubens. Eigenartigerweise hinterließ dieser Verlust nicht ein Vakuum. Denn die über allem stehende Gerechtigkeit wurde schnell zurückgewendet auf uns selbst als Akteuren aller Rechts-

6 *Ungerer, Tomi*: Flix. Zürich: Diogenes 1997.

verhältnisse, als Idee nämlich der Gleichheit aller vor dem Gesetz und der Gerechtigkeit im Sinne der Transparenz des Verfahrens. Am sinnbildlichsten ist dieses Konstrukt universaler Gerechtigkeit bereits vor 350 Jahren durch Thomas Hobbes mit seiner Konstruktion des Staates entwickelt worden, dem alle Bürger das Monopol des Rechtsspruchs übertragen und der als das große Ungetüm, der Leviathan, in einem sinnlich fassbaren Bild konkret erfahrbar wird. Noch stärker reduziert, ohne Träger, finden wir dann die schlichte Waage der Gerechtigkeit in den Rathäusern großer Bürgerstädte.

Der Blick auf Tomi Ungerers bzw. Flix' Waage führt uns den Verlust einheitlicher Rechtssicherheit durch den fehlenden Träger klar vor Augen. Aber Ungerer macht uns zugleich skeptisch, ob das Vertrauen auf vernünftige Einigung durch bürgerliche Demokratie heute noch ausreicht. Nicht nur wegen des bereits zitierten rechts-ironischen Ablaufhahns, sondern vor allem wegen eines neu eingeführten Entscheidungskriteriums, das die Entscheidung nun gar nicht mehr eindeutig uns selbst aufbürdet: Als Haltepunkt für den Ausgleich der Waage, damit als Kriterium des Ausgleichs entdecken wir in der Waage ein Herz. Warum aber soll das Herz entscheiden, reicht etwa unser vernünftiger Diskurs heute nicht mehr so weit?

Bevor wir versuchen, Flix' Antwort auf diese Frage näher zu kommen, wenden wir den Blick kurz auf die *Gründe*, die uns heute an der Voraussetzung eines einheitlichen Rechts für alle zweifeln lassen. Die Krise z. B. der universalen Anerkennung der Menschenrechte hat, paradoxerweise, ihren Grund in nichts anderem als in der *Globalisierung* unserer postmodernen Zeit. Postmodern ist sie eben wegen ihrer Paradoxie; denn obwohl *alles* global geworden ist, ist es das *Recht* und die *Gerechtigkeit* keineswegs. Denn mit Globalität ist nicht jene Offenheit des 19. Jahrhunderts mit seiner Bildungslust und seinem Glauben an die eine, alle Menschen einende Vernunft gemeint. Unter Globalisierung verstehen wir vielmehr eine erzwungene Offenheit, also die Bloßstellung aller Lebensverhältnisse, die somit nicht Ebenen je neu möglicher Erfahrung darstellen, sondern den verdinglichten Zwang völliger gegenseitiger Abhängigkeit. Wir können gar nicht anders, als unsere Lebenswelt in einem in diesem Sinne *zwangsläufig globalen* Verhältnis zu verstehen, und müssen sie entsprechend deuten und in ihr uns handelnd bewegen.

Flix bietet uns durch seine Lebensgeschichte nicht nur eine geeignete Form zur Problem*differenzierung*, wie wir sie bereits in den anderen Büchern kennen gelernt haben, sondern auch jene von uns gesuchten Wege zur Problem*lösung*, im Sinne wahrer Kritik, die nach der differenzierenden Unterscheidung auch Entschei-

Abb. 8.12

dungen anzubahnen vermag. Fragen wir unter dieser Perspektive zunächst: Flix, wer ist das eigentlich? Der Einbanddeckel des Buchs verrät es uns *(Abb. 8.12)*: Flix ist ein Hund im Schatten einer Katze, oder ist er doch eigentlich eine Katze und nur äußerlich ein Hund? Eine solche Frage kann nur im Horizont globalisierter Lebensverhältnisse entstehen, in denen ein Phänomen wie Multikulturalität zwar ein Symptom ist, aber eines, das wie Flix eher Fragen aufwirft und nicht vorschnell Antworten bietet: „Multikulturalität" als unmittelbare *Antwort* auf das Faktum der Globalisierung zieht sich, wir sehen es, schnell den Vorwurf des Etikettenschwindels zu, denn mit Multikulturalität als Schlagwort ist noch in keiner Weise geklärt, *wie* nun die vielen unterschiedlichen Menschen mit ihren vielen Unterschieden zusammenleben wollen. Leider genügt es heute nicht mehr, in frommer Überzeugung wie Lessings Nathan an das alle Volks- und Glaubenszugehörigkeit übersteigende *Menschsein* zu appellieren. Flix jedenfalls will seine Jacke oder seine Haut oder sein Schatten noch nicht so recht passen. Glücklich schaut er hier noch nicht drein. Die Frage, wer wir eigentlich sind, stellt sich in globalisierten Verhältnissen neu und schwerer.

Wie nun kommt Flix in diese zunächst einmal missliche Lage? Sie ist Flix bereits pränatal in die Wiege gelegt. Zu Beginn seiner Geschichte sehen wir nämlich eine Katzenfamilie, das heißt eigentlich ein Paar, Theo und Flora Krall, in freudiger Erwartung ihres Nachwuchses. Dann werden endlich die Zeiten des beschränkten Lebensgenusses der Vogelpflege, der Sammlung von Mäusetrophäen und des TV-Konsums schlechter Katzenkrimis vorbei sein. Doch welche Überraschung trifft die beiden, als ihnen nicht nur ein Sohn geschenkt wird, sondern dieser Sohn ein Hund ist? Während Herr und Frau Krall noch ganz überwältigt sind von ihrem Glück, ist dieses Ereignis der Öffentlichkeit riesige Schlagzeilen wert. Ja, wir leben in einer Mediengesellschaft, das bleibt uns auch in Flix' Geschichte nicht erspart – ein kleiner Seitenhieb auf die mediale Entgrenzung des Privaten ins Öffentliche, eine für die Ebene des Politischen eminent wichtige Kategorie.

Und in diesem Stil werden wir weiter mit einigen Dimensionen des Sozialen, Öffentlichen und Politischen in postmodernen, globalisierten Zeiten vertraut gemacht:

● Der Kleine wird als Hund getauft auf den Namen Flix, von Katzen, aber mit einem Hund als Patenonkel – wir leben in und mit gesellschaftlichen Institutionen, doch die sind bunt geworden.

● Flix ist nicht nur, was er ist, sondern er wird auch erzogen, von seinen Eltern als Katze, von seinem Patenonkel als Hund. Fördert oder behindert das seine Identität?

● Auch Bildung brauchen wir, und Bildung ist eine öffentliche Angelegenheit. Doch weil Flix in der Katzenschule als Hund gehänselt wird, nimmt ihn sein Onkel mit in die Großstadt, nach Hundsstadt, wo Flix gleich Klassenbester wird.

● Hundsstadt bietet wie viele Großstädte heute multikulturelle Angebote. Doch auch Flix und sein Onkel wissen noch nicht recht: Ist diese Vielfalt eine Bereicherung zur Erhöhung des Lebensgenusses *(Abb. 8.13)*, oder schafft sie eher Verwirrung, wie es das Fragezeichen auf der Speisekarte anzudeuten scheint?

● Zur Bildung gehört auch die Herzensbildung: Zweimal rettet Flix ein anderes Wesen, einmal verliebt er sich anschließend gar. Auch dies geschieht aber jeweils durch Begabungen des Andersseins: Als Hund kann Flix in Katzstadt einen ertrinkenden Kater retten, als Katze hätte er es nicht tun können. Und als „Katze" hat er gelernt, flink auf Bäume zu klettern, und kann so die arme Pudeldame Mirzah retten und in die Arme schließen, Einbruch des Privaten ins politische Geschehen.

● Die Liebe übrigens wächst auch hier, obwohl zwischen Hund und Hund, nicht zwischen Gleichen, denn eine vornehme Pudeldame und

Abb. 8.13

ein gedrungener Mops sind sichtbar recht unterschiedlicher Herkunft. Und zudem, wir ahnen es, endet die Geschichte mit der Geburt einer Tochter, die, wie kann es anders sein, „Miau" sagt – Reichtum des Lebens oder Desorientierung?

● Und schließlich, um zum Ausgangspunkt zurückzukommen, gründet Flix seine Partei, die HUKU, die „Hunde- und Katzen-Union", und dort geht es wiederum recht bunt zu *(Abb. 8.14),* in der Vielfalt offensichtlich liegt gerade die Stärke.

Gerade das Bild von der HUKU mag der kritische Betrachter vielleicht als doch zu albern und unernst gegenüber der ernsten Sache ansehen. Schauen wir genauer hin, dann wird das Lächerliche vielleicht einen ironischen und einen das Ernste relativierenden Charakter erhalten. Warum? Nun, Flix wirft mit seiner Lösung im Grunde mehr Fragen auf, als dass er fertige Antworten böte; doch gerade damit provoziert er uns ganz philosophisch, Nachfragen zu stellen und ins Gespräch zu kommen. Wie gelingt ihm das?

● Mit der Waage als Symbol ist zunächst angedeutet, dass es sich bei seiner Partei keineswegs um eine Einheitspartei handelt, sondern um eine Union, deren zu vereinigende Elemente gleichwohl je für sich bestehen bleiben.

● Zweitens ist mit dem Herzen als Kriterium der Waage wohl nicht der schlichte, und ich denke auch gefährliche Appell gemeint, *statt* des Rechts doch das Herz entscheiden zu lassen, sondern Flix zeigt Bewusstsein für das seit Hegel bis heute entscheidende Problem aller Vereinigung von Lebensverhältnissen, nämlich das *Verhältnis* von recht-

Abb. 8.14

lichen Verhältnissen und den durch sie zugleich betroffenen wie sie ebenso überschreitenden rechtlich nicht fassbaren Lebenszusammenhängen.

● Drittens mag der Ablaufhahn an der Wappenstange warnen vor in sich geschlossenen Konzepten und mit der notwendig relativierenden Selbstironie an je neue Lösungsstrategien appellieren.

Schließlich kommt ja am Ende für Flix weder persönlich noch politisch eine Neuzüchtung heraus, keine interkulturelle Mischnatur, Flix als Hutz, Kand, Kund oder Hatz. Nein, Flix, obwohl verflixt, irgendwie verflochten Hund wie zugleich Katze, bleibt ganz Hund, und ist doch auch Katze, vermag er doch an den beiden entscheidenden Punkten seiner Geschichte gerade als Hund ganz Katze zu sein und gerade als Katze ganz Hund, um so seinen Freunden, den Katzen wie den Hunden ebenfalls zu ermöglichen, ganz Katze und ganz Hund zu bleiben und gerade darin Freundschaft zwischen beiden zu stiften.

Flix ist damit eine überzeugende Verkörperung des Hegelschen Gedankens des *Anderen seiner selbst*. Dieser Gedanke ermöglichte es Hegel vor 200 Jahren eben jene Einheit zu denken, die ihren Bestand nicht in der bloßen Vereinigung der Individuen hat, sondern in ihrem in der Einheit weiter bestehenden Selbstsein. Auf unsere Frage nach dem Sinn oder der Gestaltung von Multikulturalität angewendet, bedeutet dies, dass es weder sinnvoll ist, alle Kulturen und Menschen vereinheitlichend zusammenzuführen, noch indifferent bloß nebeneinander stehen zu lassen, ihre Einheit weder über die Reduktion auf einen Minimalkonsens aller noch über die letztlich undifferenzierte Idee des Menschseins zu denken und zu gestalten. Vielmehr müssen wir einen Weg finden, indem jeder sie und er *selbst* bleiben kann und gerade darin für den je *Anderen* offen ist. Und, welch zufällige Parallele zu Flix' Herzkriterium, als Grundelement hat Hegel dies im Phänomen der Liebe ausgemacht: Sie ist es, die mich dann ganz bei mir sein lässt, wenn ich ganz beim andern bin, und die mich ganz beim andern sein lässt, nur indem ich ganz bei mir bin.

Als Bilderbuch darf die Geschichte von Flix zudem auf die Stärke vertrauen, eine *Parabel* zu sein, eine Parabel, die stets die vielfältig in sie einfallenden Ideen, Fragen, Fakten in *einem* Punkt zu bündeln vermag, welcher Einheitspunkt aber zugleich nur ein *Bild* für die Einheit sein will und die Herstellung der Einheit an jene zurückspiegelt, die in sie hineinblicken. Mit diesem Anspruch ist FLIX in wahrer Hinsicht ein Bilderbuch, für Kinder wie für Erwachsene, für Erwachsene, um ihnen bewusst zu machen und Wege zu ebnen, im Dialog unser Zusammenleben menschlicher zu gestalten, für Kinder, um sie dafür sensibel zu machen.

9 „Tu, was du nicht lassen kannst"

Vom guten Leben

Unsere Natur zur Entfaltung bringen

Abb. 9.1

Was ist hier[1] zu sehen *(Abb. 9.1)?* Ein Mann, der sich als Bär verkleidet hat, beim Rasieren? Oder ist es tatsächlich ein Bär, der sich rasiert? Auf den ersten Blick mag man vielleicht noch lachen. Beim Überdenken ist es dann nicht mehr so lustig, was wir auf dem Umschlagbild des Buchs vom Bären, der ein Bär bleiben wollte, erblicken. Komisch wirkt die Situation, weil etwas gezeigt wird, was so eigentlich nicht sein kann. Doch der Aufseher im Hintergrund des Bildes macht aus der komischen Situation Ernst. Auch er scheint zwar ein wenig zu lächeln, vielleicht ob der Absurdität dessen, was er da zu beauf-

sichtigen hat, doch unterdrückt er dieses Gefühl (für uns sichtbar in Körperhaltung und Gesichtsausdruck), denn er hat darüber zu wachen, dass hier etwas geschieht, was wider die Natur ist: Kein Bär wird sich freiwillig mit Schaum einseifen lassen, und ein rasierter Bär wäre bereits kein Bär mehr. Hemd und Hose mit Hosenträgern mögen noch angehen; so etwas können wir auch im Zirkus beobachten, wie wilde Tiere durch Kleidungsattribute vermenschlicht werden. Auch Müller/Steiner zeigen das, wenn der Bär, um seine Identität als Bär nachzuweisen, den Zirkusbären vorgeführt wird; diskret und doch sehr direkt werden die Betrachter auf die Frage gestoßen: Mag der das, der Bär, gefällt ihm das, und dürfen wir so mit ihm umgehen?

Genau um diese Frage geht es Müller/Steiner mit ihrem Buch. Die Geschichte ist schnell erzählt: Der Bär zieht sich im Herbst in seine Lieblingshöhle zum Winterschlaf zurück und merkt nicht, dass über seine Höhle während des Winters von den Men-

---

1 *Müller, Jörg/Steiner, Jörg*: Der Bär, der ein Bär bleiben wollte. Nach einer Idee von *Frank Tashlin* aus dem Amerikanischen von *J. Steiner*. Aarau: Sauerländer 1976.

schen eine Fabrik gebaut wird. Als er sich im Frühling schlaftrunken wieder nach draußen bemüht, wird er von einem Wächter mit den Worten angeraunzt: „He du da, an die Arbeit!" Die Entschuldigung, er sei doch ein Bär, hilft nichts, gegenüber dem Wächter nicht, aber auch nicht bei der Gegenüberstellung mit Personalchef, Vizedirektor und Direktor. Erst der Präsident scheint den Bären ernst zu nehmen und bemüht sich um Verständnis. Doch dann konfrontiert er ihn in zynischer Weise mit Bären, um unserem Bären nachzuweisen, dass jedenfalls er kein Bär sein kann. Und tatsächlich, ein Zoobär ist unser Bär nicht, und auch die Zirkusbären lachen ihn aus. Da ist der Lebenswillen des Bären gebrochen, er fügt sich in sein Schicksal und wird Arbeiter in der Fabrik. Nur ab und zu träumt er am Zaun des Fabrikgeländes von einer irgendwie verlorenen Welt. Und im Herbst wird er so eigenartig müde, dass er als Arbeiter nicht mehr taugt. Er wird entlassen, macht sich auf den Weg und will sich am Abend ein Zimmer im Hotel mieten. Doch seine Bitte wird abgeschlagen; er sei schließlich ein Bär. Darauf braucht es keine Nachfrage mehr: Der Bär geht schnurstracks in den Wald, findet eine Höhle und vergisst. Was er vergisst, wird nicht gesagt, aber allen Betrachtern des Buchs ist am Ende klar: Der Bär darf wieder Bär sein.

Natürlich lebt dieses Buch von seiner Story, doch sind die Bilder nicht bloß faszinierende Ausstattung, sondern tragen für sich einen Sinn, den der Text nur zwischen den Zeilen zu vermitteln vermag. So auf der ansonsten textlosen Umschlagseite (*Abb. 9.1*): Der Bär schaut in einen Spiegel; das sollte er auch, um sich beim Rasieren nicht zu schneiden. Doch der Spiegel ist im Bild so angebracht, dass auch wir das Geschehen nur im Spiegel erblicken, weil wir ja, wie der Wächter, virtuell neben dem Bär stehen und in den Spiegel hineinblicken. Wenn man die Perspektive nicht gleich richtig erfasst, wird man dann vielleicht sich selbst widergespiegelt sehen in jenem Wächter, der im Spiegel neben dem Bären sichtbar wird, im Raum vor dem Spiegel jedoch außerhalb des sichtbaren Bildes steht, wie wir auch. So wird zugleich uns der Spiegel vorgehalten: Was tun wir mit der so genannten Natur, dass wir so in sie eingreifen, dass wir sie nicht für sich bestehen lassen können, sondern sie stets umgestalten, technisch optimieren müssen: Das Wasser kommt jetzt aus dem Wasserhahn und nicht mehr aus dem Bergquell, es fließt ins Becken und nicht mehr in den Bach, Licht erhalten wir von der Lampe und nicht mehr von der Sonne, wir bekleiden uns und sind nicht (mehr) nackt, und auch das wilde Tier soll gezähmt werden, sich rasieren und Kleider anziehen, damit wir mit ihm umgehen können. Aber macht dies alles unser Leben besser, macht uns das glücklich? Ist dies das Ziel unserer Lebensgestaltung, ist dies das gute Leben? Oder sollten wir alles, auch die Natur, besser lassen, wie es ist? Wären wir dann glücklicher, wäre die so genannte Natur dann glücklicher?

Dies sind die Leitfragen dieses Kapitels. Sie gehören zu den ältesten und elementarsten Fragen der Philosophie. In vorbildlicher und prägender Weise stellt sie Aristoteles im ersten Buch seiner „Nikomachischen Ethik": In allem, was wir tun, denken, wollen, planen, umsetzen, sind wir darauf aus, sagen zu können: Das ist gut so. Wann aber haben wir tatsächlich Grund zu dieser Feststellung – wenn wir ein gutes Gefühl haben, wenn wir wir selbst sein können, wenn wir etwas tatsächlich erreicht haben oder wenn ein definierter Zustand erreicht ist? Und gibt es Glück nur durch und durch und vollkommen oder auch stückchenweise, als Anteil? Wann also sind wir glücklich?

Dass jedenfalls der Bär nicht glücklich ist, wird deutlich schon in der Skizze im inneren Deckblatt *(Abb. 9.2)*. Der „zivilisierte" Bär schaut traurig seinem „natürlichen" Gegenüber in die Augen, der wiederum traurig auf die Veränderung seines alter ego blickt. Damit spitzt sich unsere Frage nach gutem, geglücktem Leben zu. Zur Debatte steht nicht nur, ob der Bär Bär *sein* soll, sondern ob er auch ein Bär bleiben *wollte*. Wäre er

dann glücklicher, weil es doch die Erfüllung dessen wäre, was er eigentlich will? *Er* selbst wird das wohl nicht wissen, denn am Ende des Buchs vergisst er ja wieder, worüber er eigentlich hatte nachdenken wollen. *Wir* aber, in der Betrachtung des Bären auf uns selbst zurückgeworfen, können dieses Nachdenken nicht ausschalten und *stellen* uns insofern die Frage nach unserem Glück und unserer

Abb. 9.2

Natur, wollen im Grunde nicht nur schlicht glücklich sein, sondern uns auf unser Glück auch beziehen wollen, vielleicht gar es herstellen, zumindest aber bewusst glücklich sein, Glück als gewordenes, als entfaltetes erfahren.

Diese sehr viel kompliziertere Frage nach dem Glück wird ebenfalls von Aristoteles genauer entwickelt. Von ihm stammt die berühmte Formel, das Gute für uns Menschen sei die Tätigkeit der Seele auf Grund ihrer besonderen Befähigung, und zwar ein ganzes Leben hindurch. Logisch ausgedrückt, wäre das Glück dann die Möglichkeit zur Verwirklichung der in einem Seienden angelegten Vermögen und Möglichkeiten, von Aristoteles Entelechie genannt. Damit wird zum Kriterium des Glücks eine in uns liegende *Natur*, „Natur" nicht als Anteil an irgendeiner Außenwelt, in der wir leben, sondern als die uns jeweils ganz eigene innere Anlage. Sie gilt es als Kultur zu ihrer Entfaltung zu bringen. Durch dieses Verhältnis zwischen Natur und Setzung oder Anlage und Gestaltung oder Kunst ist wesentlich unser menschliches Glück bestimmt. Glück ist darum sowohl durch unsere Natur vorgegeben, als auch in seiner Gestaltung in unsere Hand gelegt.

Was aber ist genauer unsere Natur? Die Frage kann nicht in Auflösung nach nur einer Seite hin beantwortet werden. Glück finden wir weder in einem blöden Verharren bei uns selbst, noch in ständig sich verändernder Lebensdynamik. Solche Einseitigkeit geschieht auch bei Müller/Steiner nicht, weder für den Bären, noch für uns. Gewiss wird zunächst mit diesem Gegensatz gespielt, als sei die Natur das schlechthin Gute, der Mensch mit seiner Umgestaltung das Böse: Der (gute) Bär liegt in seinem warmen

Unterschlupf, während die (bösen) Menschen seinen Wald abholzen und eine Fabrik über seine Höhle bauen. Und auch bei der Begegnung mit dem Präsidenten der Fabrik schwingt nicht nur leise Ironie, sondern offene Kritik mit, als der Bär sich plötzlich auf einem als Teppich umfunktionierten Bärenfell wiederfindet. Ebenso karikieren die Konfrontationen mit Zoo- und Zirkusbären auf den folgenden Seiten die ganze Künstlichkeit des Umgangs mit Tier und Natur und werfen deutlich die Frage nach einem artgerechten Leben auf. Schließlich wird am Ende die Utopie eines naturgemäßen Lebens scheinbar (wieder) hergestellt. In Wahrheit aber bricht dieses Bild auseinander, indem Steiner den Bären darüber nachdenken lässt, „wie es jetzt weitergehen soll mit mir", eine Haltung, die er mit dem Schluss-Satz ebenso schnell wieder vergessen zu haben scheint wie seinen Willen, Bär bleiben zu wollen, der dem ganzen Buch den Titel gegeben hat. Auf den entsprechenden Bildern von Jörg Müller sieht der Bär auch keineswegs

Abb. 9.3

wieder glücklich aus *(Abb. 9.3)*, sondern auch irgendwie lächerlich: Eingeschneit verharrt er auf der Stelle, sodass wir ihm fast zurufen wollen: So tu doch was, geh' doch in die Höhle. Als Bär jedenfalls wird er sich die Frage, ob er er selbst bleiben will, wahrscheinlich gar nicht stellen und stellen können. Er denkt ja nicht nach und gestaltet sein Leben nicht. Das scheint uns Menschen vom Bären zu unterscheiden. Das schlichte Leben ist wohl kaum die uns eigentümliche Form der Lebensführung; das nämlich besitzen, so wiederum Aristoteles kühl-analytisch, auch Pflanzen und Tiere. Und so bleibt für uns Menschen übrig, ein tätiges Leben zu führen, und zwar ein ganzes Leben hindurch, denn wir können gar nicht anders, als das Leben erleben, und nicht nur uns im Leben befinden. Im tätigen Er-Leben also besteht unser Glück, nicht im schlichten Daher-Leben.

Sorge ums Dasein

Ein lebendig gestaltetes Leben birgt jedoch stets die Gefahr, dass es uns auch unglücklich und traurig machen kann. Vielleicht entsteht darum das Gefühl von Glück auch nur, wenn wir Glück auch als Abwehr oder Abwesenheit von Unglück verstehen. Anders und positiv ausgedrückt: Glück spüren wir, wenn wir uns auf den Weg machen, es zu erreichen, aber nie im bloßen Gefühl oder gar Zustand erlangten Glücks. Was aber ist

Abb. 9.4

es für eine Kraft, die uns erlaubt, das Leben zu gestalten, um glücklich sein zu können? Haben wir diese Kraft einfach, oder müssen wir sie erst entdecken. Und bedeutete diese Entdeckung dann Glück?

Frau Meier jedenfalls scheint zu Beginn des folgenden Buchs[2] von dieser Kraft noch nicht zu wissen *(Abb. 9.4)*.

Wir sehen eine eigentlich ganz alltägliche und friedliche Häuslichkeit, in der sich Frau Meier auf dem ersten ganz textlosen Bild bewegt: Frau Meier beim Bügeln, Frau Meier beim Kaffeetrinken, Frau Meier auf der Leiter beim Auswechseln einer Glühbirne. Die zum Leben notwendigen Dinge scheinen alle da zu sein; es gibt etwas zu tun, auch zu genießen, und selbst die Katze sitzt, die Augen geschlossen, in sich ruhend und doch beteiligt, stets in der Nähe dessen, was gerade geschieht. Auch Herr Meier lächelt wohlgelaunt in sich hinein, hat vielleicht gerade eine gute Tasse Kaffee mit einem schönen Stück Rosinenkuchen zu sich genommen und strebt nun weiter nach rechts aus dem Bild heraus. Mit seiner dicken Brille sieht er eher nicht, was da auf uns zukommt. Eben das aber ahnt Frau Meier: Ihr Mund ist spitz, die Mundwinkel sind nach unten gezogen, die Augen klein, doch irgendwie scharfsichtig, das Gleichgewicht kann sie gerade noch halten; sie ruht nicht in sich, denn zwei dicke Sorgenfalten begrenzen ihr Gesicht, und in den neben sie gezeichneten „Gedankenblasen" sehen wir schwarze Wolken: Nein, die Welt ist nicht in Ordnung.

Und so überrascht es keineswegs, als ersten Satz auf der nächsten Seite zu lesen: „Frau Meier machte sich Sorgen." Das trifft den Nerv des ganzen Buchs, und da hilft es leider gar nicht, wenn Herr Meier seine sorgenvolle Frau mit einigen stoischen Weisheiten zu trösten versucht („Wir können's nicht ändern.") und ihr notfalls einen beruhigenden Pfefferminztee kocht und sie ungeachtet ihrer erdschweren Körperfülle einfach in die Luft hebt. Denn wir erfahren: Es sind nicht nur die kleinen alltäglichen Dinge, die Anlass zur Sorge geben, der fehlende Knopf, zu wenig Rosinen im Kuchen,

2 *Erlbruch, Wolf*: Frau Meier, die Amsel. Wuppertal: Hammer 1995.

die merkwürdig in die Höhe zeigenden Haare auf Herrn Meiers Kopf. Nein, es sind große Unglücke, ein abstürzendes Flugzeug, ein im Schnee verunglückender Autobus und dann die Universalfrage, ob denn am nächsten Tag auch wirklich die Sonne wieder aufgehen würde, und wenn nicht, was dann nicht alles zu besorgen wäre. Das Bild zur fehlenden Sonne im Gemüsegarten, die die dort dann nicht mehr wachsende Pfefferminze nicht mehr vom Unkraut unterscheidbar machte, dieses Sorgenbild ist fast ganz eingeschwärzt, die Sorge greift sinnlich fassbar über auf das ganze Leben von Frau Meier *(Abb. 9.5).*

Sorge, das also ist der zweite Begriff, besser die zweite Erfahrung neben der der Natur, die uns dem Verständnis von gutem Leben und Glück näher bringt. Was hat Sorge mit Glück zu tun? Gemach! Wenn wir vermuten, Glück bestünde im Vertreiben aller Sorgen, im sorglosen Leben, haben wir zu schnell eine Antwort gefunden. Wenigstens stehen wir noch vor der Schwierigkeit, *wie* denn solche Sorgen zu vertreiben wären. In Konfrontation mit dieser Frage aber werden wir weiterhin merken, dass es dem Glück gar nicht um das Vertreiben der Sorgen und das sorglos-unbedachte Leben geht, sondern um den rechten Umgang mit der Sorge, um

Abb. 9.5

ein richtig sich sorgendes Leben. Auch Frau Meier lernt im weiteren Verlauf des Buchs keineswegs, sich nicht zu sorgen, sondern sie erfährt im Gegenteil, wie sie sich wirklich Sorgen machen kann. Das Verschwinden aller schwarzen Wolken geschieht im Buch nämlich mit dem Satz „Jetzt hatte Frau Meier allen Grund zur Sorge". Wie das? Da ist etwas passiert, das es Frau Meier einfach nicht erlaubt, in depressive Stimmung zu versinken ob all der möglichen Sorge. Sondern sie ist unbedingt und unmittelbar herausgefordert, etwas zu tun, und zwar „besorgt", nämlich sorgend zu handeln: Ein kleines, nacktes, piepsendes Ding mit gelbgerändertem Schnabel und geöffnetem roten Schlund, das ist es, was Frau Meier ohne nachzudenken veranlasst, es aufzuheben und sofort vom Garten ins Haus zu hasten. Das entsprechende Bild müssen wir etwas genauer betrachten, um die Pointe dieser Veränderung recht begreifen zu können.

Auf den Bildern zuvor ist Frau Meier nie so recht im Lot, mal scheint sie nach hinten hinüberzufallen, mal steht sie orientierungslos vor all dem Schwarz, mal muss gar Herr Meier sie halten und heben, und selbst ganz zu Beginn auf der ersten Doppelseite ist sie gar nicht recht bei sich und bei dem, was sie tut oder nur zu tun scheint:

Als Betrachter wollen wir ihr fast zurufen, das Tuch auf dem Bügelbrett nicht anzu-
brennen und beim Kaffeetrinken nicht vom Stuhl zu fallen und auch beim Gang auf
die Leiter nicht in die Fassung der Lampe zu greifen. Nun aber, als sie die kleine Amsel
gefunden hat, ist sie eigentümlicherweise nicht nur ganz auf die kleine Amsel konzentriert,
um die wir uns nun, so behutsam und vorsichtig geborgen in den Händen von Frau
Meier, gar keine Sorgen mehr machen müssen. Nun ruht auch sie mit alle ihrer Körperfülle ganz in sich selbst, sodass wir ganz sicher sein können, dass sie auch im has-
tigen Fluge gut die Gartentreppe hinabgelangen wird. Die Konzentration auf die Welt
um sie herum und die Ruhe in sich selbst bedingen sich gegenseitig, auch in den Fol-
gebildern.

Abb. 9.6

Und doch, dieser neu erlangte Lebens-Sinn währt nur so lange, bis die kleine Amsel,
inzwischen größer geworden, nun ihrerseits die Welt als ihre erfahren soll. Mit aller
Leichtigkeit des Seins, die Frau Meier in ihrer selbstvergessenen Zuwendung zur kleinen Amsel gewonnen hat, versucht Frau Meier, der Amsel das Fliegen beizubringen
(*Abb. 9.6*). Doch während es Frau Meier ihrerseits gelungen ist, ihre Umwelt als die ihre
zu erfassen und gerade deshalb auf uns als Betrachter als völlig eins mit ihrer Welt zu
wirken, bleibt die Amsel stoisch auf ihrer Hand sitzen, die Kopffedern ganz vor die Augen
gezogen. Was sie noch lernen muss, hat Frau Meier im Ansatz bereits vollzogen: Die
Ekstase, das Außersichsein. In ihrem Tanz zur Flug-Anregung überwindet Frau Meier
in vollkommener Weise die Schwerkraft ihres Seins, weil sie sich gestaltend und ant-
wortend auf ihre Welt und ihr Leben einlässt. Erst jetzt ist sie nicht einfach da, sondern existiert: Existenz meint als Ek-sistenz (lat.: (sich) heraus stellen) das Vermögen,
sich seinem Leben und der Welt auch stellen zu können. Wer dies leistet, tritt aus dem
bloßen Sosein heraus, macht sich auf den Weg, ein anderer zu werden, richtet seinen
Sinn, die Sinne aus auf mehr als auf das, was er im Augenblick ist und hat.

Dieses Vermögen, dem Leben eine Richtung zu geben, es einer Dynamik zu unterwerfen, bringt Erlbruch in Frau Meiers Fähigkeit, selbst fliegen zu lernen, vertieft ins Bild. Frau Meier hatte dies bereits geahnt in ihrem Flugtänzchen, nun kann sie dieser Ahnung bewusst Form geben. Und sofort lässt sich die kleine Amsel anstecken und flattert ihrerseits los. In keinem Element eindrücklicher als in der Luft kommt jene Offenheit und Leichtigkeit des Lebens zum Ausdruck. Ohne die Luft müsste uns erdverhafteten Menschen das Leben träge erscheinen. Und so lernt Frau Meier mit ihrer Amsel nicht nur das Fliegen, sondern vor allem die Leichtigkeit des Lebens, jenes in psychotherapeutischen Kreisen viel beschriebene Loslassen-Können.

Damit vermag sie das einzulösen und mit Leben zu füllen, was ihr Herr Meier anfangs bloß als Tröstung mit auf den Weg gegeben hatte, dann auch als Anstoß zu einem guten Leben, jene ambivalente Anweisung: „Tu, was du nicht lassen kannst." Was wir nicht lassen können, darauf haben wir uns eingelassen; haben wir dies aber wirklich vollzogen, sind wir nicht mehr darauf fixiert, es auch festhalten zu müssen, sondern können auch loslassen und gewinnen so für uns wie auch für andere ein wesentliches Element von Glück, nämlich Freiheit.

Freiheit in Erfahrung bringen

Eine solche Erfahrung von *Freiheit* ist ein Grundmotiv vieler Bilderbücher, von denen zumindest einige in unserem Zusammenhang Erwähnung finden müssten. Einen ganz parallelen Weg der Freiheits-Erfahrung kennen wir bereits von Herrn Bohm und seinem Hering aus dem Kapitel 2: Auch der Hering hat mit seinem Landgang so etwas erfahren wie die Freiheit von sich selbst; doch weil er von dieser Freiheit auch wieder lassen kann, findet er schließlich zurück ins Meer. Und auch Herr Bohm, der den Hering ja eigentlich seiner Natur, zumindest seines Elements, des Wassers, beraubt hatte, spürt diese Freiheit des Herings und ist wohl deshalb in der Lage, den Hering seinerseits wieder frei zu lassen – nicht ganz zufällig entglitt dieser ihm ja auf dem Spaziergang zu den Freiheitselementen Luft und Wasser zurück ins Meer.

Ganz explizit wird die Lebenserfahrung als Weg der Freiheit ins und durchs Leben beim kleinen Eisbären Lars. Auch hier bietet das Element Wasser den Boden für die Erfahrung von Freiheit. Lars und sein Vater sind zu Beginn des Buchs[3] schon auf dem Niveau von Frau Meier und ihrer Amsel angelangt: Endete jenes Buch mit dem Ausblick auf gemeinsame Ausflüge ins Leben, so beginnt das Abenteuer des Kleinen Eisbären damit. Wie das geschehen kann, hält eindrucksvoll das erste große Bild fest *(Abb. 9.7)*. Lars darf hinaus, hinaus aufs große Eis, bis zum Meer. Für den ersten Schritt braucht er dazu die noch ganz selbstverständliche Bindung an seinen Vater: Vergnügt und voller Erwartung auf das Neue und doch ganz sicher, weil getragen vom Vater, blickt Lars den Abenteuern entgegen, von denen er noch gar nicht ahnt, dass sie wirkliche Erfahrungen für ihn werden: Am endlosen Meer angekommen, dürfen die ersten noch ganz spielerischen Loslass-Versuche unternommen werden: Wie die kleine Amsel in

---

3 *de Beer, Hans*: Kleiner Eisbär, wohin fährst du? Gossau: Nord-Süd 1987.

Abb. 9.7

die Luft flattert und wieder auf dem Ast zu sitzen kommt, so taucht Vater Eisbär weg ins Meer und taucht wieder auf. Doch dann, als sich die beiden Bären schlafen gelegt haben, passiert es: Die Eisscholle bricht auseinander, und Lars treibt, ohne es zu merken, hinaus aufs offene Meer, ganz allein.

Nun sind wir mit einer neuen Dimension von Angst konfrontiert: Die Frau Meier noch ganz indefinit und unfassbar beherrschende Angst vor dem Leben überhaupt ist hier einer sehr konkreten Furcht gewichen. In Angst befangen, ängstigen wir uns davor, überhaupt in der Welt zu sein und darin existieren zu müssen, also davor, dass das Leben gelebt werden muss und sich nicht schlicht vollzieht. Mit Furcht hingegen fürchten wir uns vor konkreten Bedrohungen, die gewohnte Lebensformen infrage stellen. Die Erfahrung von Angst ist eine Grundbedingung für gelingendes Leben, weil über sie unser Leben überhaupt als etwas erfahren wird, das gelingen oder auch scheitern kann. Die Erfahrung von Furcht hingegen lehrt uns, mit Hemmnissen und Herausforderungen in konkreter Lebensführung zurechtzukommen. Und das Grundhemmnis, die grundsätzliche Herausforderung ist die, die wir im Verhältnis von Bindung und Loslassen, also Freiheit erfahren.

Abb. 9.8

Für Lars ist das offene Meer, auf das er hinausgetrieben ist, eine solche Herausforderung, an der er das Fürchten lernt; offen liegt es wie das Leben vor ihm *(Abb. 9.8)*. Diese Offenheit muss nun „befahrbar" gemacht werden. Insofern ist die Offenheit keine völlig heillose, obwohl Lars sich „unendlich verlassen vorkommt". Kann er lernen, mit dieser Verlassenheit umzugehen, mit seinem Leben zurechtzukommen und Verlässlichkeit aufzubauen? Er lernt es an dem großen Fass, an dem er sich gegen den Untergang im Meer festhalten kann und gen Afrika treibt. Noch bestimmter darf er sich dann fürchten vor dem „Buuuuuh!" des Flusspferds; intuitiv rennt er weg, um sich dann aber mit Vorsicht nähern zu können, Vertrauen und neue Verlässlichkeit aufzubauen. Und auf die neuen Freunde Hippo, Drago und Orka kann er sich dann so verlassen, dass er auch das Heimweh überwindet und zurückfindet zu seinem Vater, der schon verzweifelt auf ihn gewartet hatte. Sein Gefühl des Verlassenseins wird auch für ihn belohnt durch die unglaublichen Geschichten, die Lars ihm von fernen Ländern erzählen kann, von neuen Horizonten, Grenzen, an denen wir uns abarbeiten müssen, um sagen zu können: Es ist gut, und ich bin glücklich, denn ich habe erfahren frei zu sein.

Gesundheit – Heilung – Heil

Das klingt alles wunderbar: einfach loslassen, um aufzubrechen zu neuen Ufern, Bindungen lösen, um neue Verlässlichkeiten einzugehen – zu wunderbar. So einfach geht es natürlich nicht. Gewiss muss jeder Mensch solche Erfahrungen machen, um selbstständig leben zu können, und besonders für Kinder sind solche Erfahrungen fundamental, um erwachsen werden zu können. Und doch gibt es Erfahrungen, die nicht einfach durch unsere Einstellung zu ihnen überwunden werden können. Dazu gehört die Krankheit. Viele Krankheiten können zwar auskuriert werden, doch bricht in ihnen zugleich eine Erfahrung von Endlichkeit auf, die wir nicht überwinden können. Vollständig heil werden wir in solchen Heilungen nie.

Diese Gedanken mögen auch hinter jener Angst stehen, die umgeht, wenn man im Wartezimmer sitzt, einige Patienten vor sich, und man selbst ist der letzte in der Reihe. Ja, um Angst handelt es sich hier erneut, denn es ist nicht nur die Furcht davor, dass uns der Arzt wehtun könnte, sondern darin bricht die Angst vor dem Verlust des Lebens auf oder zumindest die Konfrontation damit, unserem Sosein heillos ausgeliefert zu sein. Pinguin, Ente, Bär, Frosch und Pinocchio müssen das leidvoll erfahren[4], so wie sie alle erwartungsvoll, scheinbar gelassen, in sich gekauert, ängstlich oder vorsichtigneugierig auf fünf Stühlen ihrer Behandlung entgegenharren, einer Behandlung, die ihnen unter der Tür als kleines Licht oder auch in Form der Lampe Besseres verheißt, den dunklen Raum aber nie ganz erhellen kann *(Abb. 9.9)*.

Wenn die Tür dann das erste Mal aufgeht, um den ersten Patienten, einen kleinen Käfer, herauszulassen, ist das Entsetzen noch größer: Obwohl alle den Käfer gesund aus dem Behandlungsraum herauslaufen sehen, kippt der flügellose Pinguin fast vom Stuhl, die zunächst noch scheinbar ruhig daliegende Ziehente hebt nicht gerade erwartungsvoll ihr fehlendes rechtes Bein dem Zimmer entgegen, dem Bären verschlägt es sogar offenkundig die Sprache, entsetzt muss er sich abwenden und doch gebannt mit

---

4 *Jandl, Ernst/Junge, Norman*: fünfter sein. Weinheim: Beltz & Gelberg 1998.

Abb. 9.9

dem rechten Auge in die offene Tür schielen, während der Frosch anfängt zu pfeifen, wie um seine Aufregung zu überspielen. Nur Pinocchio scheint ein wenig froher zu lächeln, weil es nun nicht mehr so lange dauert. Auch das Licht verheißt Heilung nicht in völliger Klarheit und Transparenz: Zwar leuchtet es kräftig aus dem Behandlungsraum heraus, doch Schatten werden weiterhin geworfen, auch beim kleinen gerade geheilten Käfer (*Abb. 9.10*). Und die Deckenlampe schleudert ihren Lichtkegel eher ungezielt aus dem Bild heraus.

Leben erfährt diese kleine, fast unscheinbare Geschichte kaum durch die Geschichte selbst. Auch in dem aufs Äußerste reduzierten Text von Ernst Jandl wird sie nur verborgen in Worte gefasst. Es sind die Bilder, in denen Norman Junge dem Ausdruck gibt, was zwischen den Zeilen des Textes steht und als Zwischentöne auch in der Erwartung des Glücks sich abspielt, in den Emotionen nämlich. Kein Bild gleicht darum dem andern. Vor allem die Gesichter und Körperhaltungen der fünf Protagonisten sind nie völlig dieselben, sondern spiegeln das subjektiv je unterschiedliche Bad der Gefühle, durch das alle hindurchmüssen. Emotionen und Affekte aber sind der unmittelbarste Ausdruck dafür, dass das, was vordergründig erscheint, nie das Ganze ist. Über nichts offensichtlicher als über den körpersprachlichen Ausdruck verschafft sich die Notwendigkeit Gestalt, dass wir uns immer irgendwie zum Dasein verhalten müssen. Zugleich bricht

Abb. 9.10

darin auch die letztliche Unangemessenheit all unseres Verhaltens auf, weder zu Welt, noch zu Leben, noch zu uns selbst werden wir uns je völlig stimmig verhalten können. Im siebten Bild wird das besonders eindrücklich: Trotz scheinbar völliger Ruhe ist hier nichts mehr im Lot. Die drei verbliebenen Patienten zappeln nicht nur unruhig auf ihren Stühlen herum, sie drohen auch herunterzukippen, wie das ganze Bild und seine Perspektiven „aus der Fassung" zu geraten scheint *(Abb. 9.11)*.

Abb. 9.11

Sollten wir also als Element vollkommenen Glücks die faktische Übereinstimmung von Gefühl zu dem von ihm Gefühlten behaupten, werden wir durch dieses Buch damit konfrontiert, dass es vielmehr der Akt des Verhaltens in aller Unvollkommenheit ist, der glücklich sein lassen kann. Die *Heilung*, besser: Gesundheit, die sich für die einzelnen Figuren herstellen lässt, ist stets nur Abglanz auf völliges *Heil*. Und erst das eigentlich wäre Glück. Glücklichsein wäre dann die Vorahnung eines vollständigen Glücks im konkreten Vollzug des Lebens hin auf geglücktes Leben. Für die Ebene menschlichen Verhaltens hätte dann Kant recht, wenn er meint, dass unsere menschliche Natur zwar elementar „auf ein Wohlbefinden angelegt" sei, es dabei aber letztlich gar nicht darum gehen könne, auch tatsächlich durch und durch ein gutes Leben zu führen; vielmehr müsse und könne sich der Mensch „lediglich" so weit vorarbeiten, „um sich, durch sein Verhalten, des Lebens und des Wohlbefindens *würdig* zu machen". Dieser Satz ist nicht zuletzt gegen alle Hypertrophie festzuhalten, es könne uns Menschen je gelingen, vollständiges Glück und Wohlergehen, ein gutes Leben für alle Menschen gänzlich durch uns selbst herzustellen. Hypertroph, vermessen ist dieser Anspruch nicht nur, weil er nie wird gelingen können, sondern weil er sich auch daran vergeht, was uns Menschen als Wohlergehen positiv möglich ist; denn gewendet zu etwas vollkommen Hergestelltem und Definiertem wäre Glück nur noch der Terror des Guten. Maßstab und Orientierung für unser eigenes Wohlergehen böte ein solches Glück nicht, nicht auch jene von uns gesuchte Kraft zu lebendiger Lebensführung.

Vielleicht kommt auch diese skeptische Dimension in den Bildern von Norman Junge zur Sprache. Denn es handelt sich bei allen Protagonisten ja „nur" um Spielzeugtiere, die im engeren Sinne nicht geheilt, sondern nur wiederhergestellt werden können. Zum Glück für sie und auch für uns werden sie demnach auch nicht zu lebendigen Personen, sondern erhalten lediglich das fehlende Rollrad, den gebrochenen Arm, die Froschkrone oder die Nase wieder zurück oder wieder „ganz gemacht". Das ist ein eigentlich nur technischer Vorgang, von Junge dadurch unterstützt, dass der „Herrdoktor" am Ende lediglich ein Arsenal von Werkzeugen in seiner Kammer hat, mit denen er zu reparieren versteht, aber auch nicht mehr. In einer letzten Dimension erscheint nun jenseits des Horizonts des Sagbaren und Darstellbaren das Glück als *Heil*, das mehr bedeutet als Heilung oder Reparatur. Auch Aristoteles scheint dies zu

Abb. 9.12

ahnen, indem er im weiteren Verlauf seiner „Nikomachischen Ethik" die Untersuchung bewusst auf die Möglichkeiten menschlichen Glücks reduziert, im Wissen freilich um den je höheren Horizont göttlicher Glückseligkeit. Und Norman Junge schließt sein Buch mit einem Bild, das ebenso diese uns bestimmende, gleichwohl immer verborgene Ebene vollkommenen Glücks zeigt: Es ist die geschlossene Tür auf der hinteren Umschlagseite, durch die am Boden weiterhin die Verheißung von Heil hindurchscheint, obwohl inzwischen alle Patienten die Praxis verlassen haben (*Abb. 9.12*).

Reflexion und Umsetzung von Zeitlichkeit

Auch für diese Dimension vollkommenen Glücks gibt es ein Bilderbuch. Es ist eines der klassisch gewordenen, das Buch von dem Farben träumenden und dichtenden Frederick.[5] In der gerade eröffneten Perspektive ist es ein durch und durch philosophisches und keineswegs nur ein „süßes" oder „niedliches" Bilderbuch. Verantwortlich dafür ist wiederum nicht nur die Geschichte von der kleinen Maus Frederick, der nicht wie alle anderen Mäuse Wintervorräte sammelt, sondern so etwas scheinbar Nutzloses wie Sonnenstrahlen, Farben und Wörter, der aber dann, als im Erdreich alle Vorräte verbraucht sind, die Herzen und auch Mägen der Mitmäuse durch seine Farbgeschichten erwärmt und deswegen am Ende als Dichter dasteht. Es sind ebenso die Bilder, die die Leistung von Dichtung in einer noch ganz anderen Dimension zum Ausdruck zu bringen vermögen: Auf einer ersten Ebene sind es die Farben, die Frederick ins Spiel bringt, gegen die Steine, die zwar im Winter Schutz bieten, ansonsten aber kalt und leblos bleiben (*Abb. 9.13*). Auf der zweiten Ebene ist es die Gestaltungstechnik von Leo Lionni, seine Reißbilder und die collagierten Elemente. Sie zeigen sich bei genauerer Betrachtung als kongeniale Form gegenüber dem Sinn der Geschichte. Es gelingt Frederick tatsächlich, das, was auseinander gerissen und verstreut sich als Welt bietet, zu einem Ganzen zusammenzufügen. Und zwar sammelt er nicht nur dies und jenes, trägt es bloß zusammen wie seine Mitmäuse. Auch die Sonnenstrahlen „sammelt" er nicht einfach, nimmt sie nicht allein in sich auf, sondern er sammelt damit gewissermaßen den Akt des Sammelns überhaupt: Lionni verdeutlicht das durch die mit dem Text selbst

5 *Lionni, Leo*: Frederick. Köln: Middelhauve 1967.

Im Bild: „Und was ist mit den Farben, Frederick?", fragten sie aufgeregt. „Macht wieder eure Augen zu", sagte Frederick. Und als er von blauen Kornblumen und roten Mohnblumen im gelben Kornfeld und von grünen Blättern am Beerenbusch erzählte, da sahen sie die Farben so klar und deutlich vor sich, als wären sie aufgemalt in ihren kleinen Mäuseköpfen.

Abb. 9.13

gefüllte Sprechblase. Darin lehrt er uns, Welt und Leben und uns selbst zu einem für uns so überhaupt erst sinnvollen Ganzen zusammenzufügen, sprich: zu verdichten. Mit der Entfaltung oder dem Wiedererzählen des dermaßen Verdichteten gelingt es Frederick dann, den Mitmäusen eine Dimension zu öffnen, die jedenfalls uns Menschen eigentümlich ist und die Voraussetzung für Glück darstellt: die Dimension von *Geschichte*, die uns Gegenwart nicht nur als Augenblick, sondern als das aus Vergangenem hervorgegangene und auf Zukunft hin sich öffnende Element von Leben zeigt. Auf jene den Sinn von Leben fundamental ausmachende Zeitlichkeit unseres Daseins hat vor allem der Philosoph Martin Heidegger reflektiert.

Doch gegen ein ganz aktuelles Gefühl von Unglücklichsein oder einfach Missmut hilft keine philosophische Besinnung auf die Zeitlichkeit unseres Daseins. Das würde uns möglicherweise nur noch tiefer in eine depressive Stimmung stürzen. Das Gegenteil ist aber nicht die Leugnung der Zeitlichkeit, sondern ihre Umsetzung im täglichen Leben. Die *Zerstreuung* ist solch ein Wundermittel gegen Langeweile und schlechte Laune. Im leichten Spiel mit Lebenszeit ist sie frei vom Zwang, stets Leben in Vollkommenheit herstellen zu müssen, und zeigt sich dadurch auf einer ganz andere Ebene als Geschichtsmächtigkeit. Das in Geschichten zu fassen, ist in vollkommener Weise Sven Nordqvist mit seinen Büchern von Findus und Pettersson gelungen. Das intuitive Wissen um einen Gesamtsinn von Leben setzt Findus wie Pettersson wie auch ihren Erfinder Nordqvist frei, kleine Details spielerisch mit Sinn aufzuladen und so Findus, Pettersson und uns Lesern kleine Glücksmomente zu ermöglichen. Das gilt aufgrund ihrer Konzeption und Gestaltung für alle Findus & Pettersson-Bücher. Explizit zum Thema aber wird

Findus sprang vom Tisch und öffnete den Topfschrank. Er musste alle Töpfe ausräumen, um den großen Fischtopf vorzuholen, der ganz hinten stand. Er zog ihn auf den Boden. Der Topf schwamm wie ein Boot. Findus holte zwei Holzlöffel und damit ruderte er über den Küchenfußboden und fing an zu angeln. Es dauerte nur ein paar Sekunden und schon biss ein Fisch an.

Ein gestreifter Hecht! Klein, aber lustig. Findus schielte zu Pettersson. Pettersson guckte aus dem Fenster. Findus angelte weiter und dauernd biss ein Fisch an und jedes Mal flüsterte er: »Oh, schon wieder hat einer angebissen!« Und dann schielte er zu Pettersson, aber der Alte guckte immer noch aus dem Fenster.

Aber dann machte Findus den größten Fang der Welt, ein wahnsinnig gestreifter Hering! Der Kater kämpfte und rackerte sich ab und pustete und zog und dann schielte er wieder zu Pettersson. Da endlich schielte Pettersson zurück. Aber er rührte sich nicht. Er sagte nur: »Ich will nicht angeln gehen.« Dann guckte er weiter aus dem Fenster.

Abb. 9.14

das Glücklichsein oder gelingendes und nicht gelingendes Leben in dem Titel „Armer Pettersson"[6]; darum greife ich ihn hier heraus.

Pettersson hat wahrlich schlechte Laune, so sehr, dass ihn sogar oder gerade deshalb sein kleiner Kater Findus mit seiner Munterkeit fürchterlich nervt. Pettersson empfindet Findus' Umtriebigkeit nicht als Lebenslust, sondern als störende Unruhe. Als Findus es letztlich soweit treibt, mit dem Stuhl umzukippen und unter Gepolter einen Blecheimer umzuwerfen, brüllt Pettersson los „JETZT REICHT'S ABER!" An dieser Stelle, an der die Geschichte ihre Wendung nimmt, taucht das einzige Mal in der Geschichte das Wort „unglücklich" auf: Elend und unglücklich sackt Pettersson in der Sofaecke zusammen. Doch Findus hat beschlossen, seinen Pettersson wieder fröhlich zu machen. Unsinn machen wie zu Anfang hilft nichts, und auch das phantasievolle Spiel mit dem Flickenteppich als unerschöpflichem Angelraum bringt gerade mal ein gelangweiltes Herüberschielen Petterssons (Abb. 9.14). Doch mit diesem Schielen ist eine Anleitung zum Unglücklichsein in Gang gesetzt. Noch lässt sich Pettersson nicht auf das ein, was ihm in den Blick geraten ist, und auch das nachfolgende realere, Erinnerungen hervorkramende Angelspiel bringt ihn nur zu einem müden Lächeln. Erst das möglicherweise reale Unglück, Findus' (wenngleich nur vorgetäuschte) Verletzung

---

6 *Nordqvist, Sven*: Armer Pettersson. Hamburg: Oetinger 1988 (schwed. 1987). Es handelt sich um den dritten Titel der Reihe, die mit „Eine Geburtstagstorte für die Katze" begonnen hatte. Inzwischen sind bis Anfang 2002 11 Bände erschienen, zuletzt „Wie Findus zu Pettersson kam".

im Holzschuppen rührt das Mitleid von Pettersson. Im Blick auf den unter der Angel schier zusammenbrechenden Findus (der sich allein zum Angeln aufmachen will) ist dann schon kein Mitleid mehr zu sehen *(Abb. 9.15)*, sondern wir spüren schon Petterssons neue Lust mitzutun. Und so geschieht es: Pettersson steckt Findus in den Rucksack und geht mit ihm zum Angeln. Da muss man nun wirklich Ruhe bewahren, wenn man nicht frustriert ohne Fische nach Hause kommen will. Doch diese Ermahnungen gegen Findus haben schon einen ganz anderen Charakter als die anfängliche Bitte um Ruhe. Hier ist es die Konzentration auf das Angeln, eine Zuwendung zum unscheinbaren Einzelnen, zum Augenblick, auch zum

Pettersson gab ihm die Angel. Aber als der Kater damit loszog, da wippte sie so sehr auf seinen Schultern, dass er sich kaum auf den Beinen halten konnte und nicht von der Stelle kam. Er sah so jämmerlich aus, dass Pettersson lachen musste.
»Nee du, kleiner Findus, du kannst nicht mit der langen Angel zum See wackeln. Dir tut doch auch der Fuß weh!«
»Ich WILL aber angeln«, sagte Findus ärgerlich.
Da endlich gab Pettersson nach. Er seufzte. »Jajaja, dann gehn wir also angeln.«

Abb. 9.15

(bloß) Atmosphärischen, eine Voraussetzung, sich ohne Erklärungs-, Deutungs-, Auseinandersetzungszwang im reinen Spiel, in bloßer Freude, im puren Genuss auf die vielen sinnlichen Eindrücke, die Herbstfarben, die feuchte Luft, die die nötigen Erholungspunkte schaffen, und am Ende wieder froh auf die Herausforderungen des Lebens einzulassen.

10 „Der Opa ist von uns gegangen …"

Zum Umgang mit Sterben, Tod und Transzendenz

Dem Tode ausgesetzt

Keizaburo Tejimas „Schwanenwinter"[1] beginnt in einer Atmosphäre, in der noch alles in Ordnung zu sein scheint *(Abb. 10.1)*. Der See von Hokkaido liegt ruhig zwischen Wäldern und Bergen, die Schwäne gleiten umher, putzen sich, wenden sich einander zu; nur die Schneeberge scheinen sich etwas heller als sonst vom blauen Himmel abzu-

Abb. 10.1

heben: Es wird Frühling, eigentlich eine Zeit des Aufbruchs zu neuem Leben, für die Schwäne der nördlichen Insel Japans aber das Zeichen, gemeinsam in ihre eigentliche Heimat, den eisigen Norden aufzubrechen.

Was aber ist der Norden, wo es noch kälter ist als kalt? Was meint dieser Aufbruch in eine lebensfeindliche Region, ein Aufbruch veranlasst durch eine innere Uhr, gesteuert durch einen unbewusst ablaufenden Biorhythmus? Werden die Schwäne zu Boten des Todes, in der Reinheit und Ruhe, mit der sie sich in den Himmel schwingen, gelassen, aber zielstrebig der eisigen Kälte entgegen?

1 *Tejima, Keizaburo*: Schwanenwinter. Frankfurt/M.: Moritz 1996 [Tokio 1983].

Im vorigen Kapitel über das gute Leben haben wir eine Hin- und Her-Bewegung vollzogen zwischen dem ernsten Versuch, Probleme der Lebensführung in den Griff zu bekommen, und dem eher spielerisch-leichten Weg, Lebensprobleme durch Zerstreuung in ihrem Ernst zu relativieren. Weder den einen noch den anderen Versuch sollten wir verabsolutieren; mal mag das spielerische Lächeln der angemessenere Weg sein, mal die ernsthafte Auseinandersetzung. Es gibt aber auch Erfahrungen, bei denen eine Entscheidung gar nicht mehr fallen kann, so sehr wird die Erfahrung durch das pure Ereignis vereinnahmt. Zu solchen Erfahrungen gehört der Tod. An ihm zerbrechen alle Versuche der Vernunft, der abwägenden wie der spielerischen. Bücher, auch Bilderbücher können angesichts dessen nur den Sinn haben, dieser Erfahrung den ihr notwendigen Raum zu gewähren.

Vielleicht darum zieht uns Tejima mit ganz einfachen Bildern, die zutiefst das Gefühl eines jeden Betrachters berühren, so suggestiv in den Bannkreis des Todes hinein. Wir spüren es bei der übernächsten Seite, die ebenfalls noch ganz ruhig die Schwanenfamilie zeigt, auch wenn eines der Schwanenjungen krank ist und nicht fliegen kann. Wir lesen es, ahnen es aber auch durch das Bild: Der Himmel ist schon ein wenig aggressiv zu einem hellen Rot angelaufen, spiegelt sich giftig gelb in den ansonsten schwarzen Wellen des Sees. Auf dem Folgebild steht die Familie um das schwache Schwanenjunge herum, der See ist schwarz geworden. Nach wenigen Tagen muss die Familie aufbrechen, und das klagende Rufen der Schwäne bricht quasi aus dem Bild heraus, sodass wir es zu hören scheinen, wenn die sechs Schwäne ihre Köpfe auf engstem Raum gemeinsam klagend gegen den Himmel recken *(Abb. 10.2)*. Wir sehen das Rufen sogar, wenn wir in den Fächerungen des Himmels (oder auch des Sees) die Schallwellen erahnen, die von den Klagerufen ausgehen.

Was passiert hier? Das Bild bietet uns eine Folie, eröffnet uns jenen Raum, den wir, geschockt vom Ereignis eines Todes, suchen und brauchen. Das kann auch sprachlos geschehen, wenn wir uns auf die Raumgestaltung und die Formgebung in Tejimas Bildern einlassen, sie als Ebenen und Formen erfahren, in denen wir selbst mit unseren noch ganz unausdrücklichen Gefühlen vorkommen können. Gestalterisch mag dazu vielleicht auch Tejimas Technik beitragen: Die Gefühle kerben sich ins Leben ein wie die Schnitte, Erhebungen, Vertiefungen auf die Druckplatte. Was wir davon sehen, ist aber ein Abdruck, eine Form, die als Spiegelbild das Abgebildete zugleich reflektiert.

Abb. 10.2

Abb. 10.3

Vor allem durch die Bilder werden wir auch in den weiteren Verlauf des Todes hineingezogen. Auf dem nächsten Bild spüren wir die unausweichliche Trennung: Das zurückbleibende Junge klagt mit trauriger Stimme der Familie zu, die es verzweifelt umflattert. Das Junge kann diese Bewegungen nicht mitmachen, auch nicht mit seinem letzten vergeblichen Schwimmversuch, dessen Wellen nicht heranreichen an die Flugbewegungen der anderen Schwäne, die ohne Reflexion auf dem Wasser und in der Luft bleiben. Und dann zerreißt es uns schier, wenn wir sehen, wie der jungen Schwan allein den Wolken zuruft (*Abb. 10.3*) – der Körper scheint ein wenig vorgestreckt, doch kraftlos geht keine Energie mehr von ihm aus, sodass auch der Hals im Rufen eher schon in sich zurücksinkt als noch einmal den Wolken zustreben zu können – die Familie ist fort, der Tod ist unausweichlich geworden: Still, nahezu ohne Bewegung liegt der See, fast deckungsgleich spiegeln sich die Berge und die Wolken in ihm, und hart und scharf zeichnet sich die Grenze zwischen Gebirge und seinem Spiegelbild im See ab, als Horizont, als Lebensgrenze hin zum Tod, dem der junge Schwan sicher entgegensehen muss: Das Schwarz der Wald-Silhouette meint nicht mehr den Wald am Rand des Sees, sondern den dunklen Raum, in den der Tod hineinführt, ein für uns unzugängliches Nichts, das die Frage nach etwas danach Kommendem, einem Jenseits, als bloß sich spiegelnde Illusion, den Himmel als zumindest jetzt nicht erreichbaren Raum vom Hier und Jetzt abschneidet.

Das ist der Höhepunkt des Buchs und seiner Auseinandersetzung mit dem Tod. Gewiss spitzt Tejima die Dramatik zu, weil es sich um junges Leben handelt, das hier vergeht. Sinnzentrum aber ist der Tod als Phänomen überhaupt, egal wen er trifft, als Phänomen, an dem alle weiteren Nachfragen zu zerbrechen scheinen. Und doch ist es möglich, dieses Phänomen nicht einfach als kaltes Faktum stehen zu lassen, sondern zur Erfahrung zu bringen. Das ist, wie angedeutet, der Anspruch der Bild-Flächen des Buchs. Sie bieten Erfahrungs-Räume für das, was wir sonst nicht sagen, möglicherweise kaum fühlen können. Entsprechend sind die folgenden Bilder zu lesen: Die kurze Rückkehr der Schwanen-Familie, um das Schwanenjunge in seinen Tod zu begleiten, bringt nur scheinbar noch einmal Bewegung ins Leben. Auf dem textlosen Bild sehen wir zwar ein letztes Aufflattern der Flügel. Doch das kann weder den Tod verhindern, noch letzt-

Abb. 10.4

lich Tröstung bewirken. Vielmehr wird die gesamte Umwelt mit in Bann gezogen, zu einer einzigen Bewegung, die damit zugleich zur völligen Ordnung kommt, absolute Ruhe ausstrahlt und folgerichtig zu einem fast schwarzen See wird, in dem sich nur die Mondsichel gebrochen widerspiegelt *(Abb. 10.4)* – ein kosmisches Bild für eine elementare Frage des Lebens, die durch Gestaltung oder Reflexion des Lebens nicht zu lösen ist. Auch wenn am Schluss des Buchs die Schwäne, angekommen im kalten Norden, in den Wolken das Junge wiederzuerkennen glauben, bedeutet das noch nicht notwendig ein Element des Trostes, sondern zunächst nur, dass jedenfalls diese Schwäne ihrer Todeserfahrung Raum haben geben können.

Kein anderes Bilderbuch konfrontiert uns mit solcher Härte mit dem Tod, drängt uns unerbittlicher in das Gefühl völliger Beklommenheit, die wir nicht mehr abwehren können, in das Gefühl vergeblicher Trauer und Hilflosigkeit gegen die übermächtige, da unausweichliche Macht des Todes, gegenüber dessen Eintritt jeder Versuch der Verarbeitung, der Auseinandersetzung, der Deutung letztlich versagen muss.

Gleichwohl gilt der Tod als eines jener Ereignisse, an denen sich existentielles und philosophisches Fragen entzündet. Liegt das am Tod in seinem unerbittlichen phänomenalen Gehalt, dass er mit Bestimmtheit eintreten wird? Oder liegt das vielmehr an der Tatsache, dass wir ihn trotzdem zur Erfahrung bringen können? Denn als Menschen wissen wir um ihn, ja wir wissen auch darum, dass wir selbst ihn eines Tages erleiden werden. Und insofern wissen wir im Bewusstsein des Todes, in dieser radikalen Grenzerfahrung, um unsere eigene Endlichkeit und sind ihr doch im Wissen darum zugleich überlegen. Man kann diese Paradoxie mit Albert Camus als Absurdität unserer Existenz bezeichnen. Die Frage ist, welche Kraft der Lebensdeutung daraus resultieren kann. Das wird im Buch von Tejima nicht mehr beantwortet, weil sich der Schwanenwinter auf das Elementare des Ereignisses beschränkt, das bei der Frage nach Folgen um seine Radikalität gebracht würde.

Mit Sterblichkeit umgehen

Wir sind aber nicht nur Gefangene im Schicksal unseres Daseins, nicht nur Getriebene auf dem absehbaren Weg des Lebens, nicht nur Ausgelieferte gegenüber unseren Emotionen. Wir können uns dem, gerade angesichts des Todes, auch stellen. Wie, das zeigen exemplarisch drei weitere Bücher:

Das erste[2] führt uns zur Auseinandersetzung mit dem Tod eines anderen Menschen. Das Buch teilt diese Auseinandersetzung in zwei Fragen; zuerst müssen wir lernen, was überhaupt *Totsein* bedeutet, und dann werden wir dazu geführt, uns an den Gestorbenen in unserem weiterlaufenden Leben zu *erinnern*. In beiden Fragen werden wir konfrontiert mit unserer eigenen Sterblichkeit und lernen zugleich, mit ihr umzugehen.

Riesengroß ragen zwei Schuhe über eine Kante aus Holz, die wie eine Mauer dasjenige oder denjenigen, der zu den Schuhen gehört, vor Brunos Blick verdecken (*Abb. 10.5*). Scharf ist die Linie dieser Holzkante gezogen, so scharf, dass der Schnitt von der einen

zu der anderen Seite keinen Übergang möglich macht: Auf der jeweils anderen Seite geht es um etwas ganz anderes, das mit der Diesseite nicht mehr zusammenhängt, auch wenn bestimmte wahrnehmbare Gegenstände, wie die Schuhe, leicht in die uns gewohnte Erfahrungswelt einzuordnen sind, aber eben nur in ihrer äußeren Bedeutung, nicht mehr mit ihrem inneren Sinn. Zugleich sehen wir diese

Abb. 10.5

scharfe Linie jedoch in Schräglage, fast diagonal. Im linken unteren Teil will Bruno deutlich über diese Linie hinweg schauen, so wie im rechten oberen Teil die Schuhe aus dem oberen Teil herauszufallen scheinen.

Was steckt hinter diesem irritierenden Bild? Brunos Bruder sagt: „Opa ist von uns gegangen." Doch Bruno sieht, dass das gar nicht sein kann; im Gegenteil, präsent wie es präsenter kaum vorstellbar ist, liegt der Opa seit Stunden da. Also ist er „kein bisschen davongegangen". Nur dass der Opa die schwarzen Anzugschuhe trägt, das ist ein

2 *Fried, Amelie/Gleich, Jacky:* Hat Opa einen Anzug an? München: Hanser 1997.

wenig ungewöhnlich. Aber als Bruno dann hoch gehoben wird, ist er wieder beruhigt: Tot ist der Opa nicht, ganz offenkundig schläft er nur. Was also reden die Erwachsenen, was meinen sie damit, dass auch er, Bruno, ein „armer Bub" sei, nach dem, was er gesehen hat? Bruno versteht auch nicht, dass man sich dann zur Beerdigung aufmacht, dass man dabei ruhig sein muss, jedenfalls nicht lachen darf, wenn jemand mit den frisch geputzten Trachtenschuhen in den dreckigen Schlamm patscht. Und es regnet doch nur, warum weint dann der Himmel? Und was wird wohl der Opa in der Kiste machen, die gerade in die Erde gelassen wird? Mit seinen Fragen steht Bruno recht einsam (im farbigen Original) als kleiner roter Fleck inmitten der schwarzbraunen Gestalten und der dunkel verhangenen Umwelt. Nie mehr soll der Opa jetzt angeblich aufwachen? Ob das stimmt? Beim feucht-fröhlichen Leichenschmaus wäre der Opa mit Sicherheit gern dabei gewesen, das hätte ihm gefallen. Irritiert ob dieser Eindrücke, hängt die Stallwand, hängt die Welt dann sichtbar schief für Bruno *(Abb. 10.6)*, und ein wenig ärgerlich stapft er im Stall herum, allein mit seinen Fragen: Wo ist der Opa jetzt?

Dieses Buch lebt zunächst von der Radikalität des Textes: In aller Schlichtheit, ohne Schnörkel, und doch ganz zielsicher auf das Elementarste gerichtet, konfrontiert uns Amelie Fried mit der gar nicht selbstverständlichen und unser Leben in höchstem Maße erschreckenden Erfahrung, da sei ein Mensch tot, vor allem aber mit der Schwierig-keit, wie wir das verstehen sollen, wie wir dem einen Sinn abgewinnen, wie wir dies und warum wir das so ausdrücken und in Sprache bringen könnten.

Mit der gleichen Intensität und Radikalität stellen uns diese Fragen auch die Bilder von Jacky Gleich. Illustrieren kann man den Tod nicht. Und auch symbolisch-atmosphärische Antwortbilder wären jedenfalls unmittelbar nicht einleuchtend und ver-

Abb. 10.6

ständlich, wenn sie über Symbolisierung bereits deuteten, was als Problem in einer Frage noch völlig unklar ist. So bleibt nur, direkt ins Bild zu setzen, was wir ganz unmittelbar fühlen, was uns ganz unmittelbar zur Frage wird: Auf dem ersten Bild sehen wir Bruno vor dem aufgebahrten Opa in fast gesichtsloser Offenheit, mit kleinsten Augen, kaum auszumachender Nase, fast verschwundenem Mund, nicht mehr sichtbaren Ohren, bar aller Möglichkeit, sinnlich irgendetwas von dem Sinn des Ereignisses wahrzunehmen. Ihm gegenüber wird unser Blick gefangen von der fast erdrückenden Präsenz der Schuhe von Opa, die ebenso ausweglos die Frage aufwerfen, was das für einen Sinn haben soll. Ebenso allein gelassen hatten wir Bruno bei der Beerdigung gesehen.

Abb. 10.7

Das einzige Bild, das den Opa zeigt *(Abb. 10.7)*, zeigt ihn im Sarg, hingestreckt quer durch das Bild, in der gleichen Richtung wie der Sarg, in dem er liegt, der wiederum ist ganz dem Dielenboden angepasst. Da ist nicht mehr ganz klar: Handelt es sich hier um einen leblosen Gegenstand, oder deutet das klar zu erkennende Gesicht des Opas darauf hin, dass Bruno noch eine Person sich gegenüber wahrnimmt? Oben rechts verschwinden schon die anderen Figuren, wohl Vater und Mutter aus dem Bild, kein Wunder, denn die können Bruno nicht nur keine Erklärungen geben, sondern wissen nicht einmal irgend etwas zu sagen. Was Bruno von anderen Menschen sieht, sind nur große Tränen, mit Regenschirmen und Mänteln verhangene Figuren oder wie beim Leichenschmaus grinsende Gesichter, Reaktionen von Gefühlen. Sie aber wollen zu dem, was sich ereignet hat, nicht recht passen. Und vielleicht ist es dies, was Bruno in Erfahrung bringt: Mit dem Tod hat sich etwas ereignet, was wir selbst hier und da an uns merken: Es passt etwas nicht zusammen, es ist nicht alles so, wie es sein könnte oder sollte. Vielleicht ist so etwas eine erste und ganz elementare Erfahrung eigener Endlichkeit.

Das Buch ist fast logisch gegliedert in zwei Teile. Die ersten sieben Bilder zeigen Phasen der Auseinandersetzung damit, was Totsein bedeuten könnte: Der Opa ist da, obwohl er „von uns gegangen" sein soll; der Opa schläft nur; zur Beerdigung wird der Opa getragen; was macht der Opa in der Kiste; warum ist der Opa nicht dabei beim fröhlichen Trinken; der Opa ist auch nicht in der Scheune; und dann als siebtes Bild: Da ist noch etwas, was dem Opa gehört hat und jemand anderem gehören soll, die Brille, die Pantoffeln, der Sessel und das Holzschiffchen, das Bruno einmal erben sollte: Hat er das jetzt verstanden mit dem Erben?

Damit beginnt der zweite Teil des Buchs, ebenfalls sieben Bilder, wieder sieben Phasen einer Auseinandersetzung, diesmal mit einer weiteren Frage: Wo ist der Opa jetzt, wenn einmal akzeptiert ist, dass er nicht mehr da ist? Zum ersten Mal sehen wir ein Gesicht, in dem wir lesen können. Es ist das Gesicht der Mutter. Intensiv und zugewandt erzählt sie Bruno etwas, etwas, was er noch nicht ganz versteht, aber verstehen lernt: Ich spüre es im Blick, wenn ein anderer Mensch sich mir zuwendet. Und wenn ich mir das bewusst mache, merke ich, was es heißt zu sagen, ich habe jemanden lieb. Und dann kann ich mir überlegen: Sieht der Opa jetzt von irgendwoher, dass Bruno sich ein Senfbrot geschmiert hat, dass sein Bruder Xaver ihm einen Vogel zeigt, dass Hund und Katze sich streiten? Wird Bruno den Opa irgendwann vergessen? Warum fließen Tränen, wenn Bruno etwa tut, was er vom Opa gelernt hat? Warum wird das Loch im Bauch, das Bruno spürt, wenn er an den Opa denkt, immer kleiner, verschwindet aber nie? Warum kann das Baby von Tante Mizzi nicht der zurückgekommene Opa sein? Und vor allem: Wo bleibt denn alles, wo bleiben wir alle, wenn wir einmal nicht mehr da sind, wo gibt es so viel Platz für alles? Und warum kann Bruno am Ende doch lachen und Purzelbäume schlagen, wenn er an den Opa denkt? Wieder sind es Fragen, an denen Bruno die Erfahrung von Endlichkeit spürt.

Abb. 10.8

Einige Bilder bringen auch diese Erfahrungen zum Ausdruck, wieder in aller Unmittelbarkeit und Direktheit. So das vorletzte Bild vom Friedhof. Wir sehen, wie Bruno sich mit dem Opa unterhält, wie er ihm erzählt, was passiert ist, wie er Opas Stimme zu hören glaubt. Vor allem am Holzschiffchen erkennen wir es, das Bruno als Erinnerungszeichen auf den Grabstein gestellt hat. Das sehen wir auch ganz zu Beginn des Buchs in Brunos Hand (*Abb. 10.8*), und sein Blick ruht, ohne dass wir irgendeinen Text bräuchten, gedankenversunken auf dem Schiffchen, ganz bei den Träumen, von denen der Opa Bruno immer erzählt hatte, dass er hinaus wollte, zur See fahren, und dass er auch schon mal dort war, in Genua, im Irgendwo jener weiten Fahrten. Und diese Träume sieht Bruno auch in Opas Bild, das der Vater ihm geschenkt hat, wie da der Opa mit Wanderstab am Arm und Wanderhut in der Hand und Schiffen im Hintergrund freundlich winkt (*Abb. 10.9*). Daran merkt, ja sieht Bruno, ohne es in Worte fassen zu können (und ebenfalls ohne Text ist auch für uns dieses Bild zu Beginn des Buchs abgebildet): Wir sind unterwegs, verlassen etwas, wie es ist, das ist dann nicht mehr da, und bewegen uns hin zu etwas Neuem, was noch nicht da ist. Aber von dem Neuen können wir träumen, können es uns einbilden, so wie das Vergangene, an das wir uns erinnern

Abb. 10.9

können. Der Mensch ist, sagt dazu die Philosophie, ein geschichtliches Wesen: Wir leben im Unterwegs, aus der Erinnerung und zugleich aus dem Verlassen der Erinnerung auf eine offene Zukunft hin. Die Bilder, die wir von Brunos Arbeit am Tod des Opas sehen, vermitteln uns diese Einsicht, wenn wir mit genügend Zeit und Intensität in sie hineingehen. Und: Wir können dies erzählen.

Die Räume des Jenseits beschreiben

Bevor wir die Dimension des Geschichtlichen noch weiter entfalten, müssen wir innehalten und mit Bruno die Frage in Erinnerung rufen, wo die Seelen wohnen und ob denn wirklich so viele Seelen in den Himmel passen. Orte für solche Seelenräume werden im Buch vom Opa nicht weiter ausgelotet. Antworten dazu finden wir in den Religionen. Sie tradieren diese Antworten in Bildern, Sprachbildern und inneren Bildern, mit denen Menschen seit alters her sich auszumalen versuchen, wie es im Jenseits, im Himmel, im Paradies wohl aussehen mag. Mag es gelingen, solche Bilder auch selbst in sich aufsteigen zu lassen, ohne von vornherein auf die religiösen Traditionen zurückzugreifen? Einen Versuch, sich dieser Frage nach dem Wo und Wie, nach dem Raum des Wohin in ganz unmittelbarer Weise zu stellen, unternehmen Max und Jule. Auch sie suchen nach ihrem Opa, der nicht mehr da ist.[3] Das erste, mit dem sie konfrontiert werden, ist die Leere, das Nichts, das Nirgendwo *(Abb. 10.10)*. Der Sessel, auch die Brille sind noch da, aber Opa Johan ist nicht mehr da, ganz wie bei Bruno, das Bett ist leer und der Sessel, die Blätter der Blumen am Fenster fallen herab, der Stecker der Tischlampe ist abgezogen und liegt ohne Stromzufuhr am Boden, die Haustür ist einen Spalt weit offen, und Max und Jule schauen orientierungslos ins Zimmer.

Und dann kommen sehr eigenartige Bilder, nachlesbare und anschaubare: Die Zeit verläuft in nicht fassbaren Spannen, Max muss 28 Jahre, Jule gar 37 Jahre warten, worauf, ist nicht ganz klar, aber eines wird deutlich: Angesichts des Todes beginnen die beiden

Nirgends in der ganzen Wohnung
sitzt Opa und füllt die Scheine fürs Fußballtoto aus.
Das Bett ist leer, und der Sessel ist leer,
und das Bad ist leer, und die Speisekammer ist leer,
und die Diele ist leer, und der Kühlschrank ist leer,
denn jetzt ist Opa geraubt worden und in einem anderen Land
und muß in einem Sumpf arbeiten,
und die Brille hat er nicht mit.

Und Mama will nichts sagen.
Und Papa weiß von nichts.

Abb. 10.10

3 *Tidholm, Thomas/Tidholm, Anna-Clara*: Die Reise nach Ugri-La-Brek. Weinheim: Beltz 1990 (Stockholm 1987).

Sie reisen über den Fußballplatz nach Norden,
denn alles, was schwer ist und weit weit weg,
das liegt im Norden, hinter dem Fußballplatz.
Hundert Kilometer oder tausend über karge Ebenen,
wo keiner sich zu wohnen traut,
wo man nicht mal Fahrrad fahren kann.

Abb. 10.11

Kinder über Zeit nachzudenken: Zeit vergeht, wenn wir wie Max ausruhen und schlafen, wie Jule etwas essen müssen. Oder die beiden müssen über unendliche Räume nachdenken, und das schon beim Zahnarzt, der ein ganz tiefes Loch bohren muss. Durch unendliche Räume führt uns das Buch weiter, denn Räume sind besser darstellbar, in Bilder zu fassen, als Zeiten. Ein dunkler Raum ist entstanden zwischen den Häusern, wo Opa wohl gewohnt hat, aber jenseits des Horizonts, in dem Raum, der unseren Blicken verborgen ist, dämmert es noch (oder wieder?) rot. Und wie die Schwäne bei Tejima ziehen auch Max und Jule nach Norden, hinter den Fußballplatz *(Abb. 10.11)*. Der ist begrenzt, doch nun, seit Opa nicht mehr da ist, sind die Linien, die Spiel-Begrenzungen verschwunden, das nördliche Fußballtor ist ein Tor ins „ganz weit weg", wir sehen nur wieder den Horizont und darüber dunkle Wolken, die uns ganz die Sicht nehmen werden. Die Reise wird eine Reise auf die andere Seite der Welt, ins Jenseits. Dazu suchen die Kinder in Löchern, betreiben so etwas wie Archäologie, zumindest finden sie lauter alte Dinge aus vergangenen Tagen, etwas was da ist, aber nicht mehr als das, was es einmal war: Die verschrottete Waschmaschine ist eben keine Waschmaschine mehr. Und so müssen die Kinder auch „den großen dunklen Fluss" überqueren *(Abb. 10.12)*, die einzige offene Assoziation eines ganz alten Todesbildes, es ist der Lethestrom des ewigen Urvergessens, von dem antike Mythen erzählen, dass wir über ihn hinübersetzen ins Reich des Todes. Und in diesem Reich ist dann nichts mehr, weil wir mitten im Nichts sind, oder auch im ewigen Eis, in dem sich irgendwann die Spuren lange vor dem Horizont verlieren.

Das alles sind Bilder vielleicht nicht für jeden, aber es sind Bilder, die in ihrer zunächst unverständlichen und irritierenden Bedeutung zeigen, dass wir eben „nur" Bilder haben,

Opa ist auf die andere Seite der Welt gereist,
und da müssen sie ihm hinterher fahren,
quer über einen großen dunklen Fluß.
Aus dem Schlitten und einem baufälligen Kiosk
bauen sie sich ein Floß und paddeln die ganze Nacht
und hören schreckliche Vögel
in der Dunkelheit schreien.

Abb. 10.12

um jene virtuellen Räume eines Jenseits beschreiben zu können. Und diese Bilder ermutigen uns, selber Bilder zu fassen und sprechen zu lassen, um etwas, was wir als Tatsachen nicht beschreiben können, gleichwohl auszudrücken.

Am Ende ihrer Traumreise kommen Max und Jule tatsächlich nach Ugri-La-Brek, dem Dorf, in dem Opa keine Brille mehr braucht und auch keine Lottoscheine und keine Pfefferkuchen und keine Entscheidungen in Fußball oder sonstigen Spielen des Lebens. Max und Jule wissen, dass der Opa dort gut aufgehoben ist, und können aus dieser unendlichen Reise wieder zurückkommen, um ihre Welt wieder als ein konkretes Etwas zu erfahren: Zwischen den Häusern findet wieder Leben statt. Der Raum, den beide in ihrer Erfahrungsreise beschrieben, sich ausgemalt haben, ist zu einem Sinnträger geworden, der Trost und Mut bietet, das Leben, das wir hier und jetzt alltäglich führen, weiterzuleben, auch angesichts der Erfahrung, dass Menschen gestorben sind.

Wohin müssen wir gehen? – Geschichtserfahrung und Transzendenz

Von der Erfahrung, dass etwas nicht mehr da ist, nicht mehr so ist, wie es ist, hatten sich die Bilder von einer Welt gebildet, in der alles ganz anders ist. Umgekehrt wirft uns die Frage nach einem Raum der Unsterblichkeit, nach einem Jenseits auf das Diesseits zurück, das wir nun geschärft in den Möglichkeiten unserer Erfahrung wahrnehmen und gestalten, in ihm leben können. Mit materiell und inhaltlich genauer zu deutenden Gehalten können wir diese Frage nach dem Woher und dem Wohin nicht beantworten. Doch legt dies in uns eine dritte Dimension der Auseinandersetzung mit dem Tod frei, dass wir nämlich angesichts des Todes hinausfragen ins Leben als Geschichte.

Bei Bruno sahen wir das schon angedeutet. Am unmittelbarsten geschieht dies aber in der Geschichte vom Indianerjungen Kleiner Mond.[4] Die beiden inneren Umschlagseiten konfrontieren uns wortlos mit der Frage: Wohin gehen wir und müssen wir gehen (*Abb. 10.13*)? Kleiner Mond ist oben rechts zu sehen, vor seinem Pony, in der Rechten einen Wanderstab, aus dem Bild hinausstrebend. Er wird mitgezogen von einer Helligkeit, die sich in der oberen rechten Ecke geringfügig vom sonstigen Gelbgrün absetzt, und vom Wehen der Gräser in die gleiche Richtung seiner Wanderung. Mit Sterben und Tod wird Kleiner Mond in dem Buch eigentlich gar nicht direkt konfrontiert, vielmehr hat er seine Geschichte verloren, vielleicht hat er zu seiner eigenen Geschichte auch nur noch nicht gefunden. Jedenfalls ist er Außenseiter, da seine Eltern unbekannt sind.

Der Blick zu den Sternen bietet ihm keine Antwort, sondern wird auf ihn selbst zurückreflektiert (*Abb. 10.14*). Dieser Blick ist nicht ein solcher, wie wir ihn im Kapitel 6 verfolgt haben, als Frage nach dem Ganzen unseres Lebenszusammenhangs. Der Blick von Kleiner Mond nimmt vielmehr die Stimmung auf, in die wir ganz zu Beginn des Buchs auf der Suche nach dem Sinn philosophischen Fragens eingetaucht sind; wir erfahren durch den Indianerjungen Kleiner Mond sehr konkret, dass wir in solchem Fragen über uns selbst hinausfragen, ja dass wir durch solches Fragen bereits über uns hinaus sind, so sehr, dass wir einsehen: Wir sind nur, was wir sind, wenn wir über uns hinausfragen. Das meint die Philosophie mit dem Transzendenzbezug von Menschsein: Menschsein besteht in einem dauernden Sich-Selbst-Überschreiten auf etwas hin, das ich noch werden kann, dessen Weg ich aber selbst zu einem gewissen Teil mit einplanen kann. Das ist meine Geschichtlichkeit.

Abb. 10.13

4 *Wolf, Winfried/Duroussy, Nathalie*: Indianerjunge Kleiner Mond. Gossau: Nord-Süd 1992.

Abb. 10.14

Und so muss der Indianerjunge durch die Dunkelheit hindurch seinen eigenen Weg gehen, auf dem Grat des Horizonts, der allein Orientierung bietet. Er findet eine alte sterbende Indianerin, ausgestoßen wie er selbst, und in ihr erfährt er, dass jener Horizont auch Leben von Tod scheidet. Insofern spielt der Tod auch in diesem Buch eine Rolle. Doch wichtiger ist: Von und mit der alten Indianerin lernt er Wege des Überlebens gegen die Bedrohungen gegenüber dem Leben: Er lernt Feuer zu machen, um sich zu wärmen, wo keine Wärme mehr ist, lernt Essbares zu sammeln, auch wenn die Natur keine Vorräte mehr bereitzustellen scheint, lernt sich gegen Wölfe zu wehren, die ihm und seinem Pony nach dem Leben trachten, lernt Geduld zu haben und zu warten im Wissen um kommende bessere Zeiten, lernt sich auf andere zu verlassen, um sich gestärkt weiter auf den Weg machen zu können. Und er lernt,

Abb. 10.15

den Tod zu akzeptieren, den Tod der alten Indianerin, die ihm zuvor ihre Lebensweisheiten mitgeteilt hat als geistige Nahrung auf seinem weiteren Weg, als Hoffnung, die ihm nun sichtbar Orientierung gibt, dass es weiter geht und er seinen Stamm und somit seine Geschichte finden wird *(Abb. 10.15)*. Das letzte Bild ist darum ganz in die Wärme roter Farbe eingetaucht, links mit der gestorbenen Indianerin in die Farbe der verdämmernden Sonne, die zum Boden geworden ist, auf dem Kleiner Mond seinen Weg nach rechts der helleren aufgehenden Sonne entgegen gehen kann. Die aufgehende Sonne gilt vielen Religionen als Symbol der Auferstehung zu neuem Leben. Ohne die ausdrückliche Dimension des Religiösen steht die Sonne dem Indianerjungen Kleiner Mond als etwas vor ihm, worauf er hoffen darf, gerade, weil wir als Betrachter die Sonne selbst nicht sehen, nur ihren Widerschein im hoffnungsfrohen Antlitz des Kleinen Monds. Kant hat diese Frage die Frage der Religion genannt. Gemeint ist damit mehr als der Bezug zu positiv fassbaren Religionen: Wir greifen über uns selbst hinaus in die Offenheit einer künftigen Geschichte, in der alles gut wird. Diese Transzendenzleistung macht unser Menschsein wesentlich mit aus.

11 „Kannst du nicht schlafen?"

Die Frage nach Gott

Die Frage nach Gott ist deswegen besonders schwer, weil gar nicht so klar ist, wonach wir eigentlich fragen, wenn wir nach Gott fragen. Zunächst einmal sind viele Menschen geprägt durch das, was von den Religionen im Laufe der Jahrtausende überliefert ist, durch die Bilder über das, was „Gott" meint, was der Begriff enthält und für unser Leben bedeutet. Darum könnte man versucht sein, schlicht nach dem Inhalt dieser Bilder zu fragen, um so zu verstehen, was Gott ist. Doch erschließt sich zumindest die tiefere Bedeutung der Bilder, nicht nur ihre oberflächliche Bezeichnung, erst mit der Zusatzbedingung, dass sie für uns auch einen Sinn haben. Das heißt, diese Bilder bezeichnen nicht nur bestimmte Inhalte, die die Religionen überliefern, sondern bringen auch den Bezug, den sie für uns gewinnen können, zum Ausdruck; sie sind für ihre Hörer und Betrachter in den Kontext einer bereits vollzogenen Gotteserfahrung oder zumindest einer Tradition eingebunden, die mehr oder weniger selbstverständlich Verlässlichkeit verbürgt. Die religiöse Frage nach Gott unterscheidet sich insofern von der philosophischen, als sie den Sinn einer solchen Erfahrung nicht mehr bezweifelt, während für die Philosophie das Grundlegendere von Interesse ist, was es ist, dass wir überhaupt nach Gott fragen, und was wir darin zur Erfahrung bringen könnten; erst von daher und nach Bedenken dieser Frage kommt für die Philosophie in den Blick, was Gott ist. Die Bilder, in denen die Religionen von Gott sprechen, sollen aufgrund dieser Einschränkung in ihren Gehalten hier nicht unberücksichtigt bleiben, doch philosophisches Fragen liegt auf einer anderen Ebene. Die philosophische Frage nach Gott ist eingebunden in die Frage nach dem, was überhaupt Religiosität für den Menschen bedeutet.

Zur Auseinandersetzung mit dieser fundamentaleren Frage sind ausdrücklich religiöse Kinder- und Bilderbücher deshalb nur bedingt geeignet. Die meisten dieser Titel haben religiöse Traditionsgüter, vor allem biblische Geschichten zum Thema und wollen mit ihnen bekannt machen, richten aber dabei ihr Augenmerk zumindest nicht vorrangig und häufig gar nicht auf die philosophisch entscheidende Frage, was denn an diesen Überlieferungen überhaupt religiös sei. Dies aber setzt eben eine andere Fragehaltung voraus als die eher historische, wer oder was denn nun der „liebe Gott" sei, oder was denn dieser Jesus gesagt und getan habe; vielmehr geht es um die elementare anthropologische Ebene, welche Rolle das Religiöse für Menschsein spielt, d. h., es ist von urmenschlichen Erfahrungen auszugehen, um in ihnen das Religiöse auszumachen, was dann erst nach Gott fragen lässt.

Vertrauen – eine menschliche Grunderfahrung

*a) Der kleine Bär kann
nicht einschlafen*
Eine solche menschliche
Urerfahrung wird durchaus auch in Bilderbüchern
zum Thema, man muss sie
nur als solche zu verstehen
wissen. Zum Beispiel
macht sie der kleine Bär, der
den ganzen Tag mit dem
großen Bären gespielt hat
und nun, als es dunkel
wird, ins Bett gebracht
wird; „aber der kleine Bär
konnte nicht schlafen",
heißt es dann lapidar in
dem Buch „Kannst du nicht

Abb. 11.1

schlafen, kleiner Bär".[1] Das Bild S. 7 *(Abb. 11.1)* braucht diesen erklärenden Satz gar
nicht: Der kleine Bär turnt unter seinem Bettzeug herum, wirft sich das Kopfkissen über
den Kopf, ein zweites Kissen und selbst das Spielmännchen aus Stoff sind schon aus
dem Bett gefallen. Und die Augen des kleinen Bären blicken gespannt aus der dunklen Ecke der Bärenhöhle zum großen Bären, der es sich bereits mit einem spannenden
Bärenbuch gemütlich gemacht hat. Aber warum kann der kleine Bär nicht schlafen?
Die Folgeseite bringt eine Erklärung, die keiner weiteren Erläuterung bedarf und zugleich
die Aussichtslosigkeit aller Hilfestellung vor Augen hält: „Ich fürchte mich", sagt der
kleine Bär. Und zwar fürchtet er sich vor der „Dunkelheit rundherum". Und die kann
der große Bär mit allen Anstrengungen nicht beiseite schaffen, weder mit kleinen Lichtchen noch mit den größten Laternen. Die Aussichtslosigkeit wird deutlich durch die
völlig hilflose Wendung des kleinen Bären an den großen, der wiederum noch so zugewandt schauen, zureden und auch sich verhalten kann, die Furcht kann er dem kleinen Bären nicht nehmen, die Furcht, die so groß ist, dass der Kleine sich nur noch an
seinen Füßchen, an sich selbst festhalten kann *(Abb. 11.2)*.

Warum? Um zu spüren, dass er noch da ist. Und darum muss er auch nach allen
weiteren Versuchen in seinem Bettchen herumturnen, um sich ja nicht zu verlieren an
die große Dunkelheit. Und diese große Dunkelheit gibt es, es ist die Nacht, im Buch
draußen vor der Bärenhöhle, in unser aller Wirklichkeit im Eindämmern und Schlaf,
in dem wir ja nicht mehr wissen noch spüren, dass wir bei uns sind.

Mit aller Dramatik, lebensnah konkret und doch in eine vielfältig lesbare Bildergeschichte gepackt und so überhaupt erträglich, ist hier eine existentielle Herausforderung

---

1 *Waddell, Martin/Firth, Barbara*: Kannst du nicht schlafen, kleiner Bär? Wien/München: Betz 1989
(London: Walker 1988).

Abb. 11.2

zu Papier gebracht. Es ist doch so: Gerade die vielleicht selbstverständlichste Sache unseres Lebens, dass wir einschlafen und dann auch wieder aufwachen, ist so selbstverständlich nicht. Denn da passiert etwas mit uns, das wir geschehen lassen müssen, dem wir noch elementarer uns ausliefern müssen als dem Hunger oder dem Durst, die wir bis zu einem gewissen Grad aufschieben können. Und ausliefern müssen wir uns dem Schlaf, weil der andererseits sich nicht so unwillkürlich vollzieht wie der Atem oder der Herzschlag. Diese können wir zwar, wenn wir Acht geben, auch erspüren und ebenfalls in bestimmtem Rahmen steuern, aber im Alltag vollziehen sich Atem und Herzschlag, ohne dass wir es merken. In den Schlaf dagegen sich zu begeben, das merken wir stets, jedenfalls bis zu dem Zeitpunkt, an dem wir auch einschlafen. Und das bedeutet nicht mehr und nicht weniger, dass wir es merken, ja dass es uns vollständig bewusst wird, dass unser Bewusstsein und unser Gespür ausgeschaltet werden. Schon die Paradoxie, dieses Phänomen in Sprache zu fassen, muss verunsichern: Beim Einschlafen wird unser Bewusstsein ausgeschaltet, und eben dessen werden wir uns im Akt des Einschlafens bewusst. Und dann haben wir natürlich auch keine absolute Sicherheit wieder aufzuwachen. Das verunsichert nicht nur, das entzieht uns alle Möglichkeiten zu reagieren, macht Angst. Und diese Angst braucht ein Ventil, nämlich in der Furcht vor irgendetwas eher Greifbarem, etwa der Dunkelheit.

Darum ist auch nicht ungezogen oder gar krank, wer nicht einschlafen kann. Gewiss, im Alter haben viele Menschen Probleme, und es gibt aufgrund anderer körperlicher Störungen auch pathologische Fälle, in jedem Lebensalter. Aber das Nicht-Einschlafen-Wollen kleiner Kinder, das ist weder Krankheit noch Ungezogenheit, sondern dahinter steht jene ganz tief sich äußernde Furcht, sich verlieren zu können, plötzlich, ohne dass man es merkt, nicht mehr da zu sein, und das zu einem Zeitpunkt der Lebensentwicklung, wo man gerade im Begriff ist, für dieses Dasein seiner selbst ein Gespür zu entwickeln. Da helfen keine Ersatzhandlungen wie Vorlesen oder Lichtanlassen oder Auf-den-Arm-Nehmen und Herumlaufen, auch wenn mit ihnen das Einschlafen häufig gelingt; das zugrunde liegende Problem wird damit nur verdeckt oder kurzfristig in Vergessenheit gebracht. Erst recht helfen keine biologischen oder psychologischen Erklärungen, etwa die von unserem physischen Sosein, das uns nun mal wie allen Lebewesen den Schlaf aufzwinge. Nein, im Einschlafen werden wir konfrontiert mit jenem von Leibniz als metaphysisch qualifizierten Übel allen Menschseins. Leibniz unterscheidet in seiner „Theodizee" zwischen drei Formen des Übels, denen wir Menschen unterworfen sind, dem physischen Übel von Krankheit und Gebrechlichkeit, dem moralischen Übel, das Böse zu erleben und es auch selbst tun zu können, und dem metaphysischen Übel der Endlichkeit. Einen Satz von Bloch abgewandelt, ließe sich sagen: Ich bin, aber ich habe mich nicht, sondern werde mir im Einschlafen auch selbst entzogen, darum müssen wir das Vertrauen des Einschlafens lernen, das die Zuversicht des Wiederaufwachens einschließt.

b) Einschlafen-Können als religiöse Grunderfahrung

Was hat das mit der Frage nach Religion und Gott zu tun? Nun, ich behaupte, eben hier mit dieser Erfahrung beginnt, was die Philosophie die Religiosität oder die religiöse Ebene von Menschsein nennt. Das wissen auch die großen religiösen Traditionen, etwa die Bibel: „Ich lege mich nieder und schlafe ein, ich wache wieder auf, denn ER beschützt mich", heißt es scheinbar banal in Psalm 3,9. Lesen wir diesen Satz mit seinen vier Teilen aufmerksam noch einmal. Belanglos mag noch die Beschreibung der ersten drei Satzteile sein, denn wem widerfährt das nicht, sich hinzulegen, einzuschlafen, wieder aufzuwachen. Nicht mehr selbstverständlich ist der letzte Satzteil, der für die Selbstverständlichkeit der ersten drei zunächst behauptet, dass sie keineswegs selbstverständlich seien, sondern dass sie einen Grund hätten, einen Grund dafür, dass es so ist, wie es ist, dass ich zeitweise wache und zeitweise schlafe, und des Weiteren, dass ich einen Grund haben muss, mich auf diese Befindlichkeit auch einlassen zu können, sodass *ich* es bin, der einschläft und wieder aufwacht. Zum zweiten liefert der letzte Satzteil diesen Grund gleich mit, indem er versichert, dass ich in diesem Akt, in dem ich mich meiner Befindlichkeit unmittelbar ausgeliefert finde, einem Gegenüber begegne, hier „ER" genannt, das mich in dieser Erfahrung trägt, sodass ich vertrauensvoll mich darauf einstellen kann, wie es meiner Befindlichkeit entspricht. Der Psalm 91 weiß dies noch genauer: „Wer im Schutz des Höchsten wohnt und ruht im Schatten des Allmächtigen, der sagt zum Herrn: ‚Du bist für mich Zuflucht und Burg, mein Gott, dem ich vertraue.' […] Du brauchst dich vor dem Schrecken der Nacht nicht zu fürchten, noch vor dem Pfeil, der am Tag dahinfliegt […]. Denn der Herr ist deine Zuflucht, du hast dir den Höchsten als Schutz erwählt. […] Denn er befiehlt seinen Engeln, dich zu behüten auf all deinen Wegen."

Nicht mehr und nicht weniger als die Einsicht in die eigene Endlichkeit und das Vertrauen, sich ihr auch stellen zu können, wird hier auf den Begriff gebracht, und zwar in einer Sprache, die mit Bildern, die jeder sich vorstellen kann, das Unvorstellbare bannt und so überhaupt erträglich macht. Diese Bilder haben religiösen Charakter, weil sie benennen, was auf einer ganz elementaren Ebene Vertrauen und Verlässlichkeit schafft, was aber trotzdem oder wohl gerade deswegen nur in Bildern sich ausdrücken lässt. Jene Einsicht aber in die eigene Hinfälligkeit wie dieses Vertrauen, sich ihr auch stellen zu können, die ich *religiöse Urerfahrungen* nennen würde, brechen nirgends so fundamental auf wie in der Erfahrung des Einschlafens oder des (kindlichen, d. h. natürlichen und nicht pathologischen) Nicht-Einschlafen-Könnens, wenn sie denn ernst genommen wird in ihrer uns elementar in Frage stellenden Tiefendimension.

Abb. 11.3

Um es nochmals zu betonen: Damit ist nicht behauptet, dass religiös sei, wer die Erfahrung des Nicht-Einschlafens macht; vielmehr gewinnt umgekehrt an dieser menschlichen Urerfahrung Religiosität eine für den Menschen fassbare Form. Religiös im engeren Sinne ist erst derjenige Mensch, der zugleich sich auf diese Erfahrung einlässt und um eine sie verlässlich tragende Antwort bemüht ist.

c) Vertrauen aufbauen
Eine solche Antwort, die Lösung des Vertrauens, sich der eigenen Endlichkeit auch stellen zu können, wird in unserem Bilderbuch ebenfalls angeboten: Der Konfrontation mit der großen Dunkelheit „da draußen" begegnet der große Bär mit dem verblüffenden Vorschlag, doch hinauszugehen in die große Dunkelheit, sich ihr also quasi zu stellen. Und das ist kein psychologischer Taschenspielertrick, denn der kleine Bär darf sich ganz fest an den großen drücken und vermag so zu sehen, was er sich allein nicht zu sehen getraut hätte: „den großen leuchtenden Mond", der mitten in der Nacht die Dunkelheit erhellt *(Abb. 11.3)* und der damit, wir ahnen es, einen Vorschein für die wiederkommende Helligkeit des Tages bietet. Möglich gemacht aber hat dies das Vertrauen, das der kleine Bär gegenüber dem großen gewinnen kann, denn „tief und fest und geborgen in den Armen des großen Bären" kann er einschlafen *(Abb. 11.4)*.

Wiederum ist damit nicht behauptet, das Erstaunen im Angesicht des Vollmonds und vor allem die Erfahrung, vom anderen geliebten Menschen getragen zu sein und sich ihm anvertrauen zu dürfen, das seien bereits in sich religiöse Erfahrungen. Und doch dürfen sie als Erfahrungen ernst genommen werden, die eine religiöse Tiefendimension in sich tragen, weil derjenige, der diese Erfahrungen macht, intuitiv weiß, dass sie nicht allein für sich selbst stehen, sondern Bild, Angeld für etwas sind, was dahinter wirkt. Nennen wir dies ruhig eine Kraft oder Macht: Das Erstaunen vor dem Mond oder die Erfahrung des In-den-Arm-genommen-Werdens verdeutlichen uns, dass so etwas überhaupt möglich ist, dass wir getragen sind, dass wir uns ver-lassen können.

Wer eine solche Erfahrung macht, ist, so behaupte ich, in einem weiten oder elementaren Sinn religiös. Zur Klarheit: Ein solcher Mensch glaubt deswegen noch nicht notwendig oder hätte gar eine bestimmte Religion, meinen doch „eine Religion haben", „glauben" und „religiös sein" keineswegs das Gleiche. Religiös sein ist die Voraussetzung für die sehr viel konkreteren anderen beiden Verhältnisse, kann aber auch unabhängig von den anderen sich vorfinden; religiös in solch elementarem Sinne aber ist jeder Mensch, so wie jeder Mensch, zumindest potentiell, fühlen, denken, handeln, genießen kann. Diese Einsicht ist an der Erfahrung des Nicht-Einschlafen-Könnens in unserem Bilderbuch zu gewinnen.

Abb. 11.4

d) Möglichkeiten, mit Kindern zu arbeiten

Wie kann dies zusammen mit Kindern erschlossen werden? Nun, Kinder leben zunächst einmal in einer Welt der unmittelbaren Wahrnehmung, in der alle Sinne aktiv sind. Diese Unmittelbarkeit, das hat sich im Laufe der Betrachtung der verschiedenen Bilderbücher immer wieder herausgestellt, kann durch nichts so angemessen in seiner Vielfalt wie auch Eindringlichkeit dargestellt werden wie durch Bilder. Erneut bietet es sich also an, mit den Kindern in die Bilder „hineinzugehen" und diese Wege miteinander zur Sprache zu bringen. Dazu wieder ein paar Anregungen:

Schon die erste Doppelseite des Buchs bringt das Thema in eindrücklicher Weise zum Ausdruck: Da stehen inmitten des großen weiten Waldes auf einer freien verschneiten Fläche der große und der kleine Bär, ganz klein beide, und trotzdem eingebunden in die weite Welt um sie herum. Und der Kleine schaut, die Ärmchen fragend nach unten und leicht nach hinten gewandt, in vollem Vertrauen den Großen an: Was machen wir jetzt? Bist du auch immer da? Hilfst du mir? Ohne den Großen stünde der Kleine sehr verloren und einsam da. Und doch gibt es ja für beide noch die gemütliche Bärenhöhle, in die sie sich abends zurückziehen; und selbst der Wald ist in seiner Weite nicht unfassbar, sondern in einer geheimen Ordnung stehen die Bäume da, hinter ihnen wachsen andere, und durch den Nebelschimmer werden sie alle erleuchtet vom Schein der winterlichen Sonne, der durch die lichten Wolken hindurch alles erhellt. Dies und einiges mehr lässt sich gemeinsam durch dieses Bild erzählen, weil in ihm nicht nur einfach etwas abgebildet wird, Wald, Schnee, Sonne, zwei Bären, sondern diese Bilder unmittelbar, ohne dass dies ausgesprochen werden muss, jedoch dadurch, dass sie Geschichten freisetzen, für Urerfahrungen von Ausgeliefertsein und Vertrauen stehen.

Oder wir greifen auf das Bild zurück, auf dem der kleine Bär seine Füßchen hält und der große das Bett-Tuch nimmt, um ihn zuzudecken: Worüber werden sich die beiden unterhalten? Was sagt der Kleine, und wie sagt er es? Und ist der Große lieb zum Kleinen, warum? Woran können wir das sehen?

Oder das drittletzte, auf dem der große Bär den kleinen auf dem Arm nach draußen trägt, dem großen, die Nacht erleuchtenden Mond entgegen: „Ich hab dir den Mond gebracht, kleiner Bär', sagte der große Bär." – so der Text im Buch. Vielleicht sagt der große Bär aber noch mehr? Vielleicht singt er ein Lied: „Weißt du wie viel Sternlein stehen an dem großen Himmelszelt?" Oder vielleicht spricht er ein Gebet, etwa den oben zitierten Psalm. Für die religiösen Leser ist ein solcher Hinweis selbstverständlich. Aber lässt er sich auch für nichtreligiöse Eltern erschließen? Sind nicht alle diese Inszenierungen, die Eltern beim Einschlafen ihrer Kinder aufwenden, sei es das Licht-Anlassen, die Gute-Nacht-Geschichte, das Gute-Nacht-Lied, das Betrachten eines Bildes, das Gebet, das Händchen-Halten, sind nicht all dies Bilder des Vertrauens, eines Vertrauens, das zwar die Eltern vermitteln, das aber seinen Ursprung viel tiefer hat als bloß in ihnen selbst?

Glauben als Existenzerfahrung

Nun lautet das vorliegende Kapitel „Die Frage nach Gott", und darum ist über die eben benannte Grunderfahrung von Religiosität zu den anderen bereits angedeuteten Ebenen von Gläubigkeit und Religionszugehörigkeit hinauszugehen.

a) Die exemplarische Glaubenserfahrung des Jona

Auch hier ist, orientiert man sich jedenfalls an den großen religiösen Traditionen, nicht von Definitionen, sondern von Erfahrungen auszugehen. In ihren Glaubensgeschichten erzählen die heiligen Texte der Religionen ausführlich und eindringlich davon. Eine dieser Glaubensgeschichten ist die von Jona. Sie ist durch ihre Bilderkraft, vor allem das Bild vom großen Fisch, der Jona verschlingt und dann wieder ausspeit, oft dargestellt worden. Für unseren Zusammenhang, die philosophische Frage nach Gott, ist unter allen Bilderbüchern das von Sekiya Miyoshi[2] herauszuheben, gerade weil es weder mit dem Text noch vor allem mit seinen Bildern die biblische Vorlage schlicht und damit schlecht bloß illustriert, sondern seine Deutungskraft ganz auf die uns hier interessierende exemplarische und vorbildhafte *Glaubens*-Erfahrung des Jona konzentriert.

Die erste Doppelseite(*Abb. 11.5*) bringt gleich die Pointe dieses Zugangs zum Ausdruck: Wir sehen rechts nicht etwa Jona, wie er in der biblischen Überlieferung gleich im ersten Satz als Adressat eines Handlungsauftrags eingeführt wird, sondern ein lediglich blau-weiß gestaltetes Bild, durch die klare Trennlinie zwischen dem kleineren obe-

2 *Miyoshi, Sekiya*: Jona. Hamburg: Wittig 1978 (Tokyo 1977).

ren weißen Teil mit zwei blauen Farbflecken und dem größeren unteren blauen Teil, das ganz unten in Grüntöne übergeht, unmittelbar als Meer mit Himmel auszumachen. Daneben findet sich links der einfache Satz: „Vor langer Zeit lebte ein riesengroßer Fisch, der leuchtete in allen Farben des Regenbogens." Nun wissen wir, dass einerseits die Farben des Regenbogens, wenn sie gebündelt werden, Weiß ergeben, andererseits Blau traditionell die Farbe des Transzendenten, Unendlichen und auch Unsichtbaren ist – in die Tiefe des Meeres vermag ja niemand zu blicken. Kein Wunder mithin, dass wir auf dem ersten Bild diesen Riesenfisch nicht sehen, und doch ahnen wir, dass er da ist. Auch auf der zweiten Doppelseite sehen wir den Fisch noch nicht als Fisch, aber

immerhin bereits die Farben des Regenbogens, die nun in der Verbindung der Elemente von Wasser und Luft zur lebendigen Erde als bewohntem Raum sichtbar werden. Im Blickzentrum dieses Bildes erblicken wir oben auf einer Klippe liegend, den Kopf zur Ruhe auf einen Arm gestützt, eine Gestalt, offensichtlich Jona. Dem Bild nach zu urteilen, hört und sieht er hier weniger, vielmehr vernimmt er, ganz eingebunden ins Zentrum des sich entfaltenden Regenbogens, dessen Glanz, was im Text ausgedeutet wird, er höre

Abb. 11.5

im Schlaf eine Stimme. Ganz selbst von diesem Glanz erfüllt, strahlt er quasi hinaus auf das ihn umgebende Land und Meer. Dass er laut biblischem Text den Auftrag erfahren hat, die Botschaft des Guten gegen das Böse zu tragen, braucht durch zusätzlichen Text eigentlich nicht mehr erschlossen werden.

Eine solche Erfüllung aber führt nicht notwendig zur sofortigen Umsetzung. Es kommen vielmehr Bedenken, Einwände und Angst, ja vielleicht gehören sie notwendig dazu, damit Handeln nicht fremdgesteuert oder bloß aus einem zufälligen Impuls entstanden geschieht, sondern selbst verantwortet und begründet entschieden: Miyoshi gestaltet das folgende Bild in dunklen Tönen, die wie eine Beklemmung auf den unten rechts gebeugt fliehenden Jona eindrücken: Jona flieht vor Gottes Auftrag, so die biblische Überlieferung – ist er der Aufgabe wirklich gewachsen, oder bricht er unter der Last zusammen?

Das erste Mal taucht der Fisch sichtbar im nächsten Bild auf, das Jona schlafend auf dem Schiff zeigt, auf dem er mitfährt, um ans Ende der Welt zu kommen, ganz weit weg von dem, was er gehört hat. Die weitere Geschichte aus der Bibel dürfte bekannt sein: Das Schiff gerät in einen Sturm, und Jona, dem die Schuld daran gegeben wird, weil er vor seinem Gott davongelaufen ist, wird ins Meer geworfen. Dort aber, mitten in der Tiefe des Wassers, „wartete" bereits, so der Text bei Miyoshi, „der große Fisch mit offenem Maul. Mit einem Schluck verschlang er Jona." Dieses Bild hat natürlich vielfältige Deutungen evoziert. Eine gibt die Bibel selbst, die Jona psalmartig klagen lässt: „Aus der Tiefe der Unterwelt schrie ich um Hilfe [...] Du hast mich in die Tiefe geworfen, in das Herz der Meere; mich umschlossen die Fluten, all Deine Wellen und Wogen schlugen über mir zusammen [...]. Das Wasser reichte mir bis an die Kehle, die Urflut umschloss mich. [...] Bis zu den Wurzeln der Berge, tief in die Erde kam ich hinab; ihre Riegel schlossen mich ein für immer." Nicht nur eine bestimmte Lebensform, sondern die Existenz überhaupt ist hier in Frage gestellt: Wenn wir Menschen dazu in der Lage sind, aus unserem biologischen Daherleben herauszutreten und so nicht nur da zu sein, sondern selbstständig zu ek-sistieren (wörtl.: herauszutreten, nämlich ins Dasein), dann wird diese *conditio humana* hier auf den Kopf gestellt: Mit den Abgründen der Elemente konfrontiert, ist das Leben über Jona zusammengebrochen, der Möglichkeit von Existenz ist im wahrsten Sinne des Wortes der Boden entzogen. Die religiösen Überlieferungen nennen häufig diese Metaphern existentieller Erschütterung, die uns scheinbar aus den Angeln heben, aber so wiederum freilegen, was uns gleichwohl trägt: So ging es Gautama Siddharta bei seiner Erleuchtung, durch diese Abgründe hindurch musste Jesus in der Wüste, und mitten auf dem Meer drohte auch der Fischer Simon unterzugehen. Doch wer das erfahren hat, hat sich selbst nicht verloren, sondern gewinnt sich selbst, so Simon, der in seinem scheinbaren Untergang von Jesus erfahren darf, dass er Petrus, ein Fels und damit Halt sein kann für andere. Und so auch Jona: „... Du aber hörtest mein Rufen [...]. Du holtest mich lebendig aus dem Grab herauf." Denn

die Fluten, die Jona umschlossen, haben sich als die Leben spendenden und die Existenz tragenden Wasser Gottes erwiesen. Auch Jona wendet sich mit neuem Mut seiner zuvor abgewiesenen Aufgabe zu.

Für die existentielle Bedrohung im Bauch des Fisches hat Miyoshi in seinem Buch kein Bild gefunden. Der Fisch in dem entscheidenden, die Geschichte wendenden Mittelbild des Bilderbuchs ist durchweg freundlich, eher die Verbildlichung der

Abb. 11.6

Energie, die Jona nun gestärkt kommenden Aufgaben entgegensehen lässt. Wie lustvoll solche Energie sein kann, bringt Miyoshi eindrucksvoll in das nächste Bild, in dem der Fisch Jona, mit aller Farbenvielfalt des Regenbogens ausgestattet, in einem hohen Bogen an Land schleudert (*Abb. 11.6*).

Welches Kind und welcher Erwachsene ist nicht gern in solcher, uns die Sinne nehmenden wie zugleich sie ganz vereinnahmenden Weise schon einmal eine lange Rutschbahn hinabgerutscht oder mit der Achterbahn gefahren? Darüber hinaus bringt dieses Bild die Dramatik des gesamten Geschehens zum Ausdruck: Den rechten Teil des Bilds sehen wir im Schatten liegen, ganz oben rechts erkennen wir die Stadt Ninive, nur schwarz-weiß gezeichnet, so wie dort Menschen einander und die Welt sehen. Der regenbogenfarbig gestaltete Wasserschwall, durch den Jona an Land gespült wird, bringt demgegenüber Farbe ins Spiel, Vielfalt und Leben gegen Eindimensionalität und Trostlosigkeit.

Jona kommt nun, wie aus der biblischen Geschichte bekannt, seinem Auftrag nach, geht nach Ninive und verkündet Gottes Gerechtigkeit. Die biblische Vorlage eröffnet damit die Diskussion der schwierigen Frage, ob diese Gerechtigkeit Gnade für alle bedeutet oder auch Strafgericht gegen die Bösen, oder ob es auch für die Bösen Vergebung geben kann, obwohl damit das Böse nicht ungeschehen gemacht werden kann. Der biblische Kontext bringt diese Diskussion nicht analytisch, sondern subjektiv in den Reaktionen Jonas zur Sprache. Dies tut auch Miyoshi: Jona predigt voller Energie, hat gleichwohl Angst vor den Reaktionen, fragt sich, ob es Vergebung geben kann, läuft rot an vor Zorn über ausbleibende Vergeltung, doch bei allem weiß er sich letztlich erfüllt vom Auftrag Gottes, der seine subjektiven Reaktionen bestehen lässt wie auch zugleich relativiert: Der Fisch bleibt stets als ausgleichendes Element im Horizont des Geschehens: Auch die gelbe Farbe des Neids und die Röte des Zorns gehören wie zuvor das Grün der Energie zu den Farben des Regenbogens.

Und so endet das Bilderbuch auch anders als die biblische Vorlage, nämlich wie es begonnen hatte, mit dem Fisch: Die beiden Abschlussbilder mögen kritische Betrachter kitschig finden, eines machen sie jedoch deutlich, den Versuch Miyoshis, für die alles übersteigende Güte Gottes, die für uns Lebensgrundlage und Vielfalt des Erlebens bedeutet, Bilder zu finden: Das vorletzte Bild zeigt den wieder nach Hause zurückgekehrten Jona inmitten einer friedlichen Landschaft, friedlich, da nicht eindimensional, sondern entfaltet zur Lebendigkeit aller Farben des Regenbogens, die sich aber in einen Ordnungszusammenhang fügen: Stimmigkeit und Lebensfreude sollen von diesem Bild ausgehen. Liegt hier der Akzent auf Einheit und Harmonie, so verstärkt das letzte Bild den Aspekt der Differenz und Vielfalt: Gegen eindimensionales Schwarz-Weiß-Denken plädiert es für das Bunte: Inmitten des scheinbar eindimensional blauen Meeres, scheinbar getrennt durch den Horizont vom farblosen Weiß des Himmels bekommt der große Fisch viele Kinder und Kindeskinder in allen Farben des Regenbogens leuchtend …

b) Die Grundstruktur religiösen Glaubens

Inwiefern nun kommt mit diesem Bilderbuch eine Antwort zur Darstellung auf die Frage, was nicht nur ein religiöser, sondern ein gläubiger Mensch sei? Dazu sind die im Nachvollzug des Buchs entwickelten Deutungen nur noch einmal kategorial für sich auszusprechen:

● Auf einer ersten Ebene geht es um eine den alltäglichen Lebenslauf *irritierende Erfahrung*; sie wird als *Anspruch*, Aufruf, Impuls zur Veränderung oder zumindest zum Bedenken wahrgenommen.

● Die zweite Ebene ist die *Auseinandersetzung* mit diesem Anspruch. Natürlich muss ich zunächst einmal mich dafür öffnen, um den Anspruch wahrnehmen zu können. Dies geschieht in einer Öffnung der Sinne. Dann folgt das Fragen und Hinterfragen, auch Infragestellen, das nicht selten, so wie hier bei Jona, eine Erschütterung und das Gefühl existentiellen Verlusts bedeutet.

● In dieser Auseinandersetzung spüre ich dann aber, und das ist der entscheidende Schritt, dass es nicht irgendetwas ist, von dem ich mich herausgefordert fühle und mit dem ich mich auseinander setze, sondern etwas, das mich in meiner *Existenz trägt*. Nur scheinbar ist diese Erfahrung eine von Fremdbestimmung. In Wahrheit merkt der gläubige Mensch in der elementaren Konfrontation mit seiner Existenz, dass er sich diese nicht selbst gegeben hat, sich ihr aber gleichwohl je neu zu stellen und sie je neu zu verantworten die Kraft hat; insofern erfährt der Glaubende seine *Existenz als Geschenk*. Die Religionen nennen den Spender dieses Geschenks Gott.

● Bei dieser Erfahrung bleibt es aber nicht als einem bloß punktuellen und einmaligen Erleben. Vielmehr greift, da es sich ja um eine existentielle Erfahrung handelt, diese Erfahrung über in die *konkrete Lebensgestaltung*. Auch dies erfolgt nicht bruchlos, sondern in Freisetzung aller Gefühle, Entschlüsse, Bedenken, Einsichten, also in ständiger *Auseinandersetzung*, nicht blindem Gehorsam.

● Daraus aber erwächst die *Kraft*, sich immer wieder neuen Lebenssituationen stellen zu können wie auch die lebensentscheidenden Fragen nach Herkunft, Ziel und Gerechtigkeit des Lebens angehen zu können.

Diese Ebenen gläubiger Religiosität haben wir aus der genauen Betrachtung des Bilderbuchs erschlossen, mit der biblischen Bildergeschichte von Jona im Hinterkopf. Diese Ebenen lassen sich in fast allen von den Religionen dokumentierten Glaubens-Erfahrungen wiederfinden.

Was heißt an Gott glauben?

Damit kann unsere Frage nun in eine dritte Richtung gewendet werden: Nachdem wir erstens in Erfahrung gebracht haben, was die Religiosität des Menschen ist, und zweitens was dann ein Mensch ist, der sich dieser Religiosität auch stellt, also seine Existenz als glaubende erfährt, muss es nun drittens um die genauere Bezeichnung dessen gehen, das ich als den meine Existenz tragenden Grund erfahren habe, also um das, was wir *Gott* nennen. Das aber ist nur in zweierlei Hinsicht möglich: Entweder frage ich nach dem, was hinter allem als alles tragender Grund steht, oder ich frage nach dem, was sich in konkret erfahrbarer Wirklichkeit als das es in seiner Besonderheit Prägende offenbart. Die erste Frage ist eine Frage, in der sich Theologie und traditionelle Metaphysik verbinden, die zweite Frage vollzieht eine Kehre weg von der Frage nach dem Sein als tragendem Grund des Seienden hin zu einer Phänomenologie des konkreten Seienden selbst.

Auch für diese beiden komplizierten Fragestellungen gibt es Bilderbücher, mit denen die Richtung dieser Fragen sich erspüren lässt, „Hinter dem Hügel"[3] und „Ein Stiefel fiel vom Himmel"[4].

a) Gott als unfassbaren Grund meiner selbst erfahren

Transzendenz erfahren

Ein Kind steht, uns den Rücken zugewandt, am Horizont einer für uns sichtbaren Landschaft, einer hügeligen ganz in Gelbtönen gehaltenen, Wärme ausstrahlenden, doch spezifisch nicht bestimmbaren Landschaft *(Abb. 11.7)*. In der linken Hand hält es einen Wanderstab, wie Hirten ihn haben, und blickt in die Ferne, die im Bild farblos oder weiß bleibt. Es sieht ganz offenkundig in eine unserem Blick verborgene Landschaft (oder das Meer) hinter dem Hügel, und dann werden wir durch den Satz überrascht: „Was hinter dem Hügel ist, kann ich nicht sehen." Das Bild bringt die Ambivalenz dieser Erfahrung besser zum Ausdruck, als die Sprache es zu tun vermag. Natürlich können wir auf einen Hügel laufen, und dann sehen wir, was dahinter ist, werden es zumindest sehen können. Oder ich war schon einmal dort, und darum weiß ich beispielsweise, und so fährt auch der Text fort: „Da ist eine Wiese." Die so erläuterte Erfahrung könnte man erkenntnistheoretisch aufbereiten: Banalerweise weiß ich natürlich von nichts, was mir noch nicht vor die Augen gekommen ist. Nichts kann im Verstand sein, was sich nicht zuvor den Sinnen gezeigt hat. Wenn ich aber dann doch von etwas weiß, was gleichwohl hinter dem Sichtbaren meinem Blickfeld verborgen ist, dann wohl deshalb, weil ich die Fähigkeit habe, Erfahrungen, die ich früher einmal gemacht habe, zu speichern und mich später daran zu erinnern. Und so wäre der Satz auf der Ebene physi-

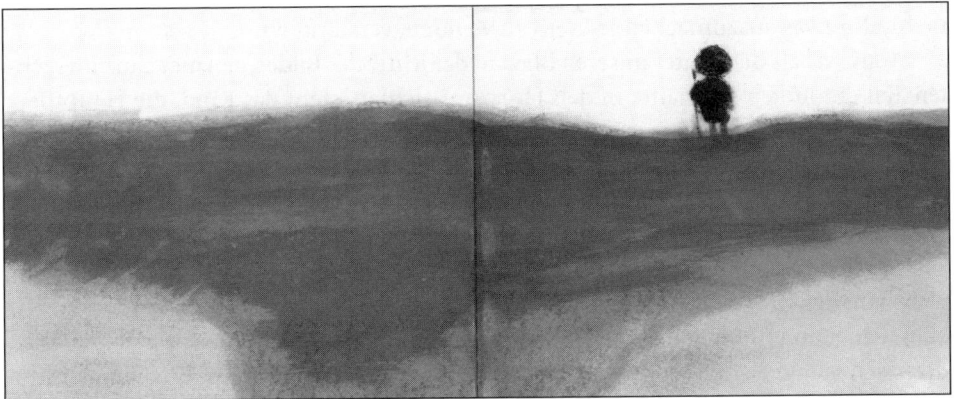

Abb. 11.7

3 *Yano, Shigeko*: Hinter dem Hügel. Dt. v. *U. Wölfel*. Düsseldorf: Patmos 1985 (Tokyo 1977).
4 *Bluitgen, Kåre/Carrer, Chiara*: Ein Stiefel fiel vom Himmel. Wuppertal: Hammer 2001.

scher Wahrnehmung und psychischer Erinnerungsleistung völlig klar: „Was hinter dem Hügel ist, kann ich nicht sehen. Aber ich weiß doch, ich weiß: Da ist eine Wiese." Die Ambivalenz dieser Erfahrung bliebt ihrer kognitionstheoretischen Differenzierung vorbehalten, doch auch ihre sprachliche Gestalt deutet immerhin an, dass das nicht alles ist: „… ich weiß doch, ich weiß …" repetiert der Text bedeutungsschwanger – Wissen hat auf unterschiedlichen Ebenen seine Basis, nicht nur auf der der sinnlichen Wahrnehmung des physisch vor uns Liegenden. Worin aber dieses *Mehr*, das *Jenseits* des Wissens liegt, darüber erfahren wir durch den Text nichts weiter. Mehr aber „sagt" hier das Bild:

Auf der ersten Ebene der unmittelbaren Betrachtung wird unser Blick ganz in das Bild mit seiner weiten gelben Fläche hinein und zugleich über diese Fläche hinausgetragen, in jenen Bereich, der hinter dem durch die Trennung des gelben Hügels und des weißen Himmels angedeuteten optisch-geografischen Horizont verläuft.

Auf einer zweiten Ebene können wir genauer beobachten: Zunächst fällt die große gelbe Fläche auf, die sich ganz durch den Mittelteil des Bildes zieht. Es ist ein warmer Gelbton, der durch seine rotbraune Färbung und die kleinen Einsprengsel in grünlichen Tönen gleich an eine Wiese oder ein Feld denken lässt. Als Landschaft, Erde, auf der wir stehen können, gibt diese Fläche dem Bild und damit uns als Betrachtern Halt. Im unteren Teil wird das Gelb heller und stärker mit den grünlichen Partikeln durchsetzt und läuft in der Mitte aus dem Bild heraus. An dieser Stelle scheinen wir als Betrachter zu stehen und werden so vom helleren Teil durch den größten dunkleren in der Mitte des Bildes nach oben zum höchsten Punkt der gelben Fläche hingezogen. Das Bild wird im unteren Teil rechts und links begrenzt durch sehr helle, fast weiße Flächen; sie sind nicht weiter strukturiert, und so wird der Blick ins Bild hinein deutlich von der unteren Mitte her gelenkt. Oben aber am Horizont der gelben Fläche geht diese relativ schnell in ein schmales, sehr helles und gleichwohl intensives Gelb über, das sich bruchlos in das Weiß des oberen Teils verliert. Der Horizont, der so markiert wird, ist insofern nicht scharf, sondern als Übergang gezeichnet, wodurch der Effekt, den Blick in jenes nicht mehr als Etwas auszumachende Weiß zu wenden, verstärkt wird.

Wenn wir als Betrachter unseren Blick in der Mitte des Bildes, genauer ganz im rechten Teil der linken Bildhälfte in den Horizont richten, steht das Kind, die Hauptperson des Bildes wie des ganzen Buches, quasi rechts neben uns. Neben ihm blicken wir mit ihm hinter den Hügel. Dieses Kind nun ist einerseits, wie wir, noch ganz der diesseitigen Welt verbunden, andererseits ebenso sehr schon in die jenseitige Welt aufgenommen. Warum? Seine Füße können wir eigentlich nicht sehen, sie sind wie verwurzelt ganz in den kaum kniehohen Gräsern auf dem Hügel verborgen. Aber auch das uns Sichtbare des Kindes sehen wir eigentlich nur schemenhaft, und doch entdecken wir beim genauen Hinsehen mehr: Das Kind scheint nämlich nicht mehr zu stehen, sondern sich bereits in den Horizont hineinzubewegen, vom Kamm des Hügels zur anderen Seite hinabzusteigen: Das rechte Füßchen scheint leicht nach vorn gewandt, jedenfalls suggeriert dies die an dieser Stelle leicht nach rechts oben verlaufende Grasnarbe. Und der linke Arm ist physiologisch ganz entsprechend nach links vorn gewandt, so als ob der Wanderstab schon einen ersten Schritt hinab getan hätte; jedenfalls ahnen wir hier genau die nach rechts hinten leicht zurückgeschwungene rechte Hand. Und dann hat das Kind einen blauen Kittel an. Von der blauen Farbe wissen wir, dass sie ein Symbol der Weite und Unendlichkeit ist, aber mit diesem Bild bringen wir auch sinnlich in Erfahrung, dass es vor allem dieses Blau ist, das unsere Aufmerksamkeit hinter den Horizont zieht.

Und schließlich sehen wir im oberen Teil das Weiß des Himmels. Kein Himmel ist natürlich real so weiß, selbst wenn wir Nebel haben. Nebel anzunehmen, dazu bietet aber die Stimmung des Bildes keinen Anlass. Vielmehr steht das Weiß wohl dafür, dass etwas sichtbar ist, ohne dass wir dies in dem, was es ist, genauer sehen können, ohne dass wir sagen oder gar bezeichnen können, was dieses Etwas ist. Da ist schlicht etwas. Und dieses Etwas bestimmt das ganze Bild in dem, was es in seinen Details ist; denn ohne das Weiß des Himmels sähen wir gar nichts von den auf der Diesseite des Bildes uns zugänglichen Dingen.

Theologische Deutungen

Dieser Bildbefund birgt schon Richtungen seiner Deutung. Sie lassen sich in unsrem Kontext der Frage nach Gott mit den drei Begriffen Metaphysik, Transzendenz und Negative Theologie kennzeichnen:

● Die erste in unserer genaueren Beobachtung festgestellte Ebene ist die der *Metaphysik*: Hinter oder auch jenseits des vor uns Liegenden, der sichtbaren gelben Fläche oder des begehbaren Hügels wissen wir um etwas, das nicht mehr physisch-materiell sichtbar ist. Der sichtbare Horizont zwischen dem gelben Hügel und dem weißen Himmel ist der Vordergrund einer nicht mehr sichtbaren Grenze zwischen dem sinnlich vor uns Liegenden und dem dahinter, hinter (griech. „meta") dem sinnlich Fassbaren (griech. „physika") sich verbergenden, dessen Vorhandensein uns durch den sichtbaren Horizont gleichwohl intuitiv klar ist.

● Auf einer zweiten Ebene werden wir mit den Schäferkind über die Kammgrenze hinausgezogen in jene jenseitige Welt. Wir über-schreiten, „trans-zendieren" (lat.), das vor uns Liegende, Diesseitige, auf etwas nicht mehr konkret Begehbares und Sichtbares hin, einen jenseitigen „Raum" der *Transzendenz*.

● Dieses dem unmittelbaren Zugriff entzogene und verborgene Jenseitige ist aber nicht einfach eine Anderwelt, über die wir wie über die diesseitige Tatsachen-Welt definierende und sie als ein Etwas artikulierende Aussagen machen können. Sondern nur *negativ* können wir im Sagen, dass dies nicht eine als Etwas, nicht eine als Tatsache zu bezeichnende Welt ist, Aussagen machen. Solche Aussagen bezeichnen durchaus etwas, aber etwas, das dadurch charakterisiert ist, dass es sich nicht in sprachlich fixierbare, weil Tatsachen beschreibende Ausdrücke fassen lässt. Ein philosophischer Ausdruck zur Bezeichnung eines solchen Etwas ist „Nichtseiendes". Und der theologische Ausdruck dafür ist nur scheinbar positiver, ist bei Lichte besehen aber auch lediglich eine Chiffre für etwas, was sich eben nicht benennen lassen kann, nämlich „Gott".

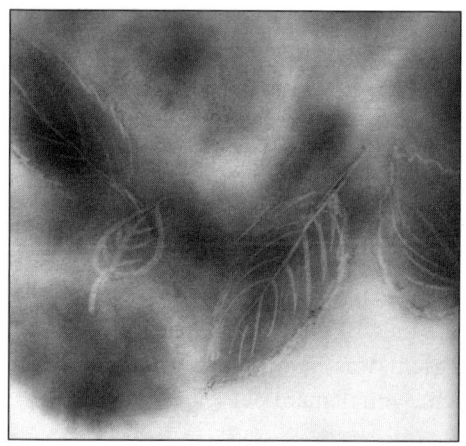

Abb. 11.8

Welt und Mensch von Gott her sehen
Auf dieser Ebene versucht Yano das Bilderbuch weiter zu gestalten: Die vorsichtigen Aquarelltöne mögen Ausdruck sein für die Vorsicht, das in den Bildern „Gezeichnete" mit der Bezeichnung zugleich wieder aufzuheben, nur als Beispiel für eine auch anders mögliche Erfahrung anzusehen. Die Schafe auf der dritten Doppelseite mögen noch deutlich als Schafe auszumachen sein. Die Sterne einige Seiten später sind es nicht mehr so klar: An einigen Stellen verschwimmt der optische Eindruck von einem gelben Fleck, der als Stern auszumachen wäre, in eine nur noch gelblich schimmernden Tönung, die das Blau des Himmels färbt. Und auch die Blätter der Bäume sind wie durchsichtig gezeichnet: Verschwommen „sehen" wir zugleich in sie hinein, in ihren feinen Gliederungen erkennen wir Lebenselemente (*Abb. 11.8*). Und das Bild von der untergegangenen Sonne am Ende des Buchs liefert auch nur den „farbigen Abglanz" des Lichts (Goethe), den die Atmosphäre uns widerspiegelt von der hinter dem Horizont am Abend bereits verschwundenen Sonne, von der wir aber gerade durch ihr Verschwundensein vielleicht klarer wissen, dass sie da ist, als wenn sie noch „am Himmel" stünde, weil wir dann nie genau in sie hineinsehen könnten, ohne zu erblinden.

Manche Betrachter halten das letzte Bild des Buchs *(Abb. 11.9)*, das das Kind mit seinen Eltern grau, fast als Schatten, von hinten zeigt, und seinen Text für überflüssig: „Alles kommt her von Gott, und Gott ist überall. Aber ich sehe ihn nicht. Ich weiß nur, ich weiß: Er ist da." Überflüssig scheint mir dieser Text in der Tat, wenn er nur aufschriebe, was durch die Bild-Erfahrung vorher sehr viel offener und zugleich klarer hat erfasst werden können. Aber im Muster der vorangegangenen Sätze leistet vielleicht

Abb. 11.9

auch dieser Satz etwas anderes als eine „Erklärung"; möglicherweise gibt er eine gut geeignete Antwort auf die ja immerhin berechtigte Kinderfrage, doch einmal zu sagen, wer oder was Gott ist, von dem die Religionen ja ständig reden. Im Muster der vorangegangenen Sätze verdeutlicht dieses Ende, dass auch für „Gott" gilt, dass er/sie kein eindeutig zu fassendes Etwas ist, das wir als klare und distinkte sinnliche Erfahrung ausmachen könnten. Aber wir können „Gott" ausmachen im Erfassen der Durchsichtigkeit von jedem als „etwas" zu Bezeichnendem, hier sind es die Eltern mit ihrem Kind in all ihrer vergänglichen Schemenhaftigkeit.

Mit Kindern kann man dieses Buch leicht als Bild-Meditation oder auch als Traumreise unter Hören des Textes mit geschlossenen Augen erschließen. Denn seine „Botschaft" ist nicht das Erfassen der begrifflichen Hintergründe, deren Benennung, wie wir sie vorgenommen haben, für uns Erwachsene die Erschließung dieses Buchs erleichtern sollten, sondern um das unmittelbare Erfassen einer Stimmung, einer Erfahrung, die den Nährboden bieten kann, auf dem später solche Erfahrungen begrifflich gefasst werden können.

b) Gott im Alltag erfahren

Unsere postmoderne Lebenswelt
Die letzte Ebene unser Auseinandersetzung mit der Gottesfrage, die Thematisierung Gottes durch eine genaue und darum tiefgründige Phänomenologie des konkret vor uns liegenden Seienden, ist die Kehrseite der eben geleisteten Auseinandersetzung. Lautete eben die Frage, wie wir über das Diesseits konkreter Erfahrungen hinausgelangen können zu einem Jenseits, das sich als tragender Grund des Diesseits erweist, fragen wir nun, ob und wie sich ein solcher unsere Wirklichkeit tragender Grund auch konkret in der Wirklichkeit des So-Seienden zeigt. Religiös ist das die Frage, wie *Gott im Alltag* zu erfahren sei.

Nun leben wir, sagen Soziologen, in einer patchwork-Gesellschaft. Die ermöglicht nicht nur Pluralität, sondern führt immer mehr auch zu einem Auseinanderlaufen der vielfältigen Ebenen von Wirklichkeit, zu Diversifikation. Diversifiziert, so meinen Religionssoziologen, stellt sich in modernen Gesellschaften auch Religion dar: Wir leben nicht nur im Kontext vieler unterschiedlicher Religionen, sondern die Menschen „nutzen" die Traditionen und Angebote der einzelnen Religionen auch durcheinander. So bedeutet Protestant sein heute keineswegs, nicht auch ganz selbstverständlich an einer katholischen Osternachtsfeier teilzunehmen, einen Kurs für buddhistische Zen-Meditation zu belegen, mit indianischer Naturverehrung zu sympathisieren oder den Hindu Mahatma Gandhi als persönliches Vorbild für sich anzusehen. Ja, vielleicht gehört es heute auch zu möglichen Formen, seine Religiosität zu leben (wenngleich dies i. d. R. eher nicht bewusst geschieht), in ein Eisstadion zu gehen und Wunderkerzen anzuzünden und in Fan-Gesänge einzustimmen oder ein Auto mit einem Stern über die Straßen zu bewegen und ihm einen kleinen Tempel in Form der Garage zu weihen, oder auch den ritualisierten Konsum der täglichen Tagesschau, der Quiz-Sendung, der vorabendlichen Soap-Reihe, des Abendkrimis, der Live-Sendung wie die religiöse Liturgie zu einer heiligen Feierstunde zu stilisieren.

Eine postmoderne Christus-Geschichte
Mit einem patchwork, mit unterschiedlichen Feldern auf die ganze Seite verteilt, beginnt und endet auch das letzte in unserem Rahmen vorzustellende Bilderbuch „Ein Stiefel fiel vom Himmel". Die Geschichte ist schnell erzählt: In Bewunderung seines Regenbogens verliert Gott, auf einer Wolke sitzend, einen seiner Stiefel. Er begibt sich auf die Erde, um ihn wiederzufinden, fragt den Parkwächter, den vorbeieilenden Geschäftsmann, den Pfarrer, das Fundbüro, den Schuhladen. Doch alles ist umsonst. Bei einer

Militärparade wird er als verrückter Landstreicher von der Polizei in Gewahrsam genommen, über dessen Verrücktheit sie jedoch zu lachen anfangen, dass sie vergessen, die Gefängnistür zu verschließen. So kann Gott sich in der Nacht davonschleichen. Am frühen Morgen trifft er einen kleinen Jungen beim Angeln, einer zeitaufwändigen Beschäftigung; und weil er sich so viel Zeit nehmen kann, hat er tatsächlich auch den Stiefel Gottes gefunden und lässt sich darauf ein, Gottes Geschichte zu hören.

Theologisch bewanderte Leser können in dieser Geschichte eine ganze Christologie entdecken: Auch für Jesus ist überliefert, dass er zwar nicht der Stiefel, aber der Sohn Gottes ist, etwas, das Gott „schon seit Ewigkeiten" hat und sehr liebt. Und geboren wird auch dieser Jesus unter Umständen, wo ihn zunächst keiner vermutet und niemand ihn findet. Sogar vom Schuhe-Binden ist bei diesem Jesus die Rede. Offenkundiger ist die Parallele, dass auch er, wie der Gott unseres Buchs, sich auf alle Alltäglichkeiten einlässt und dabei Probleme bekommt: Jesus darf am Sabbat nicht aufs Weizenfeld, Gott im Buch nicht auf den Rasen des Parks. Das Heil sucht Jesus bei den Armen und Aussätzigen, Gott sucht seinen Stiefel im Müll. Hören will keiner so recht auf Gott, selbst die Pharisäer und Schriftgelehrten haben eher vorgefertigte Meinungen, setzen sich aber nicht auseinander, ebenso wenig wie viele Menschen, die eher aus Konvention nach Jerusalem kommen denn aus innerer Überzeugung; und ebenso trifft Gott im Buch kurz vor dem Sonntag nur ein Fundbüro mit vergessenen Sachen oder das Schuhgeschäft mit Devotionalien; nur eine kleine Verkäuferin hat ein wenig Mitleid mit Gottes geschundenen Füßen und schlägt eine Behandlung vor, ebenso wie jene Sünderin, die Jesus mit ihrem Haar die Füße salbt. Und sogar um einen König geht es, der hoch leben soll; diese Szene kennen wir von Jesu Einzug in Jerusalem. Als König aber hat Gott in der Welt nichts verloren und wird eingesperrt, wie auch Jesus, der als König der Juden eher Spott als Ärger auslöst. Im Gefängnis wird Gott dann sogar gequält, jedenfalls in den Bildern, wie auch Jesus. Und doch kann er eigentümlich geheimnisvoll fliehen, unter Zurücklassung nur von „wunderlichen Fußspuren"; Gott ist einfach aufgestanden und gegangen. Und in dieser neuerlichen (auferstandenen?) Daseinsweise trifft er keinen anderen als einen Fischer, so wie es die ersten Jünger Jesu auch waren. Und der allein hat Zeit, die Geschichte zu hören, so viel Zeit, dass er sie auch wird weitererzählen können.

Das Interessante an diesem Buch ist aber nicht nur die hier kurz skizzierte, einige vielleicht verstörende Aktualisierung der Gottesgeschichte, sondern auch die Bilder, denen auf den ersten Blick gar nichts Religiöses eigen zu sein scheint, die aber immer wieder mit kleinen religiösen Anspielungen arbeiten, eben auf der Ebene irgendwie patchworkartig bekannter religiöser Versatzstücke. So sehen wir Gott als Mann mit weißem Rauschebart, oder wir erkennen den immer wiederkehrenden Finger Gottes aus Michelangelos berühmtem Sixtinischem Erschaffungs-Fresko. Das Wichtigste und auch für Kinder Lesbare dieser Bilder aber scheint mir zu sein, dass sie durch ihren Collagen- oder Patchwork-Charakter beim Betrachter überall Anregungen zum Nachfragen und Weitererzählen freisetzen.

Das geschieht auf zwei Ebenen: Auf einer ersten Ebene sind alle Bilder bereits als *Bildergeschichten* gestaltet, mehrere Szenen oder auch Perspektiven oder auch Bezugs-

Abb. 11.10

ebenen sind zugleich dargestellt. Das ist aber nicht nur irgendein auf alle möglichen Themen anwendbares Gestaltungsprinzip, sondern ein besonders auf unser Thema bezogenes: Gleich das erste Gott auf der Erde zeigende Bild stellt uns Gott vor als in eine Geschichte eingebundene Person *(Abb 11.10)*.

Über den Text hinaus wird auf dem oberen Rand die „Geschichte" vom Verlust des Stiefels noch einmal erzählt, und zwar einerseits von Gott selbst, indem er mit seinem linken Zeigefinger auf diese Bilderkette hinweist und andererseits durch die Bilderkette selbst, in der (wohl durch Menschen) diese Geschichte in Bilder gefasst worden ist. „Was bedeutet das?" – so lassen die Bilder unwillkürlich ihre Betrachter fragen und fordern sie damit ihrerseits zu einem Nacherzählen auf. Das ist mehr als ein didaktisches Element, das gibt Einblick in das von uns gesuchte Verständnis von Religion im Alltag: Zunächst wird die vorhin angesprochene Problematik der Illustration von Geschichten aus der religiösen Tradition hier zugleich aufgenommen wie befragt. Die einzelnen Bilder bezeichnen einerseits etwas, was auf ihnen zu sehen ist, den Regenbogen, die Wolke, das Hinabgleiten des Stiefels, aber auch stärker abstrakte Bilder wie den Finger Gottes, das Frage- und das Ausrufezeichen. Mit der Erläuterung dieser Bezeichnung ist aber noch nicht alles, ja das Wesentliche noch nicht gesagt. Denn einen Sinn gewinnen die Bilder erst, indem jemand sie – so eine zweite Dimension – als Geschichte auch einem anderen erzählt, also dadurch, dass etwas erst ist, was es ist, indem es zugleich vermittelt wird. Und darin, dies ist eine dritte Dimension, mag dann deutlich werden, dass hier etwas erzählt wird, das nicht allein Wort oder Bild des Autors ist, sondern das eine göttliche Botschaft zu tragen vermag: Religiöse Bilder und Worte beanspruchen stets, einen Zuspruch und Anspruch zum Ausdruck zu bringen, der zwar in der Gestalt menschlich fixierter Bilder oder Worte daherkommt, das menschlich Sagbare aber zugleich übersteigt, indem es einen Sinn erst gewinnt, wenn ich als Leser oder Hörer mich darauf auch einlasse in einer meine Existenz herausfordernden Art. Soweit zur ersten Ebene der Bildgestaltung.

Auf einer ganz anderen Ebene spielt das Bild, in dessen Rahmen auch diese Bilderkette eingebettet ist, die Auseinandersetzung zwischen Gott und dem Parkwächter im Park, den Gott unerlaubterweise betreten hat. Auf den Parkinseln finden sich nur Bäume, Sträucher, ein Ententeich, auf den Bäumen auch Vögel; nur Gott hat es sich bequem gemacht auf einem Stück Parkfläche, alle anderen Menschen bleiben ordnungsgemäß auf den Wegen oder sandigen Flächen. Und dabei steht doch dabei „public park", öffentlich für wen? Und was heißt das, dass dafür Regeln und Schilder aufgestellt werden? Ordnungen gelten wohl nicht ohne Grund, aber warum gibt es überhaupt Ordnungen, ja selbst einfache wie die Zahlenordnung? Damit ist die zweite Ebene der Bildgestaltung angesprochen: Ständig provozieren die Bilder zur Frage nach der Ordnung von allem über den Sinn von Regeln und Ordnungen über die geordnete Alltagswelt hin zur Ordnung von Zahlen, von Abläufen hin zur Ordnung aller Ordnung und des Lebens, also dem Prinzip von Ordnung überhaupt *(Abb. 11.11)*. Verwirrend und zunächst ohne Deutungsmöglichkeiten präsentieren sich vor allem die vielen Zahlen, die z. T. ordnend, z. T. messend, z. T. aufzählend und summierend sich durch die einzelnen Bilder ziehen. Zahlenfrei sind nur die ersten beiden Bilder vor Gottes Erdengang; auf dem letzten ist Gott am rechten Ärmel nur noch ein kleiner Zahlenzettel haften geblieben.

Abb. 11.11

Zahlen sind wie Buchstaben Möglichkeiten, die Welt als Ordnung zu verstehen und als Ablauf, in dem wir eine Rolle spielen können. Wer sich mit Zahlen, Buchstaben, Summen und Sätzen auseinander setzt, reflektiert somit auf unser Menschsein als geschichtliches, das meint als ein in ein Geschehen eingewobenes Sein. Geschehen als Ordnung und Ablauf zu verstehen, unterstellt ihm aber einen Sinn. Und dieser Sinn ist auch die Voraussetzung dafür, dass wir uns auf Vergangenes und auf Künftiges beziehen können als etwas, wodurch unser Hier und Jetzt Sinn, was wörtlich eine Ausrichtung meint, gewinnen kann. Und unter dieser Voraussetzung können wir in das Hier und Jetzt gestaltend eingreifen, weil es stets auch anders sein könnte, als es sich uns im Augenblick darstellt. Und dies ist wiederum der Hintergrund dafür, dass wir uns Geschichten erzählen können.

Glauben – Welt verändern
Eben dazu gibt das Buch Anregungen, nicht nur durch die Schluss-Seite, auf der von der Zeit erzählt wird, die Gott sich endlich nehmen kann, seine Geschichte zu erzählen, sondern vor allem durch die Bilder, die den tieferen Sinn dieses Schlusses einholen: Wer sich Zeit nehmen kann, Geschichten zu erzählen und ihnen zuzuhören, und eben dazu fordern die Bilder des Buchs auf, der bekommt ein Gefühl und allmählich vielleicht auch einen Begriff davon vermittelt, dass wir Zeit zu gestalten in der Lage sind und so Geschichte machen können. Zu sprengen wäre in dieser Perspektive das bloße Nebeneinander von Ereignissen, Dingen, Menschen, Verhältnissen, die Menschen ihrerseits auf bloße Nummern oder Objekte zu reduzieren drohen (*Abb. 11.12*).

Einzelereignisse können, geschichtsphilosophisch gesehen, mit dieser Perspektive erzählt, in ihrer Besonderheit festgehalten werden, gewinnen einen Wert als Besonderheiten in dem Sinne, „im kleinen die Maße des bloß Seienden zu sprengen" und insofern sie „vom Standpunkt der Erlösung" aus zu sehen (Adorno).

Was hat nun diese Einsicht mit Religion zu tun? Nun, in der Tat sind wir eben deshalb, weil wir dies tun können, religiös. Denn eine Geschichte erzählen bedeutet eben, eine Macht aufbieten zu können gegen das Realitätsprinzip, dass alles so sei wie es ist, eine Macht, von der her das Hier und Jetzt einen Sinn gewinnen kann, sei es zur Bestätigung, sei es, um es zu verändern auf ein besseres Leben hin. Zumindest die abendländischen so genannten Offenbarungsreligionen haben ihre Pointe eben darin, das Leben zu reflektieren auf eine andere, in ihm sich dauernd geltend machende, es aber gleichwohl auch transzendierende Dimension hin, die wiederum zu weltverändernem oder zumindest -gestaltendem Leben führt.

Abb. 11.12

12 „Macht nichts! Man kann auch im Dunkeln schwimmen."

Die Dimension des Ästhetischen

Was wäre ein Buch über Bilderbücher, das Bilderbücher zwar nach unterschiedlichen philosophischen Problemstellungen erläuterte, aber nicht auch ein eigenes Kapitel jenem Material widmete, welches uns die vielfältigen Wege zum philosophischen Denken eröffnen sollte, dem Bild nämlich? Glücklicherweise gibt es ein (im wörtlichen Sinne) wunderschönes Bilderbuch, das neben verschiedensten philosophischen Fragen auch das Bild selbst zum Thema macht, ja die besondere Auseinandersetzung mit Wirklichkeit, die bildlicher Darstellung eigen ist, als einen Weg des Philosophierens beschreibt.

Aisthesis – die sinnliche Erfahrung von Welt

Betrachten wir zunächst das *erste Bild* dieses Buchs[1], und bedenken wir dabei zugleich, auf was und vor allem wie wir schauen, wenn wir dies tun *(Abb. 12.1)*.

Was wir sehen, ist ein Stück Lebenswelt, und zwar, so viel dürfen wir vorwegnehmen, Lebenswelt von Dodo, dem kleinen Mädchen oben links im Bild. Dodo steht auf ihrem Bett, wie es sich gehört ohne Schuhe, greift nach einem Kalender und reißt gerade das Blatt mit dem Datum des 3. Mai herunter. Für sie hat ein neuer Tag begonnen, der 4. Mai, der für sie besondere Bedeutung gewinnen könnte, denn nicht ohne freudige Erwartung schaut Dodo diesem Fortschritt der Zeit entgegen. Im ganzen linken Teil des Bildes sehen wir Dodos Zimmer, besser ihr Reich, mit verschiedensten Utensilien: Da steht das Bett, im oberen linken Eck ist auch ein Fenster angedeutet, davor hängt ein Stern, auf dem Fensterbrett steht ein Kaktus, Fisch-Bilder schmücken die Wand, von der Decke hängt eine Lampe, darunter steht eine Kommode auf einem blauen runden Teppich. Unten im Bild ist etwas unmotiviert ein Stuhl mitten ins Zimmer gestellt, zu weit weg vom Tisch, bei dem wir eine Schublade offen finden. Und dann sind da einige Spielsachen, der Eisbär auf der Kommode, der Nachziehpinguin neben dem Tisch, eine Schwimmente auf ihm, unten rechts ein großer bunter Ball, ein Spielzeugauto und – tatsächlich – auch ein Buch. Wir kennen es aus dem Kapitel 2, es ist „Herr Bohm und der Hering". Ob Dodo es gerade gelesen hat oder lesen wird, wissen wir nicht, aber wir ahnen, eine Rolle wird dieses Buch im weiteren Verlauf spielen. Ja und in das Zimmer gehört eigentlich noch eine männliche Gestalt, zumindest mit dem Kopf, wohl Dodos Vater, der durch die Tür einmal nach dem Rechten sieht. Währenddessen hat im rechten Bildteil eine jüngere Frau, Dodos Mutter, es sich auf einer Liege bequem gemacht, die Schuhe ordentlich davor abgestellt, auf dem Rücken liegend, die rechte Hand als

1 *Johansen, Hanna/Berner, Rotraut Susanne*: Der Füsch. München: Hanser 1995.

Abb. 12.1

Stütze unter dem Kopf, in der Linken ein Buch, in dem sie liest. Das Fenster hinter ihr steht halb offen, daneben findet sich ein Regal, erneut mit zwei Kakteen. Im Raum darunter sehen wir einen Tisch mit einer Melonenscheibe darauf (besser: auf einem Teller), und unter dem Tisch hockt eine Katze. Und ganz unten rechts sitzt noch eine Person, wohl die Großmutter, im Sessel vor dem Fernseher, in welchem wir einen Mann erblicken, vielleicht beim Verlesen der Nachrichten. Die Fernsehzeitschriften befinden sich gestapelt im Regal unterm Fernseher. Und die rechte Hand der Großmutter hält die Fernbedienung, mit dem Zeigefinger ist sie wohl gerade dabei, auf ein anderes Programm zu zappen.

Probleme wirft diese textlose Doppelseite auf den ersten Blick nicht auf, auch auf den zweiten nicht. Jedenfalls um die in den bisherigen Kapiteln verhandelten philosophischen Fragen scheint es nicht zu gehen. Weder Dodo und ihre Familie noch wir Betrachter werden dazu gedrängt nachzufragen, ob die Wirklichkeit wirklich ist, welchen Sinn die Sprache hat, wer Ich ist, warum ich etwas tun oder lassen soll, wie wir glücklich sein können oder gar warum wir nach Gott fragen. Warum aber haben wir uns dann mit Beschreibungen des Bildes aufgehalten (die auch noch länger hätten sein können)? Einen Hinweis mag die weitere Frage liefern: Wie, mit welchem Blick haben wir das Bild betrachtet? Nun, wir haben nicht nur Personen und Dinge benannt, sondern wurden dabei unwillkürlich dazu herausgefordert, sie zu Geschichten zu verknüpfen, ihnen Aktionen zu unterstellen, die sie uns gerade so haben erscheinen lassen. Und dadurch kommt Bewegung ins Bild, eine Bewegung, die noch deutlicher wird, wenn wir uns in die gesehenen Personen hineinversetzen: Zwar tauchen sie alle auf dem Bild nur einmal auf, nicht wie bei

Bildgeschichten mehrmals, doch alle bewegen sich. Bei Dodo ist es ganz deutlich, und auch für die anderen gilt es, sie sind gerade in Aktion, freudig, gespannt, angeregt; Langeweile besteht offenbar nicht, vielmehr ist Auseinandersetzung gefragt, jedoch nicht um der Erkenntnis des Wahren, ebenfalls nicht um des Tuns des Guten und auch nicht um des Hoffens auf Transzendentes willen. Was bleibt da noch? Allenfalls könnten wir uns an Findus und Pettersson aus dem Kapitel 9 erinnert fühlen. Und so mag es sein, dass der schlichte Genuss zum Thema wird, die Freude der Muße, das schiere Wohlgefallen, die pure Zerstreuung, das zwecklose Spiel. Das ist es, was Dodo und ihre Familie treibt, ganz interesselos, ohne Ziele. Und in der Tat gibt es ja doch auch dieses Verhältnis zu Wirklichkeit, und es ist durchaus möglich, eben dies zum Thema philosophischen Nachdenkens zu machen. Es ist der Bereich des Ästhetischen.

Dazu ist eine kleine Worterklärung nötig: Es ist eine alltagssprachliche Eingrenzung, die Frage nach dem Ästhetischen mit der Frage nach dem Schönen zu identifizieren. Als *philosophische Disziplin* fragt die Ästhetik (ursprünglich) sehr viel weiter als nach Kunst oder Schönheit. Es geht um nahezu alle Bereiche sinnlicher Wahrnehmung. „Aisthesis“ ist dafür das griechische Wort. Genauer meint Aisthesis ein Verhältnis zu, vielleicht sogar eine Ein-Sicht von Wirklichkeit, die (so die Tradition) unterhalb, besser unmittelbarer als der begrifflich reflektierte Bezug anzusiedeln ist. Als Aneignung, Aufnahme, Rezeption von Wirklichkeit liegt sie in der Tat aller Reflexion und Verständigung voraus. Und als Wahrnehmung stellt sie eine erste, noch ganz unmittelbare Durchdringung, Perzeption des Aufgenommenen dar. Dazu mag die Kategorie des Schönen durchaus passen, wenn auch in dem sehr allgemeinen Sinne, dass es nämlich darum geht sagen zu können: „Das ist schön so!“

Voraussetzungen für ästhetisches Weltverhalten

Bevor wir uns aber der Frage zuwenden können, was genauer diese ästhetische Einsicht zu leisten vermag, welche Ebenen dabei zu differenzieren sinnvoll ist, müssen wir eine kleine Vorüberlegung einschalten. Ästhetisches Verhalten zu Wirklichkeit gibt es in zweifacher Hinsicht: Einmal kann die ganz unmittelbare Form gemeint sein, in der Wirklichkeit sich jedem sinnlich begabten Wesen präsentiert. Diese Ebene interessiert uns hier jedoch weniger, denn sie umfasst nicht eigentlich jenes spielerische Verhalten, durch das alles in unserer Macht steht, so, aber auch ganz anders sein zu können. Es ist zwar philosophisch von Interesse, die unmittelbare Wahrnehmung von Wirklichkeit zu reflektieren, doch ist dieser unmittelbaren Wahrnehmung nicht in sich selbst philosophischer Charakter zu Eigen. Ästhetik kann sich aber auch in vermittelter Form einstellen, wenn wir uns bewusst oder bestimmt zu Wirklichkeit verhalten. Ihre Eigentümlichkeit bleibt der sinnliche Zugang, doch als vermittelter rezipiert und präsentiert er Wirklichkeit nicht bloß, sondern re-präsentiert sie darin zugleich, bildet Wirklichkeit nicht nur ab, sondern ist eine symbolische Form der Darstellung von Wirklichkeit, neben der logisch-reflexiven, der technisch-herstellenden oder der handelnd-verändernden.

In eben dieser Struktur symbolischer Repräsentation von Wirklichkeit auf der Ebene des Sinnlich-Ästhetischen verläuft zunächst die *Geschichte* unseres Buchs: Dodo hatte, so heißt es zu Beginn, Geburtstag. Damit wäre auch das Abreißen des Kalenderblatts geklärt, jene Handlung, die am auffälligsten Bewegung in das Bild hineinbringt. Dodo wünscht sich fast nichts, nur einen „Füsch", ausdrücklich nicht einen Fisch, sondern einen Füsch. Und so nimmt die Geschichte ihren Gang: Dodo bekommt tatsächlich einen Fisch. Der ihr dann zum Geburtstag präsentierte Fisch ist konsequenterweise „der Füsch", *ihr* Füsch. Zwar sieht der Füsch für Dodo zunächst (wohl enttäuschend) doch nur so aus wie ein Fisch, aber bereits im ersten Kontakt mit ihm wird er „Füsch". Und so merkwürdig dieser Name erscheinen mag, so merkwürdig sind auch die Begleit-umstände: Schon das Wasser für das Aquarium ist gar so schwer, aber für den Füsch braucht es ja genügend Schwimmraum. Und dann scheint der Füsch fast beliebig sein Aussehen ändern zu können, golden, rot oder blau. Vor allem aber weiß er Dodo zu gefallen: „Wie schön du bist!", ruft sie aus. Das ist der Schlüssel ihres eigentümlichen Umgangs mit ihrer Welt. Und mit diesen wunderbaren Verwandlungen geht sie in der Folge mit dem Füsch um, füttert ihn, spricht mit ihm, rennt sogar mit ihm herum, heftet ihm eine Leine an. Das macht Spaß, hören wir. Es gibt nur eins, was noch besser ist. Und was ist das? Schwimmen! Damit wendet sich die Geschichte zwischen Dodo und ihrem Füsch. Da helfen auch keine Ermahnungen, weder mütterlicher- noch väterli-cherseits: An die Leine wird nun Dodo genommen, und dann geht es los: Mit ihrem Füsch schwimmt jetzt sie durch ihr Reich, von nichts und niemandem gestört, selbst nicht von der Großmutter, als die besser mal das Licht ausmacht. Das alles „macht nichts". Denn, so der letzte Satz von Füsch am Ende des Buchs, „man kann auch im Dunkeln schwimmen".

Natürlich birgt diese Geschichte ihre Hintergründigkeiten auch auf der ontologi-schen, nach dem Wirklichen der Wirklichkeit fragenden, sowie auf der erkenntnis-theoretischen Ebene. Darauf deutet die zweimalige Nachfrage „ehrlich?" hin, das eigen-artige „draußen" Rennen des Füschs und das „drinnen" im Aquarium Schwimmen von Dodo oder jenes Schwimmen, das auch im Dunkeln möglich ist. Eine Antwort auf sol-che Irritationen wäre möglich mit Wittgenstein: Der vertrat in seinen „Philosophischen Untersuchungen" die These, dass die Wörter dasjenige bezeichnen, was sich aus ihrem Gebrauch ergibt. Für unsere Geschichte ist dieser Gebrauch aber nicht funktional an Richtigkeit oder Passung orientiert, sondern ist ganz interesselos, spielerisch. Gleich-wohl bietet auch dieser Gebrauch Orientierung, mit dem nämlich zurecht zu kommen, was man benennt. Fast explizit aufgenommen wird auch die Tradition des platonischen Höhlengleichnisses, sogar in bildungskonzeptioneller Hinsicht: So wie der Schatten-mensch Platons aus der Höhle herausgezogen wird, um alles in einer größeren und vollkommeneren Wahrheit zu erkennen, so gewinnt zunächst der Füsch als Dodos Vor-bild eine neue Weltperspektive durch das vorsichtige Hinausgeleiten aus dem Aquari-um und dann ebenso Dodo, gleichfalls an der Leine, im Hineinspringen in die Welt des Wassers. Doch auch wenn es dabei wie bei Platon um Selbst-Einsicht geht, das in uns angelegte Seelenvermögen Gestalt werden zu lassen, bleibt ebenso diese Erfahrung ganz im Bild und auf der Ebene sinnlicher Erfahrung, behält den Charakter eines spielerisch-fantasievollen Als-Ob. Die Irritationen der Geschichte verweisen darum auf anderes als auf Infragestellungen unseres Wirklichkeitsverhältnisses. Das Ende des Textes deutet darauf hin: „‚Macht nichts‘, sagte der Füsch. ‚Man kann auch im Dunkeln schwimmen.‘‟ Das erinnert an Billy Wilder und seinen berühmten Film „Some like it hot‟ mit der Schlusspointe „Macht nichts, nobody is perfect‟. Warum aber macht das nichts, dass die erwartete Frau ein Mann ist (Jack Lemmon) oder das Licht, also die Frage nach Wahrheit, im Aquarium ausgeht? Weil wir dann gleichwohl noch schwimmen können, sofern wir damit keine Leistungen oder auch keine Erkenntnisse erzielen wollen, sondern wie Dodo einfach und interesselos sagen: „Schwimmen ist wunderbar!‟, oder das uns Entgegenstehende schlicht genießen und dann sagen: „Es ist schön!‟

So weit die Geschichte. Wenn ästhetische Einsicht aber weniger logisch-reflexiv, vielmehr unmittelbar-sinnlich stattfindet, halten wir uns zur genaueren Erklärung dieser Einsicht, die Dodo durch das Buch hindurch erlangt, auch besser an Bilder. Mit dem ersten Bild und einigen Erläuterungen war das ästhetische Verhältnis zu Wirklichkeit angedeutet. Wenn wir einmal auf die vorletzte Seite vorblättern und schauen, wie das ganze ausgehen mag, sehen wir wieder ein doppelseitiges Bild *(Abb. 12.2)*. Doch diesmal ist der Rahmen, der dem Ganzen Halt gegeben hat, nicht mehr da, das gesamte Blatt ist blau eingefärbt, da hat ein anderer Sinn Dodos Welt erfasst. Äußerlich ist die Welt fast die gleiche geblieben. Nur Vater und Mutter fehlen – und die Katze. Dafür ist ein Fisch dazugekommen, der Fisch, der als „Füsch‟ dem Buch den Namen gegeben

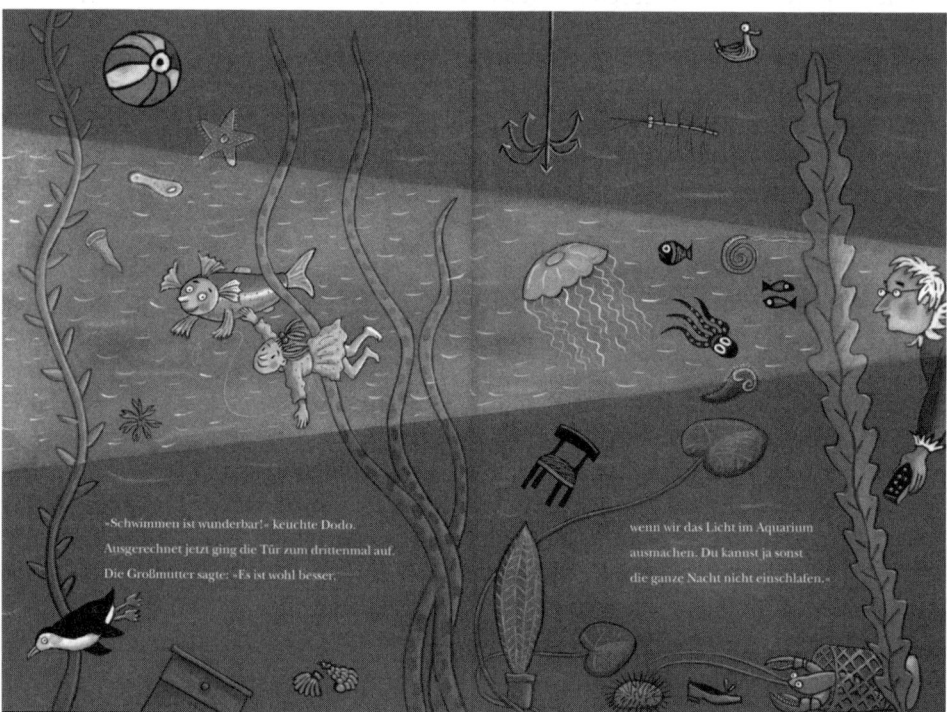

›Schwimmen ist wunderbar!‹ keuchte Dodo.
Ausgerechnet jetzt ging die Tür zum drittenmal auf.
Die Großmutter sagte: ›Es ist wohl besser,

wenn wir das Licht im Aquarium
ausmachen. Du kannst ja sonst
die ganze Nacht nicht einschlafen.‹

Abb. 12.2

hat. Und mit ihm „schwimmt" Dodo nun durch ihr Reich. Viele ihrer Utensilien finden wir wieder, aber die Gegenstände haben ihre Funktion verändert, einige sind jetzt sogar lebendige Wesen: Die Deckenlampe ist ein Anker, die Fernsehantenne eine Art Seespinne, die Nachttischlampe eine große Qualle, die Haarbürste ein Seeigel. Das Nachtschränkchen sehen wir unten links wie eine halb in den Boden versunkene Schatztruhe, die Kakteen haben sich zu zum Teil riesigen Wasserpflanzen gemausert, der Papierkorb zu einem Hummerfangkorb. Der Stern vom Fenster ist lebendig geworden und zum Seestern mutiert, so wie auch die Fische aus den Bildern herumschwimmen. Ebenso taucht der Spielzeugpinguin gerade ab, nur die Schwimmente beobachtet das Geschehen oben eher skeptisch. Da läuft ein Film ab, nicht einer im Fernsehen, wie ihn die Großmutter sich täglich ansieht, sondern ein real von Dodo und ihrem Fisch inszenierter, der beide emphatisch ausrufen lässt: „Schwimmen ist wunderbar!"

Eine Veränderung von Wirklichkeit hat stattgefunden. Aber die Wirklichkeit ist dadurch nicht wahrer oder besser geworden. Was hier interessiert, ist das freie, lustvoll-sinnliche Spiel mit Wirklichkeit. Und dieses wird uns als sinnlicher Genuss vor Augen geführt, in den Bildern des Buchs. Was ist die Pointe? Stärker als die moralische oder die ontologische Einsicht, die letztlich auf das tatsächlich Gute oder Wahre ausgerichtet sind, ist das ästhetische Spiel weniger an Inhalten interessiert, auf die es sich bezieht, hält uns vielmehr ausdrücklich die Formen unseres Bezugs auf Wirklichkeit vor Augen. Wie schon die Geschichte metaphorisch arbeitet (besonders auffällig sicher die Leine, dann das Aquarium einerseits und das Draußen andererseits), so sind die Bilder durchweg metaphorisch, nämlich hinübertragend angelegt: Als Bilder leiten sie den Betrachter hinein in andere Sichtweisen, „enthüllen" in dieser Darstellung, wie Hegel sagen würde, die Wahrheit in sinnlicher Form und halten sie uns insofern zugleich *als* und in der Form ihrer Darstellung vor Augen.

Ebenen ästhetischer Gestaltung: sehen lernen

Wie nun gelingt es genauer, diesen Charakter des Bildes als Gestaltungsinstrument auszuschöpfen und sich einem Thema in einer eigenständig bildnerischen Form zu nähern, das Thema als ein ästhetisches zu verhandeln? Begeben wir uns dazu mit den Bildern vom Füsch in eine Sehschule als Schule ästhetischer Gestaltung. Damit können wir uns, quasi als Nebeneffekt, auch einige Kriterien eines gelungenen Bilderbuchs erarbeiten. Allgemein formuliert, müssen sie darin liegen, möglichst differenziert wie auch differenzierend Wirklichkeit zur sinnlichen Erfahrung bringen zu können und so für philosophisches Fragen aufzuschließen.

a) Bilder statt Illustrationen

Blicken wir nochmals auf die erste textlose Doppelseite *(Abb. 12.1)*. Selbst die Bilder, die sich am Textgeschehen orientieren, haben ihre eigene Sprache, wie etwa die wundersame Szenerie des Abreißkalenders, die den in der Geschichte erwähnten Geburtstagswunsch Dodos sinnlich erfahrbar macht: Das Hochrecken zum Kalender steigert die Spannung, mit der Dodo ihrem Geburtstag entgegenfiebert. Dass sie zum Geburtstag eigentlich nichts mehr braucht, sagt, eindrücklicher als der Text, ihr sinnlich uns vorgestellter, mit vielen Gegenständen gefüllter Lebensraum. Auch die Anleihung und Verlebendigung von Füsch im Text findet eine bildhafte Verdichtung durch den Spielzeugpinguin auf Rädern mit Bändchen zum Hinterherziehen – er schwimmt, wie wir schon gesehen haben, am Ende kräftig mit. So entwickeln die Bilder eine eigene Geschichte, in Parallele zum Text oder über den Text hinaus in einer ihn kommentierenden oder auch karikierenden, nie aber bloß illustrierenden, ab-malenden Weise.

Noch deutlicher wird die Kraft der Bilder in den vielen Details, die im Text nicht auftauchen, beispielsweise den Bildern an der Wand oder den Spielsachen in Dodos Zimmer. Sie werden in das Geschehen eingebunden, ergänzen die Geschichte des Buchs, ja fangen selbst an zu leben. Auch die Fernbedienung in der Hand der Großmutter ist nicht nur lustige Beigabe, sondern gelungener Kommentar zu Dodos „Zappen" durch die von ihr inszenierten Welten: Sich in die Geschichte hineinzubegeben, in ihre Bilder, mit ihnen zu spielen, dadurch das Geschehen zu intensivieren und zu genießen, – wer dies tut, verhält sich ästhetisch zu seiner Welt. So sollten wir auch den bunten Spielball verstehen, der uns auf fast allen Seiten begleitet; er ist nicht eine nette, aber bedeutungslose Ausschmückung, sondern führt sinnfällig das Changieren von Wirklichkeiten und das Drehen am Weltbild der kleinen Dodo vor Augen.

Das zeichnerische Zitat des Herrn Bohm erwähnte ich bereits. Als Bild eines Bilderbuchs verweist es gewiss auf die ähnliche Geschichte von Herrn Bohm und seinem Hering (Kapitel 2), doch ohne Explikation von Herrn Bohms offenkundig philosophischen Warum-Fragen, sondern als eigenständiges spielerisches Weiterspinnen jener Idee von der Wahrheit alles Wohl-Gelungenen und Schönen, das in allem den Widerschein einer ewigen Uridee entdeckt, und zwar durch den sinnlichen Akt des Sehens, Weiter-Sehens, Tiefer-Sehens. Das Bilderbuchzitat ist darum kein augenzwinkernd impliziter Blick auf Platons Thesen, sondern fordert unmittelbar auf zur Auseinandersetzung oder auch einfach nur zum Genuss der über ein Bilderbuch erfahrbaren sinnlichen Einsicht, die hinter Platons Thesen steht.

Bilder, die in solcher Weise Eigenleben entwickeln, entziehen sich einer ersten Gefahr, die bildlicher Darstellung anhaftet: Viele Bilder, gerade in Bilderbüchern, bilden lediglich eine Geschichte ab, schmücken sie allenfalls aus und illustrieren einen Text, der stets den Primat behält. Damit bleiben sie aber völlig dem verhaftet, was sie darstellen, einem Inhalt, der Geschichte, und bilden keine eigene Erfahrungsform heraus. Solche Bilder werden schnell langweilig. In bloßer Parallelität zu einem Text verlieren sie gerade das, was sie zu sein beanspruchen, wozu wir sie eigentlich brauchen: Bilder wollen nie nur abbilden, was wir sehen, sondern das Abgebildete durch die Abbildung auf den Punkt bringen, wollen Wirklichkeit nicht nur wahrnehmen, sondern das Wahrgenommene auch zur Erfahrung machen, somit als Ebene der Aneignung von Wirklichkeit repräsentieren.

Auch in der Kunstgeschichte hat diese erste Bildebene, die *Ikonographie*, die Sicht auf die in Bildern dargestellten Dinge, eben hier ihr Kriterium: Gelungen sind Bilder dann, wenn sie das, was sie (gegenständlich) darstellen, nicht auf dem Niveau bloßer

Abbildung wiedergeben, sondern uns als Betrachtern darin zugleich die Form unserer Betrachtung, die Verbildlichung vor Augen halten, und insofern das Dargestellte nicht nur präsentieren, sondern auch repräsentieren.

b) Bildgestaltung

Eine zweite Ebene bildlicher Gestaltung knüpft an diesen letzten Gedanken an, verläuft aber in entgegengesetzter Richtung. Scheinbar erst hier kommt das Künstlerische zur Geltung, insofern die Ästhetik nicht mehr am Inhalt, sondern an der Form der Gestaltung ihr Kriterium hat, genauer an dem Material, der Farbgebung, der Linienführung, der zeichnerischen Raffinesse. Gleichwohl ist eigentümlicherweise auch diese Ebene der Gefahr ausgesetzt, den Anspruch des Bildlichen zu vergessen, dann nämlich, wenn die Darstellungsform zum Selbstzweck enträt und das Künstlerische ganz im handwerklichen Geschick aufgeht. Kriterium ästhetisch guter Darstellung ist insofern wiederum das Verhältnis zum Dargestellten, aber nicht extensional zu dem mit der Darstellung bezeichneten Etwas, sondern intensional als Sinn, den sie für die Erfahrung des Betrachters gewinnt, etwa indem die Darstellung überzeichnet, brennpunktartig herausstellt, verfremdet.

Auch auf dieser zweiten Ebene gelingen unserem Buch die Bilder: Ganz „real" ist noch der Fernseher mit der recht vergnüglich aus dem Sessel glotzenden Großmutter gezeichnet, nur vielleicht mit einem leicht ironischen Schmunzeln gegenüber einem überhand nehmenden TV-Konsum. Auch das Gespräch zwischen Mutter und Dodo über den Geburtstagswunsch ist ganz wirklichkeitsorientiert aufs Papier gebracht. So sehen Mutter und Tochter tatsächlich aus, wenn sie sich unterhalten und nicht immer ganz einig sind in ihrer Meinung. Eben dies aber sagt das Bild über den Text hinaus, durch Dodos herausfordernde Hinwendung zur Mutter, während ihr rechtes Bein bereits mit dem Pinguin hinaus will aus diesem Gespräch, wie der eigentümlich nach links gewendete Kaktus auch. Im Bild prägt sich das Gesagte eindrücklicher ein. Wirklichkeitssprengend sehen wir dann den Füsch als Riesenfisch mit einem ganz menschlichen Gesicht (vgl. *Abb. 12.4*); und ist es nicht tatsächlich so, dass alles, was wir interessiert betrachten, aufgrund unseres Interesses einen Teil unseres Selbst anspricht?

Überzeugend hat die Künstlerin dann die Traumwandlung von Dodo und Füsch in die Welt des Draußen ins Bild gesetzt *(Abb. 12.3)*. Da werden wir zunächst mit Witz an der Nase herumgeführt: Ist beispielsweise die Bürste auf der Kommode nun wirklich eine Bürste oder nicht vielmehr, da bereits aus dem Bild ausbrechend, ein dem Aquarium entflohener Seeigel (als solcher findet er sich dann tatsächlich wenige Seiten später wieder innerhalb des Aquariums und dann später als Igel draußen beim Rennen)? Die Kommode ist zum Haus geworden, an dem die beiden auf einer Brücke vorüberhuschen können, in der wir vielleicht gerade noch das Bettgestell wiedererkennen. Und der runde blaue Teppich bietet als See der Ente endlich einen lebendigen Lebensraum. Doch ist es nicht gefährlich, wenn der Eisbär inzwischen „reale" Größe erlangt hat? Für Dodo und ihren Füsch keineswegs, so traumwandlerisch sicher bewegen sich beide durch ihre von ihnen ganz neu inszenierte Welt. Da erhöht der Bär nur den Reiz des Abenteuerlichen. Das geschieht auch, wie bereits skizziert, im Schlussbild *(Abb. 12.2)*. Der

Abb. 12.3

Papierkorb neben dem Tisch mutiert zum Fangkorb für Hummer, oder das Wollknäuel in der Schublade (tatsächlich ein Wollknäuel, ganz am Mythos der Ariadne orientiert!) zum Lebensfaden, oder die Tisch-Lampe mit ihren Fäden zur Qualle und die Decken-Lampe zum Anker. Ob Muschel oder Seifenschale, Plastik- oder Holzente, Treppe oder Leiter oder Kommodenschubladen, das sind mithin nur Randfragen. Wichtiger als die extensionale Bedeutung dieser Dinge, das wird hier deutlich, ist der intensionale Sinn, das, was wir damit verbinden können. Und eigentümlich: Gerade im Zeichnen der Dinge verändern sie sich. In dieser Perspektive gewinnt es Sinn, wie eigenartig uns die Ver-schnürung eines Pakets vorgeführt wird.

Und so fallen uns immer mehr Merkwürdigkeiten auf, etwa das Licht im Aquari-um *(Abb. 12.4)*: Spätestens hier kann niemand mehr dem Eindruck bloß nett-niedli-cher Illustrationen verfallen. Deutlich werden wir uns an Platon erinnert fühlen und an den Schein des Feuers durch die Höhle, die ja bekanntlich unsere Welt ist. Denn auf was schaut und zeigt Dodo eigentlich? Ist es wirklich der Füsch, oder ist es nicht viel-mehr oder zumindest auch das Licht, das sie den Füsch überhaupt erst sehen lässt? Hier wird in ein Bild gefasst, dass auf Bildern nicht nur irgendetwas dargestellt wird, son-dern unser Sehen von Bildern. Und nur weil wir im Sehen von irgendetwas zugleich unser Sehen sehen, können wir überhaupt etwas als Etwas sehen und uns zu ihm ins Verhältnis setzen.

Der Hintergrund solch ästhetischer Sicht ist ganz lebensnah: Kinder machen, wie im Schlussbild angedeutet, aber auch in diesem Gespräch zwischen Dodo und Füsch, alles zu ihrer Welt. Genau so spielt sich Kinderwelt und Kinderspiel ab, alles kann durch Phantasie seinen Gebrauchswert tauschen und sogar seinen Dingcharakter verlieren. Und so wird nicht nur das Aquarium zur Lebenswelt oder umgekehrt die reale Wirklichkeit zum Aquarium, sondern das Plüschtier ist wirklich der große Eisbär, die Spielzeugente fängt tatsächlich an zu schwimmen, Füsch bekommt ein Antlitz wie ein Mensch, ja und Menschen können umge-

Abb. 12.4

kehrt zu unlebendigen, aus dem Rahmen fallende Ermahnstimmen verkommen, auf die nur „Glei-heich" oder „ja-ha" zu antworten ist, oder wie die glotzende Großmutter zur Lampe für die neu inszenierte Welt zu werden, in der alles schwimmt und die auch weiter zum Schwimmen einlädt, wenn die Tür wieder geschlossen und das Licht erloschen ist, weil dann die Wand der Schatten tatsächlich als Abbild der Wahrheit dechiffriert und das Auge geschult ist, sonnengleich die Sonne, sprich Wahrheit zu sehen. Da geht es nicht um ein richtiges oder gutes Wirklichkeitsverhältnis, sondern um ein schönes, allenfalls ein stimmiges. Dem ästhetischen Blick kommt es (in der Sprache des Höhlengleichnisses) nicht darauf an, die Welt der Schatten zu verlassen, sondern im spielerischen Umgang zufrieden und gut in ihr zu leben.

c) Das Bild als sinnliche Einsicht

Es bleibt noch eine letzte Dimension, die des *Ikonologischen*, die das Bild als Bild thematisiert. Das Motiv der aus sich selbst herausschießenden, den eigenen Rahmen sprengenden, damit über sich selbst hinausweisenden Bilder ist seit der Illusionsmalerei im Barock nichts Neues. Berner verwendet dieses Motiv häufig, aber sie zitiert es nicht nur, sondern bezieht es sinnvoll auf den thematischen Rahmen des Buchs (wie außerdem noch eine Reihe kunsthistorisch bedeutsam gewordener Bildkompositionen, z. B. die von Henri Matisse): Wenn der Fisch mit Dodo etwa „überallhin" schwimmt, dann ist es nur folgerichtig, dass Berner die beiden auch von irgendwoher ins Bild gleichsam hineinschwimmen lässt *(Abb. 12.5)*, während die Befindlichkeit des Halbdraußen bei den Eltern auch bildtheoretisch die Inkonsequenz markiert, in der die phantastische, nichtsdestoweniger ebenso reale Wirklichkeit von Dodo mit dem harten Realitätsprinzip eines „Geh bitte ins Bett!" konfrontiert wird: Da kommt der Vater aus der Außenwelt in die Innenwelt Dodos herein, aus der normalen Buchseite in die Packpapierseite, die

Abb. 12.5

nun die Folie für Dodos Welt bietet.

Diese Idee des Innen und Außen wird sogar auf den Zusammenhang der einzelnen „Bilder" zum „Text" übertragen: „Der Füsch" lässt die Trennlinie zwischen Bild und Text verschwinden und macht damit im wahren Sinne das Buch überhaupt erst zu einem Bilderbuch. Die Bilder verschaffen sich somit offenkundig philosophische Geltung, sind Formen philosophierenden Verhaltens zu Wirklichkeit. Leser oder Betrachter sind spontan fasziniert ob der Vielfalt der ikonologischen Mittel: Mal handelt es sich um eine eher kleine Skizze auf weißem Hintergrund in den Ablauf des Textes hineingewoben, wie das oben erläuterte Gespräch zwischen Mutter und Tochter, dann wiederum um ein großflächiges Bild mit Rahmen (der freilich oft an einigen Rändern ins Außen ausfranst), dem Text zur Seite gestellt, wie das Gespräch zwischen Dodo und Füsch *(Abb. 12.4)*, dann wieder um zwei Bilder, die ohne Bildrand die ganze Doppelseite ausmachen und den Text eher als Beigabe in sich aufgesogen haben (wie das Schlussbild, *Abb. 12.2*), und schließlich das Bild auf der ersten Doppelseite, hier allerdings mit Rahmen, das wie erwähnt ohne Text die Vorgeschichte zur Geschichte erzählt. Was ist hier eigentlich noch Text, was ist Bild in diesem Buch?

Dieses Gestaltungsprinzip ist gleichwohl in Bezug auf den Inhalt gewählt. Am deutlichsten in der Doppelseite zum ersten Spaziergang mit dem Füsch *(Abb. 12.3)*, in die der Text bloß eingebaut ist: In einer Traumwelt spielt ja tatsächlich das Sprachlich-Begriffliche nicht mehr diese Rolle wie im „realen" Leben. In einem Rahmen dagegen erschienen Dodo und Füsch noch beim Gespräch, das sich vorsichtig ans Spiel mit Wirklichkeit erst heranwagt, doch den Rahmen braucht das Bild nicht mehr, als der Füsch aus dem Aquarium herausklettert.

Philosophische Qualität gewinnen von daher zwei weitere Bilder. Platons Ideenlehre aufnehmend und zugleich karikierend zunächst das kleine Abschlussbild *(Abb. 12.6)*: Wir als Betrachter sehen von außen das Aquarium, inzwischen nicht nur gefüllt mit Wasser, Wasserpflanzen und dem Fisch, sondern der Fisch schwimmt nun mit Dodo darin herum, und beide haben das ganze Kinderzimmer ins Aquarium hinein projiziert; das Aquarium ist auf einmal Dodos ganze Welt. Nur die Deckenlampe gewinnt noch ihren Strom vorn irgendwo außen, der einzige metaphysische Rest, meint man, und geht doch wieder der Künstlerin auf den Leim, denn obwohl es mit der Metaphysik heutzutage wie auch im Buch „Der Füsch" ein Ende zu haben scheint, da nun die ganze Welt sich selbst genug ist, wirft das Aquarium selbst noch einen Schatten, zunächst ein-

»Macht nichts«,

flüsterte der Füsch.

»Man kann auch im Dunkeln

schwimmen.«·

Abb. 12.6

mal als Bestätigung Wittgensteins: Die Wahrheit verdankt sich nun nicht mehr irgendwelchen Ideen; sondern letzter Grund für alle Wirklichkeit, also für das Reich des bloß Schattenhaften, ist offenkundig die Phantasiewelt des Aquariums, das heißt das Konstrukt von Welt durch das Denken der kleinen Dodo. Dann aber tut sich plötzlich die Frage auf, worauf denn eigentlich dieser Schatten fällt. Und als Antwort bleibt nicht mehr und nicht weniger übrig als das Buch, das selbst zu jener Höhle wird, in der wir uns nach Platon befinden, und zugleich zur Ideenwelt außerhalb der Höhle. Da handelt es sich also um nichts Geringeres als um den anspruchsvollen Versuch einer inversiven Metaphysik, nach der der jenseits des Fassbaren liegende Grund von allem nirgends anders liegt als wiederum im Akt des Erfassens des Fassbaren selbst. Klingt schwieriger als es ist: Versuchen wir doch, beim Betrachten dieses Bildchens, die hier „dargestellte" Wirklichkeit zu benennen, dann werden wir merken, dass wir fast konstruktivistisch auf unseren Blick zurückgeworfen werden: Die Welt ist nicht ein durch die Bilder des Buchs irgendwie dargestellter Gehalt, unsere Welt ist das, was wir spielen, sprich was und wie wir mit Bildern sehen.

Nach diesem Konzept ist auch das zweite große philosophische Bild gestaltet, der Einband *(Abb. 12.7)*. Ganz entsprechend der bisher vorgeführten Konstruktion ist hier der Füsch nicht zu sehen, sondern konsequenterweise „nur" zu lesen, als in Buchstaben gesetzter Titel des Buchs – wenngleich diese sehr gelb gestalteten Buchstaben eher wie Bilder als wie Buchstaben aussehen; zugleich verbirgt sich alle Wahrheit im Aquarium, denn aus ihm leuchtet das Feuer, das (nach Platon) allem, was es gibt und was gedacht werden kann, Leben verleiht. Mit Dodo aber ins Aquarium hineinzuschauen heißt, sich ins Aquarium hineinzubegeben, die Quelle der Aquariumslampe zu entdecken, und die führt, wie sollte es anders sein, an der Leine, hier der Leitungsschnur, jener großen Metapher für unser aller Lebensfaden, wieder ins Buch hinein. Und da

Abb. 12.7

lesen wir am Ende: „Man kann auch im Dunkeln schwimmen." Was aber bedeutet das auf der jetzt erreichten Ebene? Das Buch vermittelt keine Botschaft unabhängig vom Buch oder eine Botschaft, die wir aus dem Buch unabhängig von ihm herauslesen könnten. Sondern das Buch ist selbst als gelesenes und betrachtetes die Botschaft: Begib dich hinein in das Buch, stelle (vorerst) keine Fragen, sondern mache die Augen auf, erzähle zusammen mit Dodo und ihrem Füsch, genieße die Geschichte, die Bilder, so wirst du deine Welt, dich, das Leben genießen. Denn Bücher „lesen", besser er-fahren, das ist schön.

Mit dieser Bemerkung entschärfen sich die zuletzt vorgestellten ikonologischen Hinweise, die so sicher nicht für die Arbeit mit Kindern umsetzbar sind. Aber sie können uns als Erwachsene sensibel machen für die Differenziertheit auch ganz unmittelbar von Kindern zu bemerkender unterschiedlicher Bild-Ansprüche: Durch sinnliche Lese-, besser: Seh-Übungen, wenn wir sie denn differenziert genug anstellen, gewinnen wir ein philosophisches, ein staunendes, fragendes, hinterfragendes, Unterscheidungen treffendes und bewusst sich zu den Herausforderungen des Lebens stellendes Verhältnis zu uns und zur Welt, nicht allein durch Begriffe. Darum sind Bilderbücher durchaus Wege des Philosophierens.

Bibliografie *(nach Kapiteln)*

Kapitel	Titel	Autoren: Text/Bilder	Verlag. Ort Erscheinungsjahr
0: Einführung	Papa, bitte hol für mich den Mond vom Himmel	Carle, Eric	Gerstenberg. Hildesheim 1987 Neuausgabe 1997
1: Warum Philosophieren?	Das Haus auf dem fliegenden Felsen	Moser, Erwin	Beltz & Gelberg. Weinheim 1981 [vergr.]
	Der einsame Frosch	Moser, Erwin	Beltz & Gelberg. Weinheim 1984. Neuausgabe 2003
2: Vom Staunen zum Denken	Herr Bohm und der Hering	Cohen, Peter / Landström, Olof	Oetinger. Hamburg 1992 Sonderausgabe Edition Eltern „Abenteuer Lesen" Nr. 1, Beltz & Gelberg. Weinheim 2006
3: Wirklichkeit	Der Polarexpress	Allsburg, Chris van	Carlsen. Hamburg 2001
	Ich bin die kleine Katze	Spanner, Helmut	Ravensburger. Ravensburg 1981. Neuausgabe 2006
	Zoom	Banyai, Istvan	Sauerländer. Aarau 1995
	Dschumanji	Allsburg, Chris van	Ravensburger. Ravensburg 1988, [engl.: "Jumanji". Houghton 1981]
	MauseMärchen RiesenGeschichte	Fuchshuber, Annegret	Thienenmann. Stuttgart 1983. Neuausgabe 2005
4: Sprache	Die letzten Riesen	Place, Francois	Bertelsmann. München 1995, [engl.: "The Last Giants". David Godine 2005]
	Eins, Zwei, Drei, Tier	Budde, Nadia	Hammer. Wuppertal 1999
	Trauriger Tiger toastet Tomaten	Budde, Nadia	Hammer. Wuppertal 2000 Neuausgabe 2006
	Neues ABC-Buch	Moritz, Karl Philipp / Erlbruch, Wolf	Kunstmann. München 2000 Neuausgabe 2003
	Erste Bilder. Erste Wörter	Spanner, Helmut	Ravensburger. Ravensburg 1993
	Schlag mich auf … Ich bin ein Hund	Spiegelman, Art	Rowohlt. Reinbek 1997, [engl.: "Open me. I'm a Dog". Harper 1997]
5: Ich	He Duda	Blake, Jon / Scheffler, Axel	Beltz & Gelberg. Weinheim 1992. Neuausgabe 2004
	Mutter, Vater, ich und sie. Erzählung	Schubiger, Jürg / Berner, Rotraut Susanne	Beltz & Gelberg. Weinheim 1997. Neuausgabe 2001
	Bist du schon wach?	Johansen, Hanna / Berner, Rotraut Susanne	Hanser. München 1998 [vergr.]

Kapitel	Titel	Autoren: Text/Bilder	Verlag. Ort Erscheinungsjahr
	Wenn ich mir etwas wünschen könnte	Hohler, Franz / Berner, Rotraut Susanne	Hanser. München 2000 [vergr.]
	Allerleirauh	Grimm, Gebrüder / Sauvant, Henriette	Nord-Süd. Zürich 1997 [vergr.]
	Ich bin die kleine Katze	Spanner, Helmut	Ravensburger. Ravensburg 1981. Neuausgabe 2006
6: Welt und Lebensraum	Etwas von den Wurzel-kindern	Olfers, Sibylle von	ars edition. München 1990 (1906). Neuausgabe Esslinger 1996
	Die Erd-Uhr	Jacobs, Una	Ellermann. München 1985 Neuausgabe 2000
	Erde, Wasser, Feuer, Luft	Hoffman, Mary / Ray, Jane	Gerstenberg. Hildesheim 1995, [span. "Canción de la Tierra: Mitos, Leyendas y Tradicio-nes". Blume 2002
	Die Schöpfungs-geschichte	Ray, Jane	Kerle. Freiburg 1993 [engl.: "Story of the Creation". Orchard B. 1995]
	Drachen fliegen	Yoh, Shomei	Wittig. Kiel 1991 [vergr.]
7: Moral	Alles erlaubt? Oder: Immer brav sein – das schafft keiner!	Moost, Nele / Rudolph, Annet	Esslinger. Esslingen 1997
	Jamina. Kinder der Savanne	Geraghty, Paul	Gabriel. Mödling 1994, [engl.: "The Hunter". RedFox 1996]
	Die Perle	Heine, Helme	Middelhauve. Köln 1984 [vergr.]
	Robbi regt sich auf	d'Allancé, Mireille	Moritz. Frankfurt am Main 2000. Neuausgabe Beltz Mini-max 2004
	Die Arche Noah	Janisch, Heinz / Zwer-ger, Lisbeth	Neugebauer. Gossau Zürich 1997 (TB 2002) [vergr.]
	So ein Sausen ist in der Luft. 2006: Die Nacht im Zauberwald	Hasler, Eveline / Bhend, Käthi	Ravensburger. Ravensburg 1992. Neuausgabe 2006: Nord-Süd
8: Der andere Mensch	Strippenhals und Don-nerfuß	Piers, Helen/ Foreman, Michael	Alibaba. Frankfurt am Main 1983 [vergr.]
	Flix	Ungerer, Tomi	Diogenes. Zürich 1997
	Freunde	Heine, Helme	Middelhauve. Köln 1982 Neuausgabe Beltz Minimax 2004
	Du groß, und ich klein	Solotareff, Grégoire	Moritz. Frankfurt am Main 1996. Neuausgabe Beltz Mini-max 2004
	Der kleine Biber findet Freunde / Der kleine Biber und das Echo	MacDonald, Amy / Fox-Davies, Sarah	Sauerländer. Frankfurt am Main 1991. 2003: Freies Geis-tesleben

Kapitel	Titel	Autoren: Text/Bilder	Verlag. Ort. Erscheinungsjahr
	Wir können noch viel zusammen machen	Waechter, Friedrich Karl	Parabel. München 1973 Neuausgabe Diogenes 2006
	Die Insel	Greder, Armin	Sauerländer. Frankfurt am Main 2002 [vergr.]
9: Gutes Leben	Fünfter sein	Jandl, Ernst / Junge, Norman	Beltz & Gelberg. Weinheim 1998. Neuausgabe Beltz Minimax 2004
	Frau Meier, die Amsel	Erlbruch, Wolf	Hammer. Wuppertal 1995 Neuausgabe 2006 (Midi)
	Frederick	Lionni, Leo	Middelhauve. Köln 1967. Neuausgabe Beltz 2003
	Kleiner Eisbär, wohin fährst du?	Beer, Hans de	Nord-Süd. Hamburg 1987 Neuausgabe 2004: Findling (Mini)
	Armer Pettersson	Nordqvist, Sven	Oetinger. Hamburg 1988
	Der Bär, der ein Bär bleiben wollte	Müller, Jörg / Steiner, Jörg	Sauerländer. Frankfurt am Main. 1976
10: Sterben und Tod	Die Reise nach Ugri-La-Brek	Tidholm, Thomas / Tidholm, Anna-Clara	Beltz & Gelberg. Weinheim 1990 [vergr.]
	Hat Opa einen Anzug an?	Fried, Amelie / Gleich, Jacky	Hanser. München 1997
	Schwanenwinter	Tejima, Keizaburo	Moritz. Frankfurt am Main 1996
	Indianerjunge Kleiner Mond	Wolf, Winfried / Durossay, Nathalie	Nord-Süd. Zürich 1992 Neuausgabe 2004: Findling (Mini)
11: Frage nach Gott	Kannst du nicht schlafen, kleiner Bär?	Waddell, Martin / Firth, Barbara	Anette Betz. München 1997
	Ein Stiefel fiel vom Himmel	Bluitgen, Kare / Carrer, Chiara	Hammer. Wuppertal 2001 [engl.: "A Boot Fell From Heaven". Kane/Miller 2003]
	Hinter dem Hügel	Yano, Shigeko / Wölfel, Ursula	Patmos. Düsseldorf 1985
	Jona	Miyoshi, Sekiya	Wittig. Hamburg 1978 [engl.: "Jonah and the Big Fish". Pilgrim 2002]
12: Ästhetisches	Der Füsch	Johansen, Hanna/ Berner, R. Susanne	Hanser. München 1995 Neuausgabe dtv 1999

Register*

---

* Nachweise zu Leitbegriffen, die ausführlicher Thema eines Kapitels oder Unterkapitels sind, werden **fett und kursiv** angegeben, Nachweise zu wichtigen Definitionen oder Erläuterungen *kursiv*, indirekte Nachweise (ohne direkte Verwendung des Begriffs) in Klammern